RONDA ROUSEY
MINHA LUTA SUA LUTA

com
MARIA BURNS ORTIZ

São Paulo, 2015

MY FIGHT / YOUR FIGHT
Copyright© 2015 by Ronda Rousey
All rights throughout the world are reserved to Proprietor

MINHA LUTA SUA LUTA
Copyright© DVS Editora 2015
Todos os direitos para a língua portuguesa reservados pela editora.
A Abajour Books é um selo da DVS Editora Ltda.

Nenhuma parte dessa publicação poderá ser reproduzida, guardada pelo sistema "retrieval" ou transmitida de qualquer modo ou por qualquer outro meio, seja este eletrônico, mecânico, de fotocópia, de gravação, ou outros, sem prévia autorização, por escrito, da editora.

Capa: Spazio Publicidade e Propaganda / Grasiela Gonzaga
Fotografia por: Eric Williams / www.ewillphoto.com
Tradução: McSill Story Studio

```
         Dados Internacionais de Catalogação na Publicação (CIP)
                 (Câmara Brasileira do Livro, SP, Brasil)

         Rousey, Ronda
            Minha luta : sua luta / Ronda Rousey com Maria
         Burns Ortiz ; tradução McSill Story Studio. --
         São Paulo : Abajour Books, 2015.

            Título original: My fight your fight.
            ISBN 978-85-69250-05-0

            1. Esportes - Mulheres 2. Mulheres - Biografia
         3. Mulheres atletas 4. Rousey, Ronda 5. UFC
         (Evento de artes marciais mistas) I. Ortiz, Maria
         Burns. II. Título.

15-06138                                          CDD-920.72
                Índices para catálogo sistemático:

            1. Mulheres : Biografia    920.72
```

Para Mamãe e Papai,
espero que se orgulhem de mim.

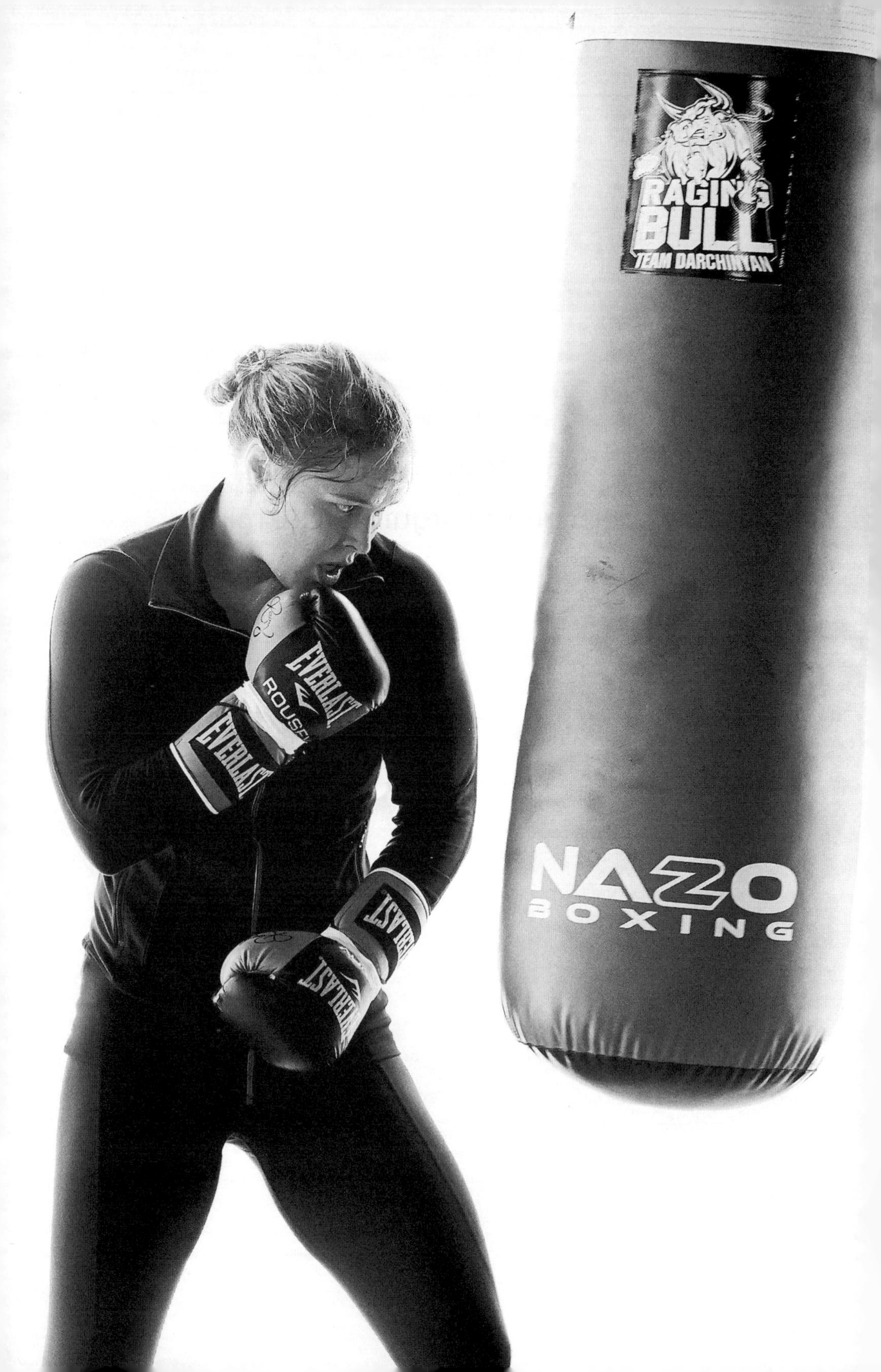
RAGING
BULL
TEAM DARCHINYAN
EVERLAST
EVERLAST
EVERLAST
EVERLAST
NAZO
BOXING

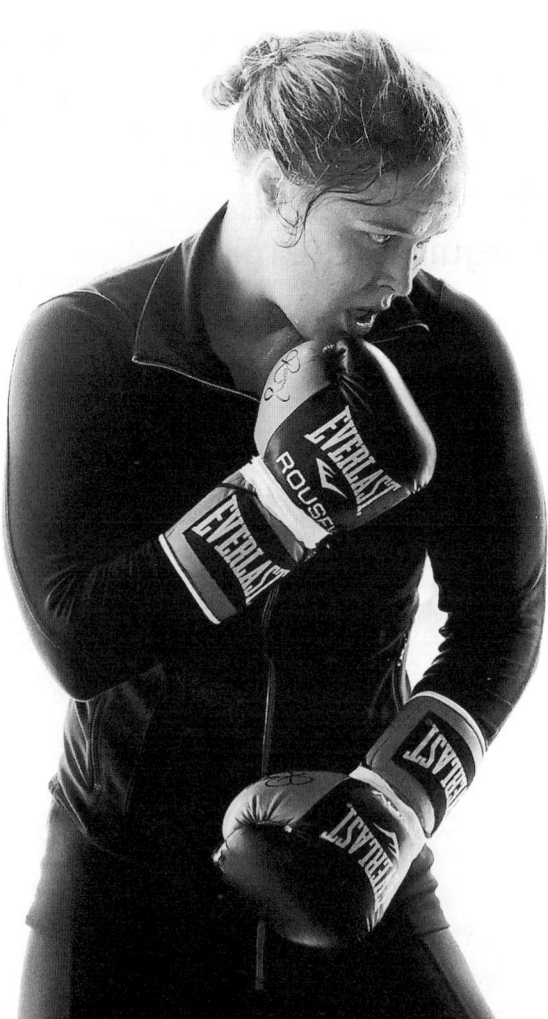

"Não há história de algo acontecendo até que aconteça. E então há."

Mamãe

ÍNDICE

Prefácio de Dana White, presidente do UFC .... **XI**

Por que eu luto **1**

Noite de luta **3**

Eu nasci pronta **9**

Vencer é a melhor sensação do mundo **11**

Tudo pode mudar em uma fração de segundo **15**

Nunca subestime um adversário **23**

Perder é uma das experiências mais devastadoras da vida **27**

A tragédia precede o sucesso **31**

Não aceite menos do que você é capaz **33**

Só porque é uma regra não significa que seja certo **37**

A dor é apenas uma parte da informação **41**

Transforme as limitações em oportunidades **45**

Confie no conhecimento, não na força **51**

Saiba quando seguir em frente **55**

Descubra satisfação nos sacrifícios **63**

Você tem de ser o melhor em seu pior dia **71**

Ninguém tem o direito de derrotá-lo **81**

Você nunca vai ganhar uma luta fugindo **87**

Não dependa dos outros para tomar suas decisões **95**

As pessoas a sua volta controlam sua realidade **99**

O fim de uma jogada malsucedida é sempre o início da próxima **109**

Qualquer coisa de valor tem de ser conquistada **113**

Tudo é tão fácil quanto uma decisão **117**

Quando é que se cruza a fronteira
mágica que o impede de sonhar grande? **127**

As pessoas apreciam a excelência, não importa quem você seja **131**

Uma derrota ainda é uma derrota, mas é melhor sair com glória **139**

Essa é minha situação, mas não é minha vida **145**

Você não pode depender de apenas uma coisa para lhe fazer feliz **149**

Desconsidere informações não essenciais **153**

Os relacionamentos que são
destruídos facilmente nunca valeram muito **159**

Alguém tem de ser o melhor do mundo. Por que não você? **163**

Encontrar um treinador é como encontrar um namorado **171**

Você será testado **181**

Campeões sempre fazem mais **191**

Planeje a primeira troca **197**

Nada nunca será perfeito **203**

Se fosse fácil, todo mundo faria **213**

O único poder que as pessoas têm
sobre você é o poder que você lhes dá **217**

Vencer é um hábito **227**

Eu prefiro expor-me por vontade própria do que
esperar com medo de que aconteça contra minha vontade **233**

Recuse-se a aceitar qualquer outra realidade **239**

Os melhores lutadores são pacientes nas horas certas **245**

Há uma hora no confronto em que ele
está ao alcance e se resume a quem o quer mais **251**

Lute por cada segundo **257**

Você tem de estar disposto a envergonhar-se **265**

O sucesso é a melhor vingança **271**

Aprenda a ler os tempos de silêncio **275**

Prepare-se para o adversário perfeito **281**

Não permita que ninguém o force a dar um passo para trás **291**

A resposta é: não há resposta certa **297**

Já passei por isso **301**

A parte mais difícil é saber quando parar **305**

Vencer **309**

Obrigada **311**

Sobre as autoras **313**

PREFÁCIO
DE DANA WHITE, PRESIDENTE DO UFC

Ronda Rousey é o tipo de pessoa que muda as condições do jogo.

É claro que eu não sabia disso em 2011, quando eu estava em Los Angeles e o TMZ[1] me perguntou quando as mulheres lutariam no Ultimate Fighting Championship (UFC). Eu olhei para a câmera e disse:

– Nunca.

Naquela época, eu realmente achava isso. Eu não tinha nenhum problema com as mulheres lutarem e ganharem a vida fazendo isso mas, sempre que surgia o assunto de competirem no UFC, eu lembrava dessa luta que eu tinha visto em um evento local no norte da Califórnia. Havia essa mulher que lutava como um cara, e ela estava no ringue com alguém que parecia que fez cinco aulas de Tae Bo[2]. Foi uma das piores surras unilaterais que eu já vi, e eu só não queria ver isso no UFC.

Então apareceu Ronda.

Poucos meses após a entrevista para o TMZ, tivemos um evento em Las Vegas, e alguém chamava meu nome. Era Ronda Rousey. Eu tinha ouvido falar nela; tinham me dito que ela era uma boa lutadora. Aproximei-me, apertei sua mão, e ela disse:

– Eu vou lutar para você um dia e eu vou ser sua primeira campeã mundial.

Você precisa entender que todo mundo, homens e mulheres, me dizem isso. Todos eles dizem:

– Eu vou trabalhar para você um dia e ser seu próximo campeão mundial.

---

[1] Nota do tradutor: site com notícias de celebridades.
[2] Nota do tradutor: aulas que misturam tae kwon do e boxe.

Mas ela era persistente, e quando eu a vi competir na promoção do Strikeforce que tínhamos comprado, eu soube que ela era especial. Ronda pediu para ter uma reunião comigo em um dos eventos do UFC. Após quinze minutos de conversa, eu estava pensando comigo mesmo:

– Acho que eu vou fazer isso. Ela é a única que pode dar o pontapé inicial para essa coisa toda, e eu acredito em cada palavra que está saindo de sua boca.

Ela tinha tanto carisma e energia. E assisti-la lutar, ela era inacreditável.

Então eu tomei minha decisão, Ronda entrou e eu a tornei o evento principal do UFC 157 em 23 de fevereiro de 2013. Essa decisão foi muito criticada pela mídia e fãs, mas naquela noite em Anaheim, ela apresentou uma luta impressionante contra Liz Carmouche. Foi emocionante do momento em que começou até que terminou, pouco antes da campainha tocar para terminar o primeiro assalto.

Isso foi apenas o começo.

O nível de talento entre as mulheres simplesmente disparou. Ele decolou tão rápido como eu nunca imaginei. E liderando tudo isso estava Ronda. Ela realmente é a tempestade perfeita. Eu sabia, eu o sentia e eu o levei adiante. Talento, aparência, determinação, ela tem tudo isso. E enquanto ela passava de garçonete ao estrelato, a realidade é que ela sempre foi esta atleta incrível, ex-medalhista olímpica que finalmente encontrou o que ela queria fazer. Ela percebeu que era uma concorrente que queria ir lá e provar que ela era a melhor absoluta. E uma vez que ela chegou a esse entendimento, ela tomou o mundo das artes marciais mistas, absolutamente dominou-o e tornou-se uma das maiores, se não a maior, estrelas do UFC.

Quando eu digo que ela é o tipo de pessoa que muda as condições do jogo, é porque ela o é em todos os sentidos. Não apenas para as mulheres, mas para o esporte feminino também. As pessoas sempre dizem:

– Ah, basquete feminino, é a liga feminina.

– Golfe feminino, elas batem com um taco mais curto.

– Tênis feminino, elas não acertam com tanta força quanto os homens.

Ninguém diz isso da Ronda Rousey. Ela é uma das atletas mais intensas e inacreditáveis com que já trabalhei em todos os meus anos no boxe e MMA, e não sou só eu que a comparo no octógono com Mike Tyson em seus melhores anos. Veja sua intensidade, observe como ela se move e como ela corre atrás de seu oponente. Ela não está brincando e, quando ela luta, a gente sabe que nada de bom vai acontecer com o adversário.

Ela tem esse foco, não apenas na luta ou no treinamento, mas na vida cotidiana. Esta é uma mulher que não sai na balada. Tudo o que ela faz é acordar todas as manhãs e dizer:
— Como é que eu posso ser melhor do que fui ontem?
É literalmente assim que ela vive a vida.

Ronda é um exemplo para o empoderamento de mulheres e meninas. Quando eu era criança, os meninos brincavam aqui e as meninas brincavam ali; os meninos fazem as atividades físicas e as meninas brincam de boneca e de casinha. No último Dia das Bruxas, meninas pelos EUA vestiram-se de Ronda Rousey. Isso porque ela é uma mulher incrível, bonita e poderosa.

Ela inspira a todos. No verão passado, a Little League World Series[3] estava acontecendo, e Pierce Jones, um menino afro-americano de treze anos de idade, do sul de Chicago, um dos astros do torneio, foi bater e, embaixo de suas estatísticas, estava sua atleta preferida. Era Ronda Rousey. Isso é revolucionário. Ele poderia ter escolhido qualquer um: LeBron James, Derek Jeter, tantos atletas do sexo masculino para escolher, mas sua atleta preferida é Ronda Rousey.

Ronda mudou o mundo dos esportes e, quando tiver terminado, pode ser que ela mude o mundo também. Eu não imagino nada que ela não possa fazer e quase sinto como se Ronda Rousey estivesse escrevendo seu livro muito cedo, porque ela está apenas começando. O que esta mulher vai realizar será incrível, então prepare-se para a Parte Dois da história de Ronda Rousey.

---

[3] Nota do tradutor: torneio estadunidense de beisebol infantil.

POR QUE EU LUTO

Eu sou uma lutadora.

Para ser uma lutadora, você tem de ser apaixonada. Tenho tanta paixão que é difícil segurá-la dentro de mim. Essa paixão escapa como as lágrimas dos meus olhos, o suor dos meus poros, o sangue das minhas veias.

Tantas pessoas presumem que eu sou fria e insensível, mas a verdade é que você precisa ter um grande coração para lutar. Nunca guardo meus sentimentos no coração, e ele já foi partido. Posso competir com os dedos quebrados ou com pontos no pé. Posso levar um golpe sem pestanejar, mas vou explodir em lágrimas se uma música triste toca no rádio. Sou vulnerável; é por isso que eu luto.

É assim desde que eu nasci. Lutei por minha primeira respiração. Eu lutei por minhas primeiras palavras. A batalha para ser respeitada e ouvida é uma pela qual ainda estou lutando. Por muito tempo, sentia que tinha de lutar por cada pequena coisa. Mas agora, uma grande batalha a cada dois meses compensa por todas as menores que eu perco todos os dias. Algumas batalhas perdidas são pequenas. Ser cortado no trânsito. Aguentar merda do chefe. Os deslizes cotidianos que nos levam ao limite. Algumas batalhas perdidas são transformadoras. Perder alguém que você ama. Não atingir aquilo para que você mais trabalhou.

Eu luto por meu pai, que perdeu sua batalha, morrendo quando eu tinha oito anos, e por minha mãe, que me ensinou como vencer a cada segundo da vida.

Eu luto para deixar as pessoas que me amam orgulhosas. Para fazer as pessoas que me odeiam ferverem. Eu luto por qualquer um que já tenha se perdido, que já tenha sido abandonado ou que esteja lutando com seus próprios demônios.

Alcançar a grandeza é uma longa e árdua batalha que eu luto todos os dias. Lutar é como eu tenho sucesso. Não me refiro apenas dentro de uma gaiola de 750 pés (229 m) quadrados ou dentro dos limites de um tatame de 64 metros quadrados. A vida é uma luta desde o instante em que você inspira pela primeira vez até o momento em que você expira pela última. Você tem de lutar contra as pessoas que dizem que nunca pode ser feito. Você tem de lutar contra as instituições que instalam os tetos de vidro que devem ser destruídos. Você tem de lutar contra seu corpo quando ele lhe diz que está cansado. Você tem de lutar contra sua mente quando a dúvida começa a rastejar lá dentro. Você tem de lutar contra os sistemas que são posicionados para perturbá-lo e os obstáculos que são posicionados para desanimá-lo. Você tem de lutar porque você não pode contar com ninguém para lutar por você. E você tem de lutar pelas pessoas que não podem lutar por si mesmas. Para obter qualquer coisa de valor real, você tem de lutar por ela.

Eu aprendi como lutar e como vencer. Quaisquer que sejam seus obstáculos, quem quer que seja ou o que quer que seja seu adversário, há um caminho para a vitória.

Este é o meu.

NOITE DE LUTA

Já é fim da tarde quando eu me levanto. Dormi o dia todo, acordando para comer e então voltando à hibernação. Eu me visto, enfiando o short preto e o sutiã esportivo preto.

Meu quarto de hotel está quente. Eu quero que o meu corpo fique quente, solto.

Eu fico na frente do espelho. Amarro meu cabelo para trás em seções. Primeiro a parte de cima, prendendo-a com um elástico. Então a esquerda. Então a direita. Até que todo meu cabelo cai na minha nuca. Pego outro elástico e junto as três seções, enrolando-as firmemente em um coque. Meu cabelo puxa meu couro cabeludo e arregala meus olhos. Enquanto estou em pé na frente do espelho, a ficha cai. Ao me ver preparada para a batalha, eu me sinto transformada; tudo está diferente.

Tenho uma hora até ter que sair. Enfio as calças de moletom da Reebok e meus coturnos – botas baratas, pretas, de camurça falsa da Love Culture que estão caindo aos pedaços, mas que estiveram comigo em quase todas as vitórias profissionais.

Minha equipe está sentada na sala de estar da suíte do hotel, espalhados no sofá de dois lugares e em duas cadeiras. Não ouço suas vozes, mas o ocasional riso abafado passa através da porta fechada. Posso ouvi-los se movimentar. Edmond, meu treinador, verifica novamente sua bolsa para certificar-se de que não estamos esquecendo alguma coisa. Rener, que me treina em jiu-jítsu brasileiro, enrola e re-enrola o banner com os logotipos de meus patrocinadores que ficará atrás de mim na gaiola. Ele quer que o banner fique perfeito, para que possa ser desenrolado com um simples movimento do pulso. Martin, que me treina em luta livre, está inabalavelmente calmo. Justin, meu parceiro de treinamento em judô e amigo de infância, esfrega as mãos ansiosamente. Eles estão vestidos da cabeça aos pés no traje oficial de minha equipe.

Eu abro a porta que separa as duas salas, e todos congelam. A sala fica em silêncio.

Os seguranças batem na porta; eles estão prontos para escoltar-nos para baixo.

Quando eu saio do quarto de hotel, sinto-me como o Super-Homem saindo da cabine telefônica: peito para fora, capa esvoaçante atrás dele. Imparável. Imbatível. Só que, em vez de um *S*, eu tenho o logotipo do UFC estampado no peito. Estou com minha cara de mau. No momento em que eu saio do quarto, estou no modo de luta.

Do lado de fora da porta há três homens com fones encarregados de me levar até minha luta.

– Você está pronta? – o oficial chefe pergunta. Ele quer descer para a arena.

– Pronta – eu respondo. Quero vencer a luta.

Edmond olha ao redor da sala, fazendo uma varredura visual final. Ele me dá meus fones da Monster e eu os coloco em volta do pescoço.

O chefe de segurança lidera o caminho. Minha equipe me rodeia, e os outros dois oficiais ficam atrás.

Nós marchamos por elevadores de serviço e túneis de pisos de concreto, iluminação fluorescente e tubulações expostas. Os corredores estão vazios, e os sons de nossos pés reverberam pelo espaço. Passamos por salas subterrâneas onde funcionários batem o ponto e salas onde o lixo reciclável é separado. Ouço o barulho do refeitório dos funcionários. O sinal sonoro de uma empilhadeira carregando paletes se desvanece até o silêncio enquanto andamos através do labirinto em direção ao vestiário.

Conforme nos aproximamos, vejo mais sinais de vida. Funcionários de produção atravessam os corredores. Cinegrafistas, mais seguranças, treinadores, atletas, membros de comissões atléticas, estranhos aleatórios pipocam para dentro e fora das portas. Uma funcionária da comissão atlética estadual se junta a nós quando entramos na arena. A partir deste momento até eu deixar o prédio no fim da noite, eu nunca ficarei fora de sua vista.

Na porta do vestiário há um papel branco impresso com meu nome em letras pretas preso com fita isolante.

— Boa sorte — o segurança diz quando eu entro na sala de tijolos de concreto sem janelas. As paredes são bege-claro; o carpete é fino e escuro. Há um colchonete atlético no chão e uma televisão de tela plana na parede mostra a transmissão ao vivo das lutas iniciais.

Em outros vestiários, eles trazem aparelhos de som e tocam música. Brincam e fazem piada das coisas.

Meu vestiário é sério. Ele é tranquilo. Ninguém sorri. Eu não gosto de pessoas contando piadas no meu vestiário. Agora não é a hora de contar piadas. A partir do momento em que saímos de meu quarto de hotel, não fique de palhaçada. A hora de zoar acabou. Uma merda está prestes a acontecer.

Eu não tento escapar da pressão. Eu a abraço. Pressão é o que se acumula na câmara atrás da bala antes que ela exploda para fora da arma.

Nós entramos no vestiário e nos instalamos. Meu quinto *cornerman*[4], Gene LeBell, um pioneiro do MMA e amigo da família de longa data, junta-se a nós. Ele se senta, ligando e desligando seu cronômetro. Deito-me no chão, com a cabeça na minha bolsa. Fecho meus olhos. Tento me desligar e dormir.

Eu acordo e quero me aquecer, mas ainda é muito cedo e Edmond me para.

— Relaxe, ainda não é hora — diz ele com seu forte sotaque armênio. Sua voz é calma e tranquilizadora. Ele esfrega meus ombros rapidamente, como se estivesse tentando amassar o excesso de energia crescendo em meu corpo.

Eu quero pular e fazer alguma coisa. Eu quero ficar mais pronta.

— Mesmo se você estiver fria, você está bem — diz Edmond. — Apenas relaxe. Você não deve aquecer demais.

Edmond enfaixa minhas mãos enquanto a representante da comissão atlética estadual assiste para garantir que tudo no processo de enfaixar seja legal.

Gaze primeiro. Então a fita de tecido branco que faz um som de rasgo quando é puxada do rolo. Eu assisto conforme a fita gira hipnoticamente entre meus dedos, em torno de minhas mãos e desce para meus pulsos. Então Edmond ajeita o fim da fita em meu pulso e eu estou um passo mais perto do momento que estou esperando, o momento para o qual venho treinando, o momento para o qual nunca estive mais preparada.

A funcionária da comissão assina minhas faixas com um marcador preto. Eu começo a me alongar, pulando um pouco. Edmond segura as luvas para uns socos, mas me para antes que demore muito. Parece que não é o bastante. Estou ansiosa para fazer mais.

— Relaxe, relaxe — diz ele.

---

[4] Nota do tradutor: treinador que auxilia o lutador durante a luta.

Além da transmissão, eu consigo ouvir a multidão. Quando mais pessoas se juntam, a excitação cresce até que eu possa ouvir o barulho através das paredes. A energia do público pulsa através do concreto para dentro do meu corpo.

O relógio faz tique-taque. Edmond se senta em uma cadeira dobrável. Ele se inclina para perto de mim.

– Você está mais preparada do que essa garota – ele me diz. – Você é melhor em todas as áreas do que ela. Você lutou para este momento. Você suou para este momento. Você ralou para burro para este momento. Tudo o que fizemos nos trouxe até aqui e agora. Você é a melhor do mundo. Agora, vá lá fora e acabe com essa garota.

Destruir minha adversária é a única coisa que eu quero fazer nesse momento. É o único foco de cada célula do meu corpo.

No corredor, eu ouço a voz grave de Burt Watson. Burt é a babá oficial dos lutadores do UFC, o que significa que ele lida com tantas coisas aleatórias que não há um título para o que ele faz além de dizer que ele ajuda a cuidar de nós.

– Começou. É isso aí! – ele grita. – Isto é o que a gente faz, e por que a gente o faz, *baby*. Esta é sua noite, sua luta. Não deixe eles roubarem sua noite, *baby* – sua voz ruge pelo corredor enquanto ele me leva. Eu fico animada.

Minha desafiante sempre entra primeiro. Eu não consigo vê-la, mas eu ouço sua música chinfrim ecoando pela arena. Eu imediatamente odeio sua música de entrada.

Eu ouço o público reagir a ela. Na sombra do túnel, eu consigo sentir os aplausos socando o ar, mas eu sei que a reação deles a mim vai explodir pela arena. Eles vão perder a cabeça quando eu entrar. Eu quase consigo sentir seu rugido em meus ossos, e eu sei que o barulho vai balançar minha desafiante.

Edmond segura meu rosto com força. Ele esfrega minhas orelhas e o nariz. Meu rosto se contrai, preparando-se para um possível impacto. Ele puxa meu cabelo para trás apertando mais na minha cabeça. Meu couro cabeludo formiga. Meus olhos se arregalam. Eu estou acordada. Eu estou alerta. Eu estou pronta.

Recebemos nossa deixa. Os seguranças me ladeiam. Meu *corner*[5] anda um passo atrás de mim.

Os acordes ferozes de guitarra de Joan Jett enviam uma descarga elétrica através de mim e, enquanto "Bad Reputation" ressoa, eu me lanço pelo corredor, olhando para a frente.

---

[5] Nota do tradutor: mesmo que *corneman*, mas também se refere à equipe que auxilia o lutador.

A multidão ruge quando eu entro, mas é como se o volume e o brilho de tudo ao meu redor fosse reduzido. Eu não consigo ver nada além do que está bem a minha frente, o caminho para a gaiola.

Nos degraus do octógono, eu removo meus fones de ouvido e tiro os coturnos. Eu tiro o moletom com capuz, a camiseta, as calças. Meu *corner* me ajuda porque pode ser difícil remover uma camada de roupa quando suas mãos estão enfaixadas e dentro de luvas acolchoadas.

Edmond me seca com uma toalha. Eu abraço cada membro do meu *corner*. Rener. "Tio" Gene. Martin. Justin. Edmond me beija na bochecha. Nós nos abraçamos. Edmond coloca meu protetor bucal. Eu tomo um gole de água. Stitch Duran, meu *cutman*[6], passa vaselina em meu rosto e se afasta.

Eu estendo meus braços e um funcionário me revista para certificar-se de que eu não tenho nada escondido. Ele passa as mãos atrás de minhas orelhas, até meu cabelo, e pelo coque apertado. Ele me faz abrir a boca. Verifica minhas luvas. Ele me dirige a subir as escadas.

Eu me curvo quando entro na gaiola, um leve aceno de cabeça que é um hábito de meus tempos de judô. Bato meu pé esquerdo duas vezes. Então meu direito. Pulo e bato os dois. Vou para meu canto. Sacudo meus braços. Dou um tapa em meu ombro direito, então meu esquerdo, depois minhas coxas. Toco o chão. Meu *corner* desenrola meu banner de patrocínio atrás de mim. Salto de um pé para o outro. Eu me agacho e me levanto. Bato meus pés mais uma vez. Então eu paro.

O momento chegou. Meu corpo está relaxado, mas hiperalerta, pronto para agir e reagir. Meus sentidos estão intensificados. Sou tomada por um único desejo: vencer. É simplesmente uma questão de vencer ou morrer. Sinto-me como se eu estivesse apenas aqui, neste momento, nesta gaiola, como se o tempo que separou esta luta de minha última luta não existisse. Meu cérebro reverte para o modo de luta, e eu entro em uma zona onde nada além da luta jamais existiu.

Eu olho para o outro lado da gaiola.

O locutor do UFC, Bruce Buffer, vem para o centro da gaiola. Bruce é o melhor, mas quando ele olha em direção ao canto de minha oponente tudo o que eu ouço é:

– Blá blá blá blá blá blá blá.

Então ele se volta para o meu canto e diz:

– Blá blá blá blá blá blá.

---

[6] Nota do tradutor: membro do *corner* que cuida dos ferimentos do lutador.

Eu vejo a outra garota. Eu travo nela. Sempre tento fazer contato visual. Às vezes, ela olha para outro lado.

Eu quero que ela olhe para mim.

Eu quero que ela me olhe nos olhos. Quero que ela veja que não tenho medo. Quero que ela saiba que ela não tem chance. Quero que ela fique com medo. Quero que ela saiba que vai perder.

O árbitro olha para minha adversária e pergunta:

– Você está pronta?

Ela concorda com a cabeça.

Ele aponta para mim.

– Você está pronta?

Concordo com a cabeça e penso:

– Nasci assim.

E então começamos.

EU NASCI PRONTA

> Muitos ficam inseguros sobre não estarem prontos antes de uma luta. Eles entram se sentindo frios e despreparados, acreditando que o sentimento vai desaparecer se eles pudessem se aquecer um pouco mais. Isso mexe com eles.
>
> Fui criada para estar pronta para lutar a qualquer momento. Eu mal me aqueço e, ainda assim, estou tão preparada para lutar que, no início de um desafio, eu estou quase me segurando à força, só esperando que a mão do árbitro desça.
>
> Você nunca sabe se terá de estar pronta antes do esperado.

Quando eu nasci, eu quase morri.

Em 1° de fevereiro de 1987, minha mãe grávida corria pela casa tentando colocar tudo em ordem antes de meus pais irem para o hospital.

– Ron, você está pronto? – minha mãe perguntou a meu pai.

– Querida, eu nasci pronto – ele respondeu.

Mas meus pais não estavam preparados para os eventos que se seguiriam.

Nasci com o cordão umbilical enrolado em volta do meu pescoço, cortando meu suprimento de ar. Meu coração parou. Eu saí azul e apática. Na escala Apgar de 0-10 usada para classificar a saúde dos bebês no nascimento, sete é considerado bom. Minha pontuação foi zero.

Minha mãe diz que os médicos achavam que eu estava morta. Era tudo movimento e caos. Médicos correndo em todas as direções. As rodas de carrinhos de metal rangendo, transportando equipamento que está sendo levado às pressas para a sala. Armários batendo quando o pessoal médico puxava itens das prateleiras. O médico chefe gritando ordens enquanto as pessoas entravam na sala. Enfim, os médicos conseguiram me dar um pouco de ar. Eles cortaram o cordão, desenrolaram-no do meu pescoço, fizeram ressuscitamento para bebês e me deram oxigênio. Então, após o que a minha mãe descreve como uma eternidade, mas que foi provavelmente mais próximo a alguns minutos, comecei a respirar e meu coração começou a bater.

A experiência toda apavorou bastante a meus pais. Foi a única vez que minha mãe viu meu pai chorar.

Meus pais me deram o nome de Ronda por causa de meu pai, cujo nome era Ron. Algumas pessoas pensam que há uma razão especial para eu ser Ronda sem h^7, mas não foi intencional. Depois do pânico acalmar e ficar claro que eu viveria, a enfermeira perguntou a meu pai que nome eles queriam me dar. Ele disse:

– Ronda.

A enfermeira perguntou como se escrevia. Seu nome era Ron e ele só presumiu que se escrevia do mesmo jeito, então ele disse a ela:

– R-O-N-D-A.

E isso é o que eles colocaram na minha certidão de nascimento. Eles poderiam muito bem ter escrito "Ronda, sem H", já que eu tive de passar minha vida toda corrigindo as pessoas sobre a ortografia, e só recentemente as pessoas começaram a escrevê-lo certo com mais frequência do que não, mas eu acho que me cai melhor. *H* é uma letra boba de qualquer maneira.

Meus pais ficaram felizes por eu estar viva, mas o médico que me salvou disse que eu poderia ter danos cerebrais e que poderiam não ser evidentes de imediato. Na verdade, ele disse à minha mãe que poderia demorar meses ou mesmo anos se o dano fosse em áreas que controlam coisas como caminhar ou falar, já que esses atrasos não são aparentes até se chegar a esses estágios de desenvolvimento.

Os médicos não costumam adoçar a verdade, mas ele ofereceu a minha mãe sua opinião não clínica:

– Na maioria dos casos como este, ela não teria sobrevivido – disse ele. – Eu não posso dizer nada definitivo no momento além do fato de que ela está respirando, sua frequência cardíaca é boa, e seus reflexos são o que deveriam ser. Não faço ideia do que o futuro nos reserva, mas os bebês são incrivelmente adaptáveis e este é certamente um lutador.

---

[7] Nota do tradutor: o nome geralmente se escreve Rhonda.

VENCER É A MELHOR SENSAÇÃO DO MUNDO

> Vencer foi condicionado em mim desde cedo. Quando eu era pequena, durante os torneios de judô, eu sentava e fazia brincadeiras com as mãos com a criança com que eu estava prestes a lutar. Minha mãe me puxava e dizia:
>
> – Sente-se lá e pense em vencer. Pare de brincar.
>
> Quando eu venço, eu fico eufórica. Nada pode me incomodar. Vencer me eleva, acima do combate. Eu flutuo feliz acima de todas as coisas que tornam a vida confusa e difícil. Depois de vencer, por um tempo, tudo é bom no mundo. Vencer parece com se apaixonar, exceto que é como se apaixonar por todos na sala de uma só vez, e é amplificado quando você está em uma arena com 18.000 pessoas.

Quando eu fiz dois anos e ainda não falava, meus pais começaram a se preocupar. Meu pediatra disse a minha mãe um monte de coisas, como que eu só começaria a falar quando eu estivesse pronta ou que eu não falava porque eu não via a necessidade de falar. Minhas duas irmãs mais velhas pareciam entender o que eu queria e comunicavam meu desejo por um biscoito ou de brincar com meus My Little Pony. Mas minha mãe sabia que algo não estava certo. Ela tinha duas outras filhas e fazia aulas em coisas como psicologia do desenvolvimento enquanto trabalhava para seu doutorado.

Com a aproximação de meu terceiro aniversário, eu ainda tinha de dizer uma única palavra inteligível. Minha mãe me levou a um monte de especialistas. Eles não conseguiram encontrar nada de errado comigo, mas os médicos pareciam acreditar que a falta de oxigênio ao nascer poderia ter algo a ver com minha dificuldade em aprender a falar.

Quando parte do cérebro morre, ela morre para sempre (está bem, essa é basicamente a definição de morte). No entanto, bebês são bastante surpreendentes. Os bebês são superadaptáveis. Às vezes, o cérebro do bebê pode reprogramar-se para que continue a funcionar. Meu cérebro em desenvolvimento apenas se reprogramou. Se você olhasse um daqueles exames coloridos de atividade cerebral, você veria que a parte que controla minha fala localiza-se em uma parte diferente do cérebro do que para a maioria das pessoas. Mas até meu cérebro reprogramar tudo, era como se eu não conseguisse conectar as palavras na minha cabeça com a boca.

Falar era uma batalha constante entre o que eu queria dizer e o que eu dizia. Não se tratava apenas de palavras, tratava-se de tudo. O que eu sentia. O que eu queria. O que eu tentava dizer. Era sempre uma luta. Se me pediam para repetir muitas vezes, eu ficava frustrada e chutava a pessoa com quem eu estava falando. Uma coisa é lutar contra outras pessoas, mas lutar contra si mesmo é diferente. Se você luta contra si mesmo, quem ganha? Quem perde?

Em meu terceiro aniversário, mais do que qualquer outra coisa, eu queria um boneco do lutador Hulk Hogan. Minhas irmãs e eu costumávamos assistir ao *WWF Superstars of Wrestling*[8] nas manhãs de sábado, depois do *X-Men*. Durante os intervalos comerciais, nós nos jogávamos do sofá marrom, tentando imobilizar uma à outra no áspero carpete marrom-claro de poliéster. Um dos melhores brinquedos a surgir na década de 1980 foi o Wrestling Buddy, uma versão em almofada de sessenta centímetros de altura de Hulk Hogan. Você podia dar um *body slam*[9] nele, lutar com ele, jogá-lo no chão. Era incrível. Quando minha mãe me perguntou o que eu queria, eu não parava de repetir uma palavra: – "Balgrin".

Ninguém fazia ideia do que eu queria dizer. Mas minha mãe levou a mim e a minhas irmãs na loja de brinquedos para encontrar meu Balgrin. O cara que trabalhava lá me mostrou todos os brinquedos que tinham a ver com uma bola[10]. Saímos de mãos vazias. Fomos para outra loja. E outra.

---

[8] Nota do tradutor: programa de televisão estadunidense de luta livre.
[9] Nota do tradutor: golpe no qual o lutador vira o adversário no ar e o joga ao chão.
[10] Nota do tradutor: *ball*, em inglês.

Cada vez que eu tentava explicar o que eu queria, os sons se derramavam em uma bagunça confusa que ninguém entendia. Era como se as palavras que eu precisava estivessem presas, e eu não conseguisse libertá-las. Eu conseguia vê-las. Eu conseguia senti-las. Eu só não conseguia dizê-las. Eu me sentia presa. Comecei a chorar, com o ranho escorrendo pelo meu rosto. O mundo se fechava sobre mim; comecei a perder a esperança.

Meu pai se encontrou com a gente quando ele terminou o trabalho. Fomos para a última loja de brinquedos e conhecemos o melhor vendedor de brinquedos que já viveu, merecedor de consagração no hall da fama da venda de brinquedos.

Assim que entramos pela porta, meu pai se aproximou de um funcionário e disse:

– Minha menina quer um Balgrin. Eu não sei que diabos é um Balgrin, mas não vamos sair daqui até que encontremos um.

– Bem, o que ele faz? – o cara me perguntou.

Com medo de falar, eu joguei meu corpo no chão algumas vezes.

O atendente não riu. Ele pensou por um momento. Eu olhei para ele, esperançosa.

– Você quer dizer um Wrestling Buddy? É como uma almofada, e você luta com ele.

Eu concordei com a cabeça lentamente.

– Balgrin – eu disse.

– Certo – ele respondeu como se eu tivesse falado claramente –, Hulk Hogan.

Ele pegou um de uma prateleira de trás. Eu dancei de alegria no corredor. Minha mãe agradeceu aos céus.

O atendente colocou a caixa do Wrestling Buddy em minhas mãos e eu fiquei inundada de alegria. Eu me recusei a deixar que meus pais segurassem Hulk Hogan nem por um momento, nem mesmo para pagar por ele, de modo que o atendente simplesmente passou outra caixa no leitor.

Quando chegamos em casa, Hulk e eu ficamos quase inseparáveis. Eu pulava do sofá com o cotovelo contra seu peito. Eu o segurava no chão e fazia minha mãe contar até três. No que foi ou completa coincidência ou um sinal misterioso das coisas por vir, eu finalmente arranquei seu braço. Usando um velho truque para remendar o quimono de judô, minha mãe costurou o braço de volta com fio dental e então, como eu fazia todas as noites, eu fui para a cama com ele.

Sim, exatamente. Eu dormi com Hulk Hogan.

Para uma criança que não conseguia se comunicar como todas as outras crianças, ser compreendida por um estranho em meu terceiro aniversário foi um grande avanço. Essa foi uma lição precoce sobre a importância de sempre acreditar que, se eu quisesse algo com vontade suficiente e tentasse o bastante, eu poderia fazer isso acontecer.

Já fiz uma boa quantidade de coisas até agora em minha vida (não quero dizer muito, porque ainda nem tenho trinta anos e eu tenho muito para fazer – digamos que eu estou no nível Gandalf, o Cinzento, depois de todo o drama do Hobbit, preparado para ajudar a destruir o anel e se tornar Gandalf, o Branco). E muitas vezes eu realizei coisas que as pessoas diziam que não eram realistas, que eram pouco prováveis ou, a minha preferida, impossíveis. Eu nunca conseguiria fazer qualquer uma dessas coisas sem esperança.

O tipo de esperança de que eu estou falando é a crença de que algo bom virá. Que tudo o que você está passando e tudo o que você já passou valerá as dificuldades e frustrações. O tipo de esperança de que eu estou falando é uma profunda crença de que o mundo pode ser mudado, de que o impossível é possível.

O dia do meu terceiro aniversário foi uma apresentação precoce a nunca desistir da esperança, nunca desistir de mim mesma e me cercar de pessoas que viam em mim coisas que eu não conseguia ver em mim mesma. Foi a primeira vez em que eu senti como se tivesse vencido.

TUDO PODE MUDAR EM UMA FRAÇÃO DE SEGUNDO

> Quem assiste a lutas já viu acontecer: em um segundo o lutador parece dominante, imparável. Então cai na lona. Um soco ou uma fração de segundo de foco perdido pode mudar toda a direção de uma luta. A vida é assim.
>
> Uma das razões por que eu anseio tanto por vencer é que a vida é tão incerta, tão volátil. Quando eu venço, há um pequeno momento de tempo em que eu não estou preocupada com tudo ser tirado de mim a qualquer momento.
>
> Houve tantas vezes em que o que eu pensei que era real foi totalmente virado de cabeça para baixo, colocando meu mundo inteiro em queda livre. O conhecimento de que tudo o que é bom pode ser tirado a qualquer momento é o que me faz trabalhar tanto.

De Los Angeles, Califórnia, para Minot, Dakota do Norte, não é uma rota tradicional para a migração estadunidense. Mas quando eu tinha três anos, minha irmã Maria viu alguém levar um tiro à queima-roupa na cabeça enquanto voltava para casa no ônibus escolar. Meus pais viram isso como o sinal de que era hora de dar o fora. Nós nos mudamos para o meio do nada na Dakota do Norte.

Minha mãe tinha terminado o doutorado e uma das ofertas de emprego que recebeu veio da Minot State University. A Minot State tinha um programa sério de fonoaudiologia e, como parte dos benefícios do emprego, a universidade me proporcionaria tratamento fonoaudiológico intensivo. Meu pai se aposentou de seu trabalho como gerente da indústria aeroespacial quando nos mudamos. O custo de vida na Dakota do Norte era barato se comparado à Califórnia, e meus pais decidiram que só precisávamos de uma renda. Então, no verão de 1990, nos mudamos para uma casa em uma fazenda de cinco hectares que ficava a vinte milhas (32 km) de Minot.

Minhas irmãs e eu tínhamos rédea livre. Na Califórnia, nunca nos deixavam sair sem um adulto. Mas aqui, longe dos altos índices de criminalidade e poluição que assolava Los Angeles na época, fazíamos corridas de bicicleta na estrada de pedrinhas. Nós explorávamos o pequeno bosque atrás de nossa casa. Coletávamos casulos, até que minha mãe barrou essa atividade depois que um deles acabou por ser o saco dos ovos de uma aranha e chocou dentro de casa, enviando pequenas aranhas em todas as direções. Montamos um escorregador de lona e água na colina onde nossa casa foi construída e passávamos horas nos atirando morro abaixo na folha amarela de plástico.

Fiquei obcecada com colecionar pedras e juntei uma seleção impressionante. Meu pai me ensinou a identificar quartzo, pirita, madeira petrificada, calcário e sílex. Em agosto, minha mãe começou a ir para a cidade diariamente para se preparar para sua aula. Minhas irmãs não ficaram tão encantadas com a vida no campo como eu e geralmente se juntavam a ela, deixando a mim e a meu pai sozinhos. Nesses dias, ele me afivelava no banco da frente de nosso Ford Bronco marrom e branco e me levava por caminhos rudimentares em busca do local perfeito para caçar pedras. Dirigíamos pelos campos e entre as árvores plantadas como quebra-vento, saltando sobre pedras e raízes. Depois de um tempo, chegávamos a uma clareira que nunca tínhamos visto antes e meu pai dizia:

– Parece que é aqui.

Eu passava horas cavando na sujeira e trazendo-lhe amostras para examinar enquanto ele se recostava no carro, usando óculos escuros de aviador e fumando um cigarro.

Foi durante uma dessas aventuras que eu descobri que meu pai era o homem mais forte que já viveu. Um temporal tinha passado na noite anterior e, enquanto dirigíamos, a lama voava por toda parte. Chegamos a um riacho normalmente seco que tinha uns centímetros de água. Meu pai parou e virou-se para mim:

– O que acha, Ronnie? Devemos atravessar o rio?

Eu concordei com a cabeça.

– É isso aí, guria – disse ele, tocando a aba do chapéu em uma saudação simulada.

Ele sorriu e acelerou. A água barrenta encharcou o para-brisa como se tivesse sido jogada com um balde. O Bronco sacudiu e aí nada. Meu pai pisou no acelerador novamente. Houve um zumbido dos pneus em movimento, mas não nos movemos. Ele colocou o carro em marcha à ré. Nós sacudimos para trás, mas o carro não foi a lugar nenhum. Pelo espelho retrovisor do lado do passageiro, vi lama voando por toda parte conforme os pneus giravam sem efeito.

– Ah, merda – meu pai disse. Ele saiu do carro; soltei o cinto de segurança e saí atrás dele. Ele estava agachado perto dos pneus traseiros.

– A gente tem um problema aqui – disse ele. – Agora a gente tem de encontrar uma solução.

Ele inspecionou a área.

– Este parece um lugar tão bom quanto qualquer outro para caçar pedras – disse ele, como se fosse tudo parte do plano. – Mas vamos procurar pedras diferentes do que o habitual. O que eu preciso é que você encontre umas pedras grandes, pedras do tamanho de sua cabeça, está bem?

Eu concordei com a cabeça, e nós dois procuramos pelo terreno por pedras grandes. Eu encontrei uma do tamanho de uma grande toranja. Eu me abaixei e coloquei as mãos em volta para levantá-la. Ela não se moveu. Tentei novamente, juntando toda minha força de três anos de idade. Nada.

– Aqui – chamei meu pai.

Ele veio carregando duas pedras do tamanho de melões em um braço. Meu queixo quase caiu pelo feito. Eu apontei para a pedra que eu tinha tentado levantar. Ele pegou-a como se fosse quase sem peso.

– Ótimo olho – disse ele, com um sorriso. Eu sorri de orgulho.

Ele pegou as pedras e as colocou mais perto embaixo do pneu que conseguiu, e passamos a próxima meia hora repetindo o processo: eu apontando para pedras e assistindo, impressionada, enquanto ele as levantava como se fossem nada.

– Vamos ver se isto funciona – disse ele.

Nós voltamos ao Bronco. Ele ligou o motor e pisou no acelerador. Ele tentava ir para trás e para a frente. O carro guinou em ambos os sentidos mas não se desalojou.

– Ah, merda – disse ele. – Foi uma tentativa e tanto. Acho que a gente vai ter de andar. Vou ter de chamar John Stip para trazer seu caminhão e ajudar a puxar mais tarde.

Os Stip moravam na fazenda perto da nossa. Saímos do Bronco novamente. Estava quente e eu estava cansada. Eu ainda conseguia ver a placa do carro quando, com o rosto vermelho e suado, eu olhei para meu pai.

– Não consigo – eu disse.

Ele me pegou tão facilmente quanto ele tinha feito com as pedras. Eu coloquei a cabeça em seu ombro enquanto caminhávamos pelo pasto e logo eu adormeci. Acordei com o som dos passos de meu pai nas pedrinhas da entrada que levava a nossa casa. O Bronco era um pontinho pouco visível em um campo distante.

Enquanto o sol se punha na pradaria, nós jantávamos na varanda, com vista para nada além de campos até onde se podia ver.

Naquela noite, enquanto caminhávamos os quatrocentos metros da entrada para verificar nossa caixa de correio, eu olhei para minha mãe.

– Eu gosto da Dakota do Norte mais do que da Califórnia – eu disse. Foi a primeira frase completa que eu falei.

O verão no meio do nada na Dakota do Norte é lindo. O inverno na Dakota do Norte é outra história. Não há nada além de temperaturas abaixo de zero e neve. Muita neve. Mas naquele primeiro inverno, a novidade da neve ainda tinha de se desgastar. Então, em um dia completamente normal em janeiro, mamãe e papai nos juntaram, e nós saímos na neve. Os Stip se juntaram a nós.

Meu pai desceu uma colina completamente comum em um trenó de plástico laranja completamente comum. Ele desceu primeiro para se certificar de que era seguro para mim e minhas irmãs irmos depois. Eu ria enquanto ele descia morro abaixo. Ele acertou uma lomba, um tronco comum coberto por um pouco de neve. O trenó derrapou até parar na base do morro.

Mas meu pai ficou parado ali. Mamãe achou que ele estava brincando.

Nós esperamos.

Ele não se levantou.

Minhas irmãs e eu nos sentamos no alto da colina observando enquanto mamãe desceu morro correndo e aí ajoelhou-se ao lado do papai.

Havia um borrão de neve e luzes piscando. Uma ambulância apareceu mas ficou presa na neve. Outra ambulância chegou. Demorou cerca de uma hora até o pessoal médico chegar até meu pai.

Minha mãe foi com meu pai na ambulância. Nossos vizinhos nos levaram de volta a sua casa para tomar um chocolate quente. Esperamos a mamãe ligar.

A notícia não era boa.

Meu pai, que era a pessoa mais forte que eu conhecia, isso quer dizer que ele tinha a força de um super-herói, tinha quebrado a coluna vertebral.

Na primeira vez em que vi meu pai depois do acidente, ele estava deitado em uma cama de hospital, incapaz de se mover. Eu ficava esperando que na próxima vez em que entrássemos em seu quarto no hospital, ele estaria de pé, na frente do espelho do banheiro, colocando a loção pós-barba do Old Spice e, olhando para nós com um sorriso como se nada tivesse acontecido, anunciaria, como ele o fazia todas as manhãs desde que me lembrava:

– É hora do show.

Fiquei esperando que ele saltasse para fora da cama. Mas ele não o fez. Ele entrava e saía de cirurgias, escapando da morte por pouco na mesa da sala de operação outra e outra vez.

A primeira vez que mamãe nos levou para vê-lo após a cirurgia, as luzes em seu quarto na unidade de terapia intensiva estavam reduzidas.

– Vocês têm de ficar quietas – disse ela do lado de fora do quarto. – Papai está muito cansado.

Nós assentimos solenemente e em silêncio nos enfileiramos atrás dela feito patinhos. O sinal sonoro constante do monitor do coração enchia a sala. Mais ou menos a cada trinta segundos, uma máquina zumbia.

– Ron, as crianças estão aqui – disse minha mãe com a voz suave que ela reserva somente para quando você está realmente doente.

Meu pai estava deitado reto de costas. Ele abriu os olhos. Ele não podia mover seu corpo, mas ele desviou o olhar em nossa direção.

– Oi, gente – disse ele, com a voz como um sussurro.

Eu me aproximei da cama. Meu pai estava com o torso enfaixado, onde os médicos o haviam cortado para operar sua coluna quebrada. Havia uma grande bolsa de sangue ao lado do soro, pingando em seu braço. Pendurada ao lado da cama havia outra bolsa. Um tubo conectado a algum lugar por baixo dos cobertores que eu não conseguia ver estava enchendo a bolsa com sangue que escorria de seu corpo.

Uma enfermeira entrou no quarto e, quando ela chegou perto de meu pai, lancei-me contra ela. Mamãe me pegou no ar enquanto eu gritava a plenos pulmões:

– Por que cortou meu pai pela metade?! Por que você fez isso?!

Eu a odiava. Eu a odiava por ferir meu pai. Eu a odiava pela dor pela qual ele estava passando. Eu a odiava pela dor pela qual eu estava passando.

Eu golpeava o ar com meus punhos e chutava com minhas pernas quando mamãe me levou para o corredor e bloqueou meu caminho até a porta. Engasguei para respirar. Lágrimas escorriam por meu rosto enquanto mamãe tentava explicar que eles estavam ajudando papai.

– Ele se machucou – mamãe me disse. – Os enfermeiros e médicos estão trabalhando para deixá-lo melhor. Eles estão tentando ajudá-lo.

Eu não tinha certeza se eu podia acreditar nela.

– Pode perguntar ao papai – ela disse. – Mas precisamos tentar ajudá-lo também. Isso quer dizer que precisamos ficar quietos quando estamos em seu quarto. Está bem?

Eu assenti.

– Então está bem. Vamos – ela me levou de volta para o quarto.

Meu pai passou mais de cinco meses no hospital. Todos os dias depois da escola, minha mãe empilhava as três crianças no carro e fazíamos o caminho de 130 milhas (209 km) de Minot para Bismarck, uma vez que nosso hospital local não estava equipado para lidar com uma lesão tão grave quanto a de meu pai.

Não há muito para se ver pela janela do carro na zona rural da Dakota do Norte durante o inverno, apenas longos trechos de branco. O branco é realmente o que mais me lembro sobre esse período da minha vida. Os corredores brancos do hospital. Pisos cerâmicos brancos. Luzes fluorescentes brancas. Os lençóis brancos. Também me lembro do sangue; havia muito sangue.

Meu pai tinha uma doença hemorrágica rara chamada síndrome de Bernard-Soulier, que torna difícil para o corpo formar coágulos sanguíneos, e coágulos sanguíneos são uma parte essencial de como nosso corpo para o sangramento. Ferimentos leves podem resultar em complicações hemorrágicas, e grandes complicações podem ser resultado de lesão traumática. As pessoas com esse transtorno muitas vezes sofrem de sangramento prolongado durante e após cirurgia. Meu pai tinha sofrido uma lesão traumática e cirurgias de grande porte: havia muito sangue.

Mamãe fala sobre como meu pai piorava e como as enfermeiras entravam correndo em seu quarto com bolsas de sangue que se vê penduradas nos suportes, normalmente pingando até os braços das pessoas em um gotejamento lento. Uma enfermeira conectava a bolsa a seu braço, colocava a bolsa sobre uma mesa e colocava todo seu peso corporal sobre ela para que o sangue jorrasse para dentro de suas veias.

As enfermeiras nos levavam para fora do quarto antes de elas mudarem seus lençóis e curativos, esperando que não víssemos isso. Mas tanto sangue é impossível de não se ver. Saturava suas ataduras, manchava os lençóis. Eu olhava para o sangue enquanto ele se espalhava. Pontos vermelhos que floresciam em grandes círculos. Todo aquele sangue me deixava impotente. Mesmo com quatro anos de idade, eu sabia que muito sangue significava que as coisas não iam bem.

Houve muitas outras cirurgias. Muitas outras bolsas de sangue. Os médicos inseriram uma haste de metal nas costas de meu pai. Passávamos muito tempo na sala de espera. Os enfermeiros colocavam desenhos animados na TV para a gente. Eu tomei muita sopa da lanchonete do hospital. Eu desenhei muito.

Durante todo o inverno e a primavera, fizemos a longa viagem. Na ida, eu olhava pelas janelas geladas e desenhava imagens na condensação nas janelas. Na volta para casa, minhas irmãs e eu dormíamos enquanto mamãe dirigia em silêncio.

Papai nunca mais foi o mesmo depois do acidente. Ninguém em minha família foi o mesmo.

NUNCA SUBESTIME UM ADVERSÁRIO

O momento em que você para de ver seu adversário como uma ameaça é o momento em que você fica aberto para ser golpeado. Você começa a pensar que não precisa treinar tanto. Você toma atalhos. Você se sente confortável. Você é pego.

Quando eu era pequena, não me levavam a sério porque eu mal conseguia emitir uma frase. Quando eu competia no judô, me desprezavam porque eu era a americana e os americanos são ruins no judô. Quando cheguei ao MMA, as pessoas me desconsideravam, primeiro por ser garota, depois por ser um cachorro treinado que só sabia um único golpe. Eu venho carregando a falta de confiança dos outros em mim por toda minha vida. Mesmo quando eu sou a favorita por 11-1, sinto como se eu fosse o azarão. Cada segundo de cada dia eu sinto que tenho algo a provar. Eu tenho que provar minha capacidade toda vez que entro em uma nova academia, em um novo set de filmagem, em uma reunião de negócios e em cada luta.

Sempre houve pessoas que me excluíram. Elas não vão embora. Eu uso isso para me motivar. Sou impelida a mostrar-lhes como estão erradas.

Meu pai recebeu alta do hospital no fim da primavera de 1991. As contas médicas haviam se acumulado, de modo que ele precisava voltar a trabalhar.

Ele conseguiu um emprego, só que era em uma fábrica do outro lado do estado. O arranjo era que ele tinha de morar a duas horas de distância e vir para casa nos fins de semana.

A esta altura, eu já falava de forma relativamente clara. Bem, clara pode ser exagero, mas eu era inteligível além de meu pequeno círculo familiar. O tratamento fonoaudiológico funcionou e eu avancei de quase dois anos de atraso (um atraso muito significativo quando você ainda não tem nem quatro anos) ao nível mais baixo da média. No entanto, em minha família, a média não seria suficiente.

Minha fonoaudióloga sugeriu que eu tivesse atenção mais individualizada para me forçar a trabalhar em minha fala ainda mais. Como muitas vezes as pessoas fazem quando são confrontadas com limitações físicas ou neurológicas, eu encontrava uma solução alternativa. De alguma forma, minhas irmãs sempre me compreendiam e elas intervinham e traduziam.

– Ronda está chorando porque ela quer vestir a camisa vermelha, não a azul que você colocou nela.

– Ronda quer espaguete para o jantar.

– Ronda está procurando o Balgrin.

Minha fonoaudióloga achava que essa ajuda estava dificultando minha melhora. Quando eu tinha dificuldade para falar, bastava olhar para que uma de minhas irmãs interviesse e ajudasse. Minha fonoaudióloga disse a minha mãe que eu ficaria melhor em uma situação onde eu não tivesse outra opção a não ser falar por eu mesma.

Por mais que meus pais odiassem a ideia de nossa família viver em dois lados diferentes do estado, este acordo traria uma oportunidade para eu encontrar minha voz, literalmente. Eu ainda não tinha começado a escola primária, então fui morar com meu pai, enquanto minhas irmãs ficaram com minha mãe.

No outono de 1991, meu pai e eu nos mudamos para uma casa de um quarto na pequena cidade de Devils Lake, na Dakota do Norte. Nossa casa era pequena e antiga, os carpete eram finos e o linóleo na cozinha estava revestido de sujeira permanente. Tínhamos uma dessas televisões com antena interna que tem quatro canais mal sintonizados, portanto alugávamos muitos vídeos. Assistíamos a animações sobre animais falantes e a filmes não recomendados para menores que minha mãe teria desaprovado porque envolviam um monte de palavrões, um monte de pessoas levando tiros e um monte de coisas sendo explodidas. Todas as noites antes de dormir, nós assistíamos ao *Wild Discovery*[11], o que explica por que até hoje eu possuo uma riqueza de conhecimentos aleatórios sobre animais. Havia um sofá-cama na sala de estar que era minha cama, mas nós só o utilizávamos quando minha mãe e irmãs vinham nos visitar. Caso contrário, eu me arrastava para a cama com meu pai e adormecia vestindo meu pijama com pés.

A vida doméstica não era a especialidade de meu pai. O conteúdo de nossa cozinha incluía leite, suco de laranja, duas refeições congeladas para adultos, uma caixa ou duas de cereais e várias refeições para crianças (com um pinguim desenhado na frente). Meu pai tirava o plástico, enfiava as refeições no micro-ondas e, então, meros segundos depois me entregava uma pequena bandeja preta contendo compartimentos de pizza mole, milho enrugado e brownie seco. Em outras noites, comíamos fast-food, uma pizza do Little Caesars ou um lanche infantil do Hardees.

– Eu sei que sua mãe está preocupada com como você fala – meu pai disse um dia quando estacionamos no drive-thru do Hardees.

Eu dei de ombros.

– Mas não se preocupe com isso. Você vai mostrar para todos eles um dia. Você é apenas um gigante adormecido. Você sabe o que é um gigante adormecido?

Eu balancei a cabeça.

– Um gigante adormecido apenas espera e, quando for a hora certa, ele sai e surpreende a todos. É você, guria. Não se preocupe.

Ele se virou para mim.

– Você é uma garota esperta. Não é como se você fosse uma idiota de merda. Você acha que tem problemas porque é um pouco lenta para falar. Deixe eu lhe mostrar o que é ser estúpido.

Nós dirigimos até a janela.

– Olá, bem-vindo ao Hardees – veio o som distorcido através da caixa de som.

– Oooollllááá – meu pai disse, usando a voz lenta e alta que ele reservava exclusivamente para a caixa de som do drive-thru do Hardees.

Ele se virou para mim.

– Olhe só. Eles vão foder com o pedido. Esses idiotas nunca acertam um maldito pedido. – então ele se virou para a caixa de som e disse: – Eu vou querer um lanche infantil com palitos de frango empanados e um café pequeno.

– É só isso? – perguntou a voz.

– Sim, você pode repetir isso para mim? – perguntou meu pai.

---

[11] Nota do tradutor: programa do Discovery Channel sobre animais.

– Um lanche infantil com palitos de frango empanados e um café – disse a voz. – Por favor, siga em frente.

Meu pai olhou para mim e disse:

– De jeito nenhum eles acertam esse pedido.

Nós seguimos em frente. O rapaz trabalhando na caixa registradora abriu a janela e estendeu o pacote.

– Dois cheeseburgers e uma batata frita pequena – disse ele.

Meu pai me entregou o pacote e me deu um olhar de "eu não disse?".

Quando saímos do estacionamento, ele se virou para mim.

– Ronnie, se lembre disso. Agradeça que você é uma gigante adormecida e não uma estúpida qualquer.

Eu desembrulhei um cheeseburger e assenti com a cabeça.

PERDER É UMA DAS EXPERIÊNCIAS MAIS DEVASTADORAS DA VIDA

> Eu não me apoio nas vitórias antigas. Eu sempre preciso de uma nova, e é por isso que cada luta significa tudo para mim.
>
> Eu esqueço as vitórias o tempo todo. Eu esqueço torneios e países inteiros, mas as derrotas ficam comigo para sempre. A cada derrota parece que um pedaço de minha alma morreu. Nunca sou a mesma depois de uma derrota.
>
> Para mim, perder só não é pior do que um ente querido morrer. Quando eu perco, eu lamento a morte de uma parte de mim. A única coisa pior do que isso é o luto pela morte de outra pessoa.

A espinha do meu pai estava se desintegrando. O médico deslizou a radiografia na tela e disse a meus pais que a deterioração estava piorando e que continuaria a piorar. Em breve, ele não conseguiria andar. Aí ele ficaria tetraplégico. Aí ele definharia até morrer. Não havia cura miraculosa. Nenhuma cirurgia de ponta. Apenas mais dois anos, talvez menos, de dor excruciante e paralisia.

Embora ele escondesse a dor de nós, meu pai vinha sofrendo desde o acidente; suas costas estavam se deteriorando e a dor crônica estava piorando. Minha mãe conseguiu um novo emprego em uma faculdade pequena do outro lado do estado, em Jamestown, na Dakota do Norte. Nós todos fomos morar juntos de novo: mamãe, papai, Maria, Jennifer e eu.

Meu pai largou o emprego, dizendo que o trajeto de noventa milhas (145 km) em cada sentido era demais, mas isso era apenas parcialmente verdade. A realidade era que a dor estava ficando insuportável e ficar sentado todo esse tempo só piorava. O médico havia receitado analgésicos, que meu pai se recusava a tomar e que ele não poderia tomar se fosse dirigir de qualquer maneira. Eu era apenas uma criança; eu não questionava por que ele estava em casa. Eu estava apenas feliz por ter meu pai por perto.

No verão antes de eu começar o terceiro ano, papai estava sempre lá. Ele sentava-se nos degraus da frente enquanto andávamos de bicicleta para cima e para baixo do quarteirão, fazia-nos lanches e ligava o aspersor para a gente passar correndo em dias quentes. Enquanto minha mãe trabalhava, ele nos colocava no carro, nos levando a nossas várias atividades e casas de amigos. Quando ele queria, ele ia até o porão onde tinha suas ferramentas para trabalhar com madeira. Quando eu cansava de assistir a desenhos, sentava-me na escada, olhando para baixo enquanto a serra circular zumbia, fazendo a serragem flutuar nos feixes de luz do sol. Às vezes, quando estávamos só nós dois, ele e eu íamos a nosso lugar "especial", um lago fora do caminho no qual jogávamos pedras.

Em 11 de agosto de 1995, Jennifer e eu estávamos em casa com papai, assistindo a desenhos no Nickelodeon. Era um dia de verão que se confundia com todos os outros.

Papai ligou para mamãe e disse-lhe para voltar para casa. Então ele saiu.

Eu gosto de pensar que ele abraçou a mim e Jennifer por mais tempo do que o normal e que nos disse que ele nos amava e que ele estava saindo mas, honestamente, eu não lembro. Durante anos, eu me odiei por ter sido uma menina de oito anos de idade tão preocupada consigo mesma que eu não fazia ideia do que estava acontecendo. Já tentei lembrar de algo sobre a parte do dia *antes*: o que meu pai vestia, como ele estava fisicamente, como estava sua voz. Se ele nos abraçou naquele dia. Queria conseguir lembrar as palavras que ele disse para mim antes de sair pela porta da frente. Não consigo. Só me lembro o que veio depois.

Minha mãe entrou correndo pela porta da frente.

– Onde está seu pai? – ela perguntou.

Jennifer e eu demos de ombros. Não fazíamos ideia de como nossa vida estava prestes a mudar radicalmente. Minha mãe, derrotada, sentou-se à mesa da sala de jantar.

Meu pai tinha descido os quatro degraus que levavam à entrada de automóveis. Ele entrou no Bronco. Ele dirigiu para o local ao lado do lago onde jogávamos pedras. Lá era tranquilo. Ele estacionou o carro, então pegou uma mangueira e colocou uma ponta no escapamento, então passou a outra ponta ao redor do carro até a janela do lado do motorista. Ele entrou no carro. Levantou a janela. Ele se recostou no assento. Fechou os olhos. Foi dormir.

Poucas horas depois, um policial apareceu em nossa porta. Minha mãe e o oficial falaram em voz baixa na entrada por alguns minutos. Quando minha mãe voltou para a sala, ela nos fez sentar no sofá. Pela cara que ela fez, eu sabia que era sério. Jen e eu nos entreolhamos, fazendo aquele contato visual silencioso entre irmãos que diz: Você sabe o que está acontecendo? Não. Nem eu.

– Papai foi para o céu – disse minha mãe. Pela primeira vez em minha vida, minha mãe começou a chorar. Não sei o que ela disse em seguida. A sala girava rápido demais.

Tudo em minha vida a partir dessas palavras faz parte do *depois*.

Tentei me levantar. Eu queria ir embora. Eu precisava sair da sala, sair do momento, mas eu senti minhas pernas bambolearem. Era como se elas não pudessem suportar meu peso. Tudo o que se seguiu é uma névoa.

Maria estava fora da cidade para visitar a família e foi trazida às pressas para casa.

Nas horas e dias que se seguiram, nossa casa se encheu de pessoas. Algumas passaram a noite, ajudando minha mãe e a gente. Algumas só trouxeram comida. Havia tantas caçarolas e todos sussurravam, eles pareciam pensar que era a coisa apropriada a fazer. Em voz baixa, eu ouvi uma mulher perguntar se papai poderia ter um velório católico apesar de ter se suicidado. O padre não hesitou:

– Os funerais são para os vivos – disse ele. – Os mortos estão em paz com Deus.

O diretor da agência funerária era casado com minha professora do segundo ano, a Sra. Lisko. Ela estava com o marido quando ele veio discutir os detalhes do velório e do sepultamento. Foi estranho vê-la em minha casa.

Lembro de me sentar com Jennifer e Maria na escada e ouvir quando ele perguntou a minha mãe que tipo de caixão papai queria.

– Eu não acho que ele se importe – disse minha mãe. – Ele está morto.

Mamãe tentava não chorar na frente da gente, as crianças. Ela saía do quarto, com os olhos vermelhos e inchados. Maria e eu choramos muito. Eu chorei tanto que senti como se fosse ficar sem lágrimas. Mas Jennifer recusou-se a chorar. Eu olhava para ela e queria conseguir parar. Eu disse a mim mesma para fingir que ele estava em uma longa viagem de negócios.

Na noite antes do funeral, nós nos sentamos na sala da funerária. O lugar estava quase vazio; a maioria dos visitantes tinham ido embora para a noite e estava tranquilo.

Uma mulher que eu não conhecia disse para mim e minhas irmãs que ele parecia estar em paz e saiu.

Olhei dentro do caixão. Meu pai estava lá, parecendo meu pai. Seus olhos estavam fechados, mas ele não parecia estar dormindo. Sua boca, sob o bigode, tinha sido arrumada em um sorriso tal que parecia que estava prestes a rir, como se ele estivesse zoando e a antecipação fosse demais e ele estivesse prestes a levantar do caixão e cair na gargalhada. Eu esperei. Observei o caixão. Rezei por esse momento mesmo depois que minha mãe me pegou pela mão e me levou embora.

O velório foi uma missa católica. A igreja sem ar-condicionado estava quente em meados de agosto. Nós nos sentamos no banco da frente. Eu ouvi o padre falando no altar, mas não consegui me concentrar em suas palavras. Uma mosca zumbiu sobre o caixão. Ela pousou no nariz de meu pai. Eu queria me levantar e espantá-la, mas minha mãe estava segurando minha mão com muita força. Eu odiei aquela mosca.

Fomos para o cemitério em uma limusine branca. Ao sair do carro de janelas escuras, eu protegi os olhos da luz do sol. Eu nunca tinha ido a um funeral antes, mas sempre imaginei que eles ocorressem em dias chuvosos e escuros. Em vez disso, estava abafado e o sol castigava. Eu estava de pé, suando, usando o vestido preto que havia sido comprado para o funeral. Tentei me abanar com a mão, como se fosse fazer alguma diferença. Era o tipo de dia em que meu pai teria ligado o aspersor para a gente passar correndo. Mas ele estava morto.

Meu pai teve um funeral militar por causa de seu serviço no Exército. Um soldado tocou música de funeral em um trompete e armas foram disparadas em saudação tradicional. Eu cobri meus ouvidos por causa do barulho. Enquanto eu observava o caixão de meu pai baixar lentamente para dentro do chão e fora de vista, eu me senti vazia. Esse sentimento nunca iria totalmente embora. Os homens dobraram a bandeira americana que havia sido estendida sobre o caixão de meu pai em um triângulo perfeito e a entregaram a minha mãe.

A bandeira ficou dobrada pelos próximos treze anos.

A TRAGÉDIA PRECEDE O SUCESSO

> Minha bisavó sempre dizia:
>
> – Deus sabe o que faz, mesmo quando você não sabe.
>
> Concordo com ela. Não há nada em minha vida que eu voltaria atrás e mudaria, mesmo os momentos mais sombrios. Todos os sucessos e maiores alegrias de minha vida são resultado das piores coisas. Cada oportunidade perdida é uma bênção disfarçada.
>
> Uma derrota leva a uma vitória. Ser demitido leva a um trabalho dos sonhos. A morte leva ao nascimento. Eu me conforto em acreditar que coisas boas podem vir da tragédia.

Durante os primeiros meses depois que meu pai morreu, eu acordava e me surpreendia que o sol ainda estava nascendo no leste; que as pessoas ainda brincavam e iam à escola. Nada parecia ter mudado.

Eu fazia o melhor que podia só para continuar indo em frente. Às vezes, parecia que papai ainda não tinha chegado em casa do trabalho. Parecia que ele entraria pela porta a qualquer momento, com flocos de neve no bigode, e berraria:

– Está mais frio do que tetinha de bruxa lá fora.

Outras vezes, sua ausência era esmagadora. O tapa na cara ao tropeçar em um de seus pacotes pela metade de chiclete de hortelã do Wrigley escondido nas almofadas do sofá ou um recibo com sua assinatura enterrado em uma pilha de papéis.

Mas depois de um tempo, ele não estar lá começou a parecer normal. Eu ainda sentia falta de meu pai. Eu ainda pensava nele todos os dias (ainda penso nele todos os dias), mas eu sabia que não devia esperar que ele entrasse pela porta.

No segundo inverno depois que meu pai morreu, minha mãe começou a namorar novamente. Ela conheceu Dennis on-line. Dennis era cientista de foguetes (se você perguntar a ele, ele vai dizer que não era exatamente cientista de foguetes, mas que trabalhava no radar que era usado nos foguetes, porque claramente essa é uma grande diferença). Dennis mandou para minha mãe um fractal rosa no Dia dos Namorados. Minha mãe ficou lisonjeada. Eu nem sabia o que era um fractal.

Poucos meses depois, Dennis pediu minha mãe em casamento. Minha mãe ficou muito feliz, e isso me deixou feliz. Nós nos mudamos para a Califórnia e, em março de 1998, logo após meu aniversário de onze anos, minha irmã Julia nasceu.

Quando nos mudamos para Santa Monica, minha mãe reencontrou alguns de seus velhos companheiros de judô na área de Los Angeles. Eles eram caras com os quais ela tinha treinado na época em que ela estava na equipe mundial. Ela foi a primeira estadunidense a vencer o campeonato mundial de judô, mas isso tinha sido antes de eu nascer. Agora, um desses amigos tinha começado seu próprio clube e convidou minha mãe para trabalhar lá. Um dia, eu simplesmente perguntei se eu poderia experimentar.

Na próxima quarta-feira à tarde, eu pulei no carro para ir ao judô. Eu não imaginava que seria um momento que mudaria minha vida.

A morte de meu pai desencadeou uma série de eventos que não teriam ocorrido se ele estivesse vivo. Não teríamos voltado para a Califórnia. Eu não teria uma irmã mais nova. Eu não teria começado judô. Quem sabe o que eu estaria fazendo ou como minha vida teria terminado.

Mas eu não teria terminado aqui.

NÃO ACEITE MENOS DO QUE VOCÊ É CAPAZ

> Minha irmã Jennifer diz que cresceu em uma família onde o excepcional era considerado mediano. Se você tinha o boletim escolar todo com A e um A-menos, minha mãe perguntaria por que você não tirou A em tudo. Se eu vencesse um torneio, minha mãe perguntava por que eu não o venci todo por *ippons*, a versão do judô para o nocaute. Ela nunca esperava mais de nós do que éramos capazes de fazer, mas ela nunca aceitava menos.

A primeira vez em que eu pisei no tatame de judô, eu me apaixonei pelo esporte. Fiquei impressionada com a forma como o judô era complexo. Como você tinha de ser criativo. Há tantos pequenos detalhes e é preciso tanto pensamento para cada movimento e técnica. Eu amo o aspecto de resolução de problemas da luta. Trata-se de sentir e compreender e derrubar o adversário. Não é só "ir mais rápido".

Eu tinha feito parte de uma equipe de natação por dois anos. Mas depois que meu pai morreu, eu não queria mais nadar. A natação é muito introspectiva. Faz você pensar sobre as coisas, e eu não queria pensar sobre minha vida. O judô era o oposto da natação. Cem por cento do meu foco tinha de estar no momento presente. Não havia tempo para introspecção.

Nós ainda não tínhamos saído do estacionamento depois daquele primeiro treino de judô quando eu perguntei a minha mãe quando eu poderia voltar.

Meu primeiro torneio de judô caiu no meu décimo primeiro aniversário. Eu estava no judô a cerca de um mês nessa época. Eu realmente só sabia um arremesso e uma imobilização, mas era só um pequeno torneio local.

Nós caminhamos para o prédio onde o torneio estava sendo realizado. Eu segui minha mãe até a mesa de inscrição. Os tatames arrumados ao redor do ginásio pareciam muito maiores do que no treino. Meus olhos se arregalaram. Eu mexia nervosamente na faixa branca que segurava meu quimono *gi* branco.

Minha mãe percebeu minha hesitação. Depois que ela terminou minha inscrição, ela me puxou de lado. Eu esperava uma conversa estimulante sobre como isso não era grande coisa, sobre como era só fazer o melhor que eu pudesse, sobre como eu deveria simplesmente ir lá e me divertir. Em vez disso, ela me olhou direto nos olhos e disse três palavras que mudariam minha vida:

– Você pode vencer.

Eu venci o torneio todo por *ippons* (vitória instantânea). Eu fiquei eufórica. Eu realmente nunca tinha ganhado nada antes. Eu gostei de vencer.

Duas semanas depois, eu perdi meu segundo torneio de judô. Terminei em segundo lugar, perdendo para uma garota chamada Anastasia. Depois disso, seu treinador me parabenizou:

– Você fez um ótimo trabalho. Não se sinta mal, Anastasia é campeã nacional júnior.

Fiquei consolada por cerca de um segundo, até que notei o olhar de desgosto no rosto de mamãe. Concordei com o treinador e fui embora.

Uma vez que estávamos fora do alcance dos ouvidos, ela me iluminou:

– Eu espero que você seja mais esperta do que acreditar no que ele disse. Você poderia ter vencido o desafio. Você tinha todas as chances de ganhar daquela garota. O fato de que ela é campeã nacional júnior não quer dizer nada. É por isso que eles têm torneios, para ver quem é melhor. Eles não dão medalhas baseados no que você ganhou antes. Se você fez o melhor possível, se você não pôde fazer mais nada, então é o suficiente. Então você pode ficar contente com o resultado. Mas se você poderia ter se saído melhor, se você poderia ter feito mais, então você deve se decepcionar. Você deve ficar chateada que não ganhou. Você deveria ir para casa e pensar sobre o que você poderia ter feito de forma diferente e então na próxima vez faça de forma diferente. Nunca deixe ninguém lhe dizer que não fazer o melhor possível é bom o suficiente. Você é uma menina loira e magra que mora perto da praia e, a menos que você completamente os force, ninguém jamais vai esperar nada de você neste esporte. Prove que eles estão errados.

Eu tive vergonha por ter estado pronta para aceitar a derrota, para aceitar como fato que alguém era simplesmente melhor do que eu. O remorso durou apenas um segundo antes de ser substituído por uma emoção mais intensa. O que senti depois foi um profundo desejo de vencer, uma motivação para mostrar a todos no planeta que ninguém deve duvidar de minha capacidade de vencer novamente.

A partir daquele momento, eu queria vencer toda vez que pisava no tatame. Eu esperava vencer. Eu nunca aceitaria perder novamente.

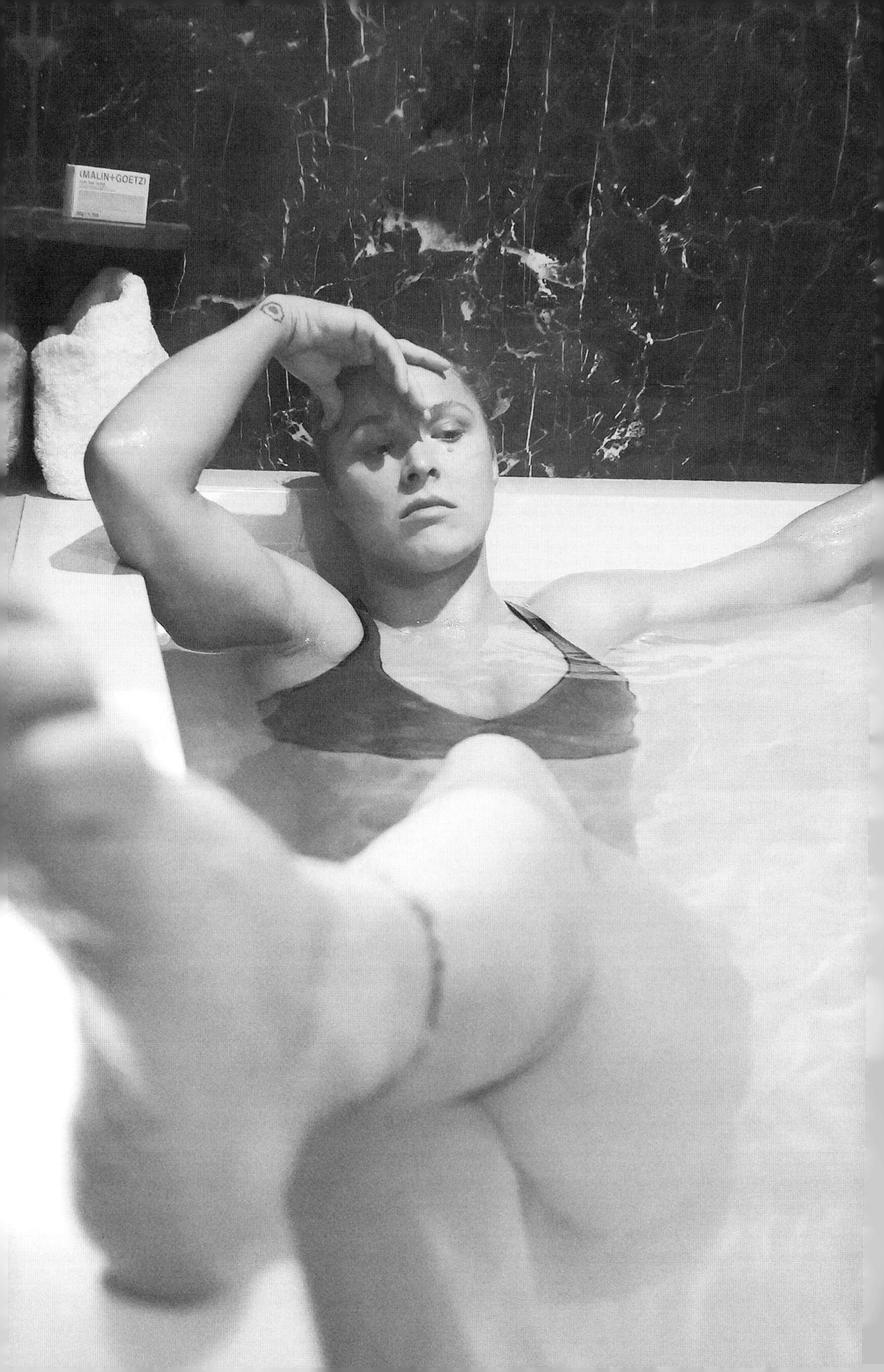
(MALIN+GOETZ)

SÓ PORQUE É UMA REGRA NÃO SIGNIFICA QUE SEJA CERTO

> Nos esportes, há regras que o mantêm seguro. Na vida, existem regras que impedem que o mundo afunde no caos total. Em ambos, há regras que as pessoas criam para se esconderem ou para seu próprio benefício. Você tem de ser inteligente o suficiente para saber a diferença.

Havia quatro regras principais em minha casa enquanto eu crescia:
Regra n° 1: Não tirar as coisas das mãos das pessoas.
Regra n° 2: Você só tem permissão para bater em alguém se essa pessoa bater em você primeiro.
Regra n° 3: Não ficar nua na mesa de jantar.
Regra n° 4: Você não tem permissão para comer nada maior do que sua cabeça.

A Regra n° 4 foi iniciada porque eu sempre queria os pirulitos enormes do Chuck E. Cheese's que tinham cerca de quatro vezes o tamanho da minha cabeça.

As Regras n° 1 e 2 foram instituídas para combater as brigas que tendem a ocorrer quando você tem três filhos em quatro anos. A Regra n° 1 destinava-se a evitar os tapas que levariam à Regra n° 2. Além disso, como a Regra n° 2 foi estruturada de forma que você só poderia bater em alguém se ela batesse em você primeiro, você pensaria que era um paradoxo. Não funcionava dessa maneira.

As pessoas falam sobre irmãos brigando e lutando, mas nós, três meninas, dávamos socos, chutes e cotoveladas e infligíamos estrangulamentos que deixariam os meninos vizinhos com vergonha. Além de nossos corpos, muitas vezes utilizávamos tudo em nosso alcance. Nós nos lançávamos das escadas ou móveis para ganhar vantagem, aproveitando as leis da física quando possível.

Uma vez, durante uma briga, com cerca de quatro anos de idade, eu joguei uma lata cheia de Coca-Cola no olho de Jennifer, causando um grande corte.

– O que você tem a dizer em sua defesa? – Nossa mãe me perguntou.

– É isso aí! – eu disse, levantando meu punho em vitória.

E embora eu odeie admitir, eu nem sempre saía vitoriosa. Eu era a mais nova, então eu não tinha o tamanho a meu favor (Ironicamente, agora eu sou a mais alta do bando. Minhas irmãs mais velhas gostam de brincar que elas estão entre as únicas mulheres no planeta que podem reivindicar terem me vencido em uma luta. Elas também dizem que agora somos muito velhas e maduras para eu exigir uma revanche).

Outra vez foi a briga de três entre Maria, Jennifer e eu, em que cada um dos trinta e dois livros da *Encyclopaedia Britannica* (de A a Z) ou foi usado como projétil ou para bater na cabeça de outra pessoa. Se uma de nós saiu vitoriosa daquela vez, a alegria da vitória foi rapidamente temperada pela raiva que minha mãe liberou sobre nós ao ver o rescaldo na sala de estar. Depois de uma séria gritaria, todas nós ficamos de castigo e recebemos uma grande quantidade de trabalho doméstico por várias semanas.

Uma das últimas brigas foi talvez a mais memorável. Foi entre mim e Jennifer. Não me lembro sobre o que foi, mas estou certa de que foi tudo culpa de Jennifer. Eu tinha começado judô, mas sabia que não devia usar os golpes que eu tinha aprendido na minha irmã. Eu estava com mais medo da ira de mamãe do que de Jennifer. Estávamos no corredor estreito da frente, que tinha estantes em uma das paredes. Eu estava nas costas de Jennifer e a segurava pela cabeça. Eu tinha a vantagem inquestionável e claramente vencia.

– Eu não quero machucar você, Jennifer – eu disse, com cautela. Eu sabia que minha mãe ficaria furiosa se eu mandasse minha irmã para o pronto socorro.

– Foda-se – disse Jen, com meu antebraço ainda em torno de seu pescoço.

– Eu vou largar você – eu a informei.

Eu deslizei de suas costas, afastando meu braço de sua traqueia.

Jen se virou contra mim. Com velocidade incrível e uma força que eu nem sabia que ela possuía, ela agarrou minha cabeça pelos cabelos. Antes que eu pudesse processar totalmente o que estava acontecendo, ela bateu minha cabeça várias vezes na estante mais próxima.

A regra sobre bater em alguém apenas se eles batessem em você primeiro também valia fora de casa. Nós não tínhamos obrigação nenhuma de nos afastarmos se algum valentão batesse em nós na pracinha, mas não podíamos simplesmente machucar um babaca que estivesse zoando com a gente.

Eu era uma menina magricela. Um dos apelidos da minha mãe para mim é "Feijão", porque eu era magra como feijão-de-vagem; mesmo depois que eu comecei a fazer judô, eu não parecia muito com uma lutadora.

Quando eu estava no sexto ano, um menino chamado Adrian me perseguiu incansavelmente durante todo o ano. Um dia, ele veio por trás de mim e me agarrou pela garganta, me apertando até que fosse difícil respirar. Nem me incomodei em empurrar sua mão; eu o joguei por cima do meu quadril direto no cimento. A pele em sua nuca se rompeu.

O garoto ficou tão envergonhado que ele simplesmente foi para sua próxima aula sem dizer nada a ninguém, até que sua professora percebeu que ele estava sangrando. Ele acabou levando vários pontos.

Fui mandada para a direção. Minha mãe foi chamada. Eu chorava histericamente.

– Não temos certeza exatamente do que aconteceu – o diretor disse a minha mãe quando ela chegou. – Parece que houve algum tipo de briga entre os dois. Ele diz que tropeçou, mas outras pessoas disseram que ela o empurrou.

– Bem, parece que foi um acidente – minha mãe disse rapidamente.

– Foi n... – eu comecei a protestar, mas minha mãe enfiou a mão sobre minha boca.

– Ronda sente *muito* – ela continuou.

O diretor parecia incerto sobre como levar a conversa adiante. Em vez disso, ele olhou para suas mãos e então nos dispensou. Nós caminhamos para o carro sem dizer uma palavra.

Eu gostaria de dizer que a notícia de minhas habilidades de luta se espalhou e que ninguém mexeu comigo de novo, mas algumas semanas depois, eu estava esperando mamãe me pegar quando uma garota do oitavo ano me empurrou. Essa menina devia pesar o dobro do que eu e ela me provocava constantemente. Ela tirava sarro de mim com meu fagote pelos corredores. Ela jogava folhas ou pedaços amassados de papel em mim. Ela ameaçava me bater.

– Pode bater – eu dizia a ela.

Eu acho que ela decidiu que hoje era o dia. Eu estava procurando na fila de carros pelo da minha mãe quando eu senti um empurrão. Eu me virei e fiquei cara a cara com a valentona. Ela me empurrou novamente.

Joguei minha mochila e alguns segundos depois eu joguei a menina também.

O pessoal da escola correu para nos separar, mas isso não foi necessário: eu estava de pé; ela estava no chão. Fomos levadas para a direção e nos foi dito que ambas seríamos suspensas. A secretária da escola ia pegar o telefone para ligar para nossos pais quando minha mãe entrou. Eu já estava chorando incontrolavelmente porque minha mãe havia deixado claro que haveria sérias consequências se eu entrasse em outra briga na escola. Eu comecei a abrir minha boca para explicar, mas minha mãe me lançou um olhar silenciador. Os soluços saíam da minha garganta. Mamãe exigiu saber quem mandava ali. A conselheira saiu de seu escritório e começou a explicar que eu e a meninona tínhamos nos envolvido em uma briga, mas ela não sabia com quem estava lidando.

– Você viu o que aconteceu? – minha mãe perguntou.

A conselheira abriu a boca para falar, mas não havia necessidade. Tinha sido uma pergunta retórica.

– Porque eu vi – minha mãe continuou. – Eu estava sentada no carro esperando por Ronda e vi a coisa toda. Ronda estava lá quando essa garota – minha mãe apontou para ela – aproximou-se e começou a empurrar Ronda.

– Ela também será suspensa – disse a conselheira.

– Também? – minha mãe estava incrédula. – Não, Ronda não será suspensa.

– Nós temos uma política muito rigorosa de "não violência física" – disse a conselheira.

– E eu tenho uma política muito rigorosa de "não ser uma babaca com minhas filhas" – minha mãe disse. – Ronda não será suspensa. Ela estava se protegendo contra alguém que recorreu a "violência física", como você disse. Ela estará aqui feliz e contente amanhã de manhã e ela irá para a aula. Se alguém tentar impedi-la, você vai me ver de volta aqui novamente e terá de lidar comigo. E o que você não está entendendo agora é que *esta* sou eu sendo simpática e educada.

A conselheira ficou sem o que dizer.

– Venha – disse minha mãe em minha direção. – Vamos embora daqui.

Eu peguei minhas coisas e saí do escritório.

No dia seguinte, minha mãe me deixou na escola e eu fui para a aula.

A DOR É APENAS UMA PARTE DA INFORMAÇÃO

> Eu tenho uma capacidade de ignorar toda a informação que vem do meu corpo, até mesmo a dor de forma geral. Eu me dissocio da dor, porque eu não sou a dor que estou sentindo. Ela não é eu. Ela não é quem eu sou. Eu me recuso a permitir que a dor dite minhas decisões. A dor é apenas um parte da informação que estou recebendo. Meus nervos estão comunicando a meu cérebro que há alguma coisa acontecendo fisicamente sobre a qual eu deveria estar ciente. Eu posso escolher reconhecer esse informação ou posso escolher ignorá-la.

Deixe que a seguinte história sirva como conto preventivo se você está pensando em matar aula.

Em meu segundo ano no ensino médio, eu decidi que ia matar aula. Eu nunca tinha largado a escola antes e eu só queria experimentar.

Minha escola tinha um grande portão e uma cerca de arame ao redor do campus, tanto para manter os visitantes indesejados fora quanto os aspirantes a delinquentes dentro. A cerca era escalável, mas você tinha de pular do outro lado.

Enquanto eu subia a cerca com minha mochila pesada, senti uma pontada no meu dedo do pé direito, que eu tinha machucado no judô. Quando eu pulei de cima do muro, percebi que eu havia subestimado a distância até a calçada de concreto abaixo. Eu aterrissei, com todo meu peso, mais o peso de minha mochila, no meu pé bom. Assim que eu caí no chão eu soube que meu pé esquerdo estava quebrado.

Eu me recusei a aceitar a derrota. Eu tinha matado aula para matar aula e eu ia fazer alguma coisa durante esse período para fazer valer a pena. Eu manquei os quatrocentos metros até o Third Street Promenade, que é um shopping ao ar livre. Sentei-me em um banco, observando o fluxo de compradores do meio-dia e turistas, com meu pé me matando.

– Isso é besteira – eu pensei. Eu senti meu pé inchar no sapato. Eu me levantei com raiva e me arrastei pelo caminho de um quilômetro e meio até em casa e subi na cama. Eu sabia que não tinha jeito de eu treinar naquela noite. Felizmente, minha mãe estava no Texas a trabalho. Naquela noite, eu disse a meu padrasto Dennis que eu não estava me sentindo bem. Mais do que feliz por não ter de dirigir por duas horas de tráfego para me levar ao treino, ele não me pressionou sobre o assunto.

Mas eu tinha um torneio no dia seguinte contra um clube rival do norte da Califórnia. Os Anthony, outra família de meu clube, me pegou para me levar para o torneio. Tentei andar normalmente até o carro, mas cada passo era como pisar em um caco de vidro.

Eu nunca fiquei menos animada para competir. Nós caminhamos até a mesa para nos inscrevermos e Nadine Anthony começou a preencher os formulários para seus filhos e para mim. O rapaz que trabalha na mesa olhou para cima. Ele olhou para Nadine, depois para mim. Nadine é negra.

– Ela precisa de um dos pais ou responsável para inscrevê-la no torneio – disse ele, apontando para mim.

Uma alegria percorreu meu corpo, mas a expressão de Nadine endureceu.

– Como assim um dos *pais*? – Nadine cuspiu. – Eu sou mãe dela. Você tem algum problema com isso?

Os olhos do rapaz se arregalaram. Ele olhou ao redor da mesa de inscrição como que na esperança de encontrar uma rota de fuga.

– Está bem, então, é claro – disse ele, pegando os formulários de inscrição.

Meu coração afundou.

Quando eu tinha doze anos de idade, estávamos no treino quando uma das minhas colegas de equipe torceu o tornozelo. Ela saiu mancando do tatame, e seus pais vieram até ela preocupados. Seu pai saiu correndo para o carro, voltando com uma almofada. Com sua mãe massageando os ombros, minha colega de equipe sentou-se com o pé apoiado. Menos de vinte minutos depois, eu espremi o pé fazendo um *randori*, a versão do judô para luta de treino. Fui mancando até minha mãe, que estava dirigindo o treino.

– Eu machuquei o dedo do pé – eu disse. – Acho que está quebrado.

– É um dedo – disse ela com desdém.

– Mas dói – eu disse chorando. – Você tem uma almofada para mim?

Minha mãe me olhou como se eu estivesse louca.

– Que porra que você quer com uma almofada? – Ela perguntou.

– Ela ganhou uma almofada – eu disse, apontando para minha colega de equipe.

– Você não vai ganhar porra nenhuma de almofada – disse ela. – Vá correr.

Meus olhos se arregalaram.

– Estou falando sério – disse minha mãe. – Vá correr.

Eu manquei para longe, mais pulando do que correndo.

– Eu disse "correr", não "pular" – minha mãe disse. – Corra.

Eu me arrastei na volta do tatame, com o dedo do pé latejando.

No carro, a caminho de casa, eu olhava pela janela fazendo beicinho, porque eu tinha uma mãe tão cruel.

– Você sabe por que eu fiz isso? – perguntou minha mãe.

– Porque você me odeia.

– Não, foi para mostrar que você conseguia fazer – minha mãe disse. – Se você quiser vencer do jeito que você diz que quer, você precisa conseguir competir, mesmo quando estiver com dor. Você precisa conseguir seguir em frente. Agora você sabe que consegue.

Nos anos desde então, competi com dedos quebrados e torções nos tornozelos, para não mencionar com gripe e bronquite, mas um pé quebrado foi meu maior desafio até agora. Precisei de todo meu foco para simplesmente bloquear a dor, me deixando com pouca capacidade de me concentrar em cada confronto. Eu estava competindo exclusivamente pelo instinto de ir adiante. O dia passou e a dor piorou. Gotas de suor começaram a se formar em minha testa cada vez que os funcionários do torneio me chamavam "na plataforma". Por pura determinação, eu venci o torneio de eliminação dupla, mas, no caminho, eu perdi um confronto. Minha única derrota foi para Marti Malloy. Marti ganharia uma medalha de bronze nos Jogos Olímpicos de 2012.

Minha mãe ligou naquela noite para ver como eu fui. Ao ouvir que eu perdi para Marti, minha mãe ficou chocada. Eu nunca perdi, especialmente não em um torneio local.

– O que aconteceu? – perguntou ela.

Considerando que minha capacidade de mentir é terrível, eu não tinha escolha além de me explicar.

– Mãe, eu pulei uma cerca enquanto matava aula e quebrei o pé – eu disse.

– Em vez de dizer a alguém, você competiu assim? – eu não soube dizer se o tom de minha mãe era incrédulo ou furioso.

– Eu não queria me encrencar – eu disse calmamente.

– Bem, essa é a coisa mais estúpida que eu já ouvi – minha mãe disse. – Mas competir com um pé quebrado é um bom castigo.

– Então eu não me encrenquei? – Perguntei.

– Ah, não, você está certamente de castigo – disse ela.

Meu castigo durou um mês. Saber que eu conseguia aguentar a dor e ter sucesso durou toda a vida. A dor foi apenas algo com que eu me acostumei como parte da vida. Se você é atleta e quer vencer, alguma coisa sempre dói. Você está sempre lidando com contusões e lesões. Você está testando até onde você consegue levar o corpo humano, e quem conseguir levar mais longe vence. Desde a primeira vez em que eu pisei no tatame, eu estava determinada a ser aquela que vence.

TRANSFORME AS LIMITAÇÕES EM OPORTUNIDADES

Eu encontrei um benefício positivo em todas as coisas negativas que aconteceram na minha vida, incluindo todas as lesões. Minha carreira foi cheia de lesões, mas não saiu dos trilhos por causa delas. Muitas pessoas veem a lesão como algo que as impede de progredir. Eu usei cada revés físico para me desenvolver em outra área que de outra forma eu não teria trabalhado. Quando eu quebrei minha mão direita, eu disse:

– Eu vou ter um gancho de esquerda foda quando isso tudo acabar.

Quando eu acabei com pontos no pé antes de uma luta, me motivei a ter certeza de que eu terminasse a luta definitiva e rapidamente.

Não se concentre no que você não consegue fazer. Concentre-se no que você consegue.

Eu estava treinando no meu clube, Venice Judo, que apesar do nome na verdade se localiza em Culver City, Califórnia. Um dia, apareceu esse garoto, que vinha aleatoriamente ao treino. Ele tinha minha idade, mas era muito maior. A gente ia ao mesmo clube há anos, e eu sempre limpava o tatame com ele. Aí ele atingiu o surto de crescimento do ensino médio, o qual lhe deu cerca de treze centímetros e vinte e sete quilos a mais do que eu. Eu ainda limpava o tatame com ele mas, sempre que nós treinávamos, isso se transformava em uma batalha de orgulho adolescente.

Eu ainda estava me apoiando no pé esquerdo. O osso já havia curado, mas meu pé ainda estava machucado. Nós nos aproximamos da borda do tatame (Em um confronto real, você não deixa a aproximação da borda do tatame detê-lo. Mas, no treino, você para na borda do tatame, porque você não quer que ninguém se machuque no chão). Isso era um treino. Eu parei. Ele não.

Ele veio para um arremesso mas, como eu tinha parado na borda do tatame, em vez de vir direto na minha perna, ele veio de lado. Ele veio para pegar meu pé, mas pegou meu joelho. Todo seu impulso colidiu com meu joelho direito fixo. A articulação imediatamente se dobrou. Eu soube que era ruim imediatamente.

Eu tentei levantar, mas caí. Meu joelho parecia gelatina. Eu me sentei no tatame, sem saber mais o que fazer, enquanto minha mãe e meu treinador corriam até mim.

Eu comecei a chorar.

– Está doendo – eu disse.

– Você está sempre chorando porque alguma coisa dói – minha mãe disse sem pena. – Coloque gelo quando chegarmos em casa.

Eu terminei o treino, apoiando-me na perna esquerda.

Meu joelho ainda estava me incomodando quando minha mãe me trouxe para o treino na manhã seguinte. Estava pior do que no dia anterior. Eu não poderia treinar assim. Pedi a um de meus treinadores, Hayward Nishioka, para dar uma olhada. Eu puxei a perna da minha calça *gi*.

– AnnMaria, é melhor levá-la ao médico – ele disse a minha mãe.

Na tarde seguinte, eu estava sentada no papel branco e enrugado que eles põe na mesa do médico, esperando pelos resultados da minha ressonância magnética.

Foi a primeira de muitas consultas que eu teria com o Dr. Thomas Knapp, cirurgião extraordinário de reparação de joelho.

Ele pegou a imagem em preto e branco e colocou-a no quadro iluminado.

– Bem, o ligamento cruzado anterior definitivamente rompeu – disse o Dr. Knapp.

Meu estômago apertou contra meu coração, meus olhos começaram a queimar e repentinamente eu estava soluçando. Em pé a meu lado, minha mãe me deu um tapinha no ombro. Eu esperava essa notícia, mas ouvi-la em voz alta era como um soco no estômago.

– A boa notícia é que é relativamente fácil de reparar – disse ele. – Eu vejo isso o tempo todo. Vamos dar um jeito e você estará de volta antes que perceba.

– Quanto tempo? – perguntei.

– Depende da rapidez com que você se recuperar, mas, como regra geral, diria que nada de competição por seis meses.

Comecei a fazer as contas na minha cabeça. Era abril. As nacionais seniores marcadas para mais adiante naquele mês já tinham saído. O Junior US Open, o torneio juvenil mais competitivo do país, neste verão era um aquecimento para minha estreia a nível internacional sênior no US Open em outubro.

– E se eu me recuperar muito rápido? O Junior US Open é em agosto... – minha voz estava esperançosa.

– Agosto, hein? – disse o Dr. Knapp. – Você sabe o que isso quer dizer, né?

Eu olhei para cima. Eu estava olhando para meu joelho como se eu pudesse curá-lo por força de vontade.

– Você não vai.

Este era para ser meu ano de sucesso. Era para eu ir para as nacionais do ensino médio e as nacionais seniores. Eu já sonhava com os Jogos Olímpicos de 2008. Uma sensação insuportável de incerteza tomou conta de mim. Será que minha carreira no judô tinha acabado? Será que eu ficaria cem por cento? Se não, será que eu ainda seria boa o suficiente para ter sucesso? Fiquei preocupada com o tempo que eu ficaria fora e o impulso que eu perderia e com a habilidade que meus concorrentes ganhariam enquanto eu estivesse presa na cama. Eu lutava com a percepção de que eu não era invencível.

Quatro dias mais tarde, eu estava deitada em uma maca, conectada ao soro e pronta para ser levada para a cirurgia. O anestesiologista entrou na sala com seu uniforme azul. Ele injetou o medicamento no meu soro.

– Agora, conte de trás para a frente começando de dez – ele me disse.

Eu coloquei minha cabeça no travesseiro e fechei os olhos. Eu fiz uma oração silenciosa para que a cirurgia fosse bem e que minha vida não seria alterada quando eu os abrisse novamente.

– Dez, nove, oito, sete... – eu adormeci um sono profundo e sem sonhos.

Acordei com uma névoa nauseante induzida pela anestesia. Meu joelho doía. Minha boca estava seca. Havia o zumbido da máquina de refrigeração, bombeando água fria para um suporte em volta do meu joelho. O ruído dos monitores. Olhei para minha perna no grande suporte preto e, mais uma vez, as lágrimas começaram a rolar por meu rosto.

– Só melhora a partir daqui – disse a enfermeira.

Após a cirurgia, meu médico me disse que a coisa mais importante que eu podia fazer para minha recuperação era fazer tudo da fisioterapia e não fazer nada estúpido, como tentar voltar para o tatame antes da hora.

Comecei a fisioterapia na mesma semana e meu fisioterapeuta me assegurou de que faria tudo o que pudesse para me fazer voltar a competir nova em folha. "Tudo" envolvia um monte de exercícios de amplitude de movimento e alongamentos leves. Os "exercícios" estavam muito longe das sessões de treinamento a que eu estava acostumada, mas no início me deixaram cansada e dolorida. Meu treinador, Trace, me disse que não era o fim do mundo, mesmo se parecesse assim. E eu disse a mim mesma que eu voltaria, que este era só um revés temporário. Mas foi minha mãe que me salvou.

Pelos primeiros dias depois que eu voltei para casa do hospital, eu me sentava no sofá e colocava gelo na perna, a mantinha elevada e geralmente me corrompia assistindo ao Animal Planet e jogando Pokémon. Então, uma semana após a cirurgia, minha mãe entrou na sala e me disse:

– Basta.

– Eu recém fiz cirurgia no joelho – eu disse defensivamente.

– Já faz uma semana – disse ela. – É hora de superar essa pena de si mesma.

– Você não ouviu o médico? – eu larguei. – Não devo exagerar com meu joelho.

– Sim, bom, e a outra perna? – ela perguntou, retoricamente. – Faça uns levantamentos de perna. E o abdômen? Que eu saiba, abdominais não envolvem os joelhos. Faça rosca bíceps. Esses envolvem os braços, que pelo que eu sei não são joelhos.

Duas semanas depois, ela me levou ao Hayastan, um clube em Hollywood onde eu regularmente treinava, para malhar. Meu amigo Manny Gamburyan destrancou o clube para nós. O *dojo*[12] cheirava a armênios suados e desodorante Axe. Quando eu me abaixei nos tatames azuis e verdes, eles pareceram firmes e familiares. Toda a ansiedade que vinha me assolando desde o dia em que machuquei meu joelho desapareceu.

– Eu voltei, vadias – eu pensei.

Todos os dias, eu mancava até o carro e o clube. Mamãe me fazia treinar imobilizações, estrangulamentos e chaves de braço (um movimento de submissão no qual você desloca o cotovelo de seu adversário) com Manny. Aos poucos, mancava menos, e meu trabalho no chão melhorou.

A dor também começou a passar, mas havia muitas noites em que eu acordava com uma dor latejante no joelho. Eu tomava duas aspirinas, manca-

---

[12] Nota do tradutor: local onde se treina judô.

va escada abaixo até a cozinha para pegar um saco de gelo, mancava de volta para cima e ia para a cama, tentando tirar a dor da cabeça tempo suficiente para voltar a dormir. Poucas horas depois, acordava de novo, com a dor de volta e uma poça na cama onde o gelo havia derretido e vazado do saco.

Antes da minha lesão, eu tinha criado uma reputação como lutadora em pé. Não que eu não conseguisse fazer trabalho no chão, mas se você for realmente bom em derrubar os outros você pode ganhar de imediato, sem acabar se agarrando. Passei o ano inteiro fazendo trabalho no chão. Fiz milhares de chaves de braço.

Seis meses depois de ter meu ligamento reparado, fiz minha estreia em nível internacional sênior e terminei em segundo lugar no US Open. Eu estava a segundos de ganhar o confronto, tendo imobilizado Sarah Clark, mas Clark escapou e, finalmente, me venceu por pontos. No entanto, fui a melhor finalizadora americana na minha categoria. Eu tinha vencido Grace Jividen, a mulher n°1 na minha categoria, por *ippon*. No fim de semana seguinte, eu venci o Rendez-Vous (o aberto do Canadá). Os dois desempenhos me catapultaram para o 1° lugar no país na categoria feminina de sessenta e três quilos.

Aquele ano inteiro me mudou. Ainda mais significativo do que o aperfeiçoamento da minha chave de braço foi a mudança na forma como eu pensava sobre minhas habilidades, meu corpo e eu mesma. Eu soube que podia emergir da adversidade mais forte do que antes. Eu também soube que era uma verdadeira lutadora; saí daquele ano acreditando em mim mesma.

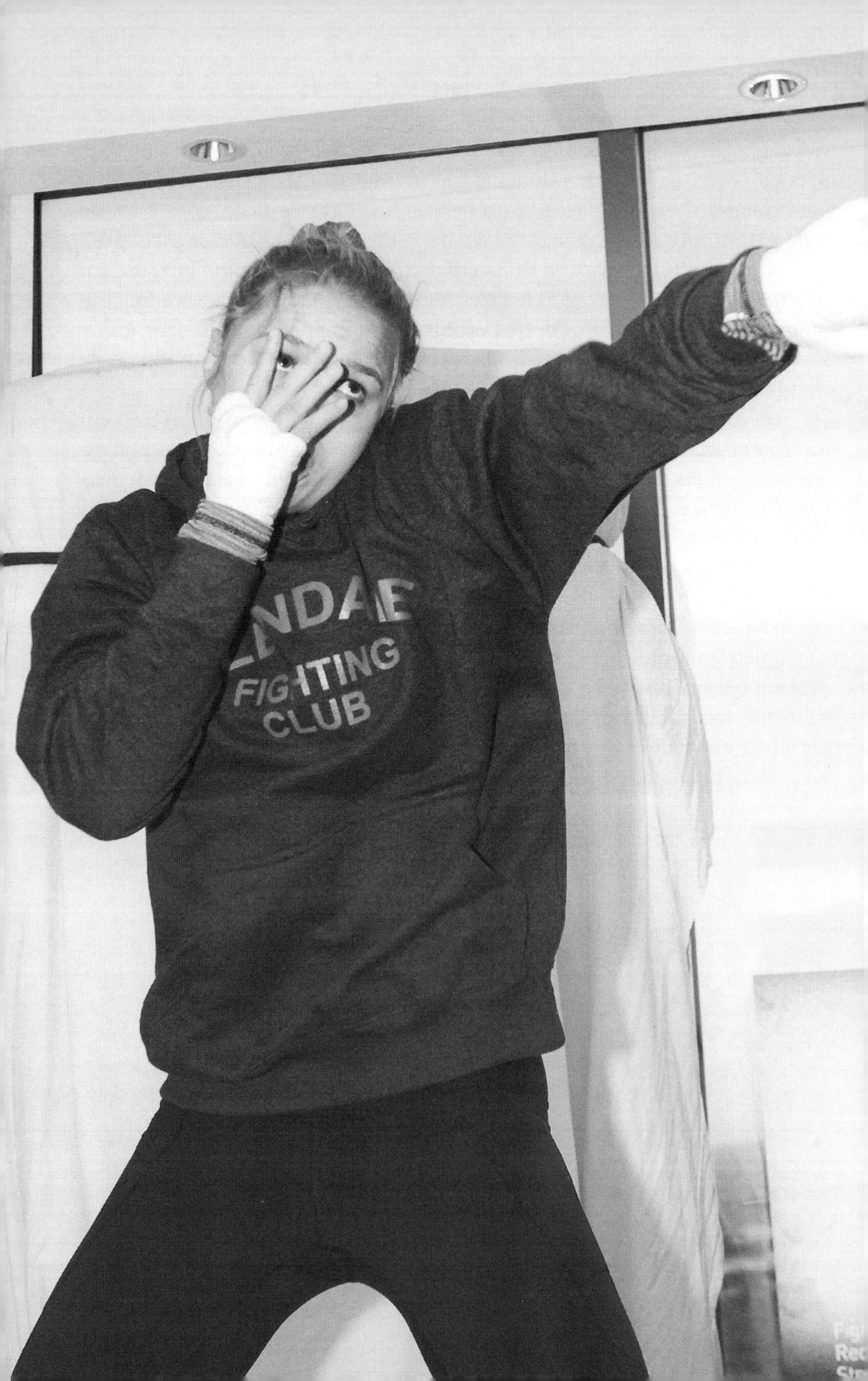
FIGHTING
CLUB

CONFIE NO CONHECIMENTO, NÃO NA FORÇA

> Quando se trata de luta, força física realmente tem muito pouco a ver com ela. Um dos princípios em que o judô se baseia é "eficiência máxima, esforço mínimo". Isso realmente definiu minha carreira. É o alicerce de todas as técnicas e tudo o que faço. É uma razão por que não me canso. É uma razão pela qual consigo lutar contra garotas que são uma cabeça mais altas do que eu, ou garotas que tomam esteroides. As pessoas que trapaceiam ou se dopam não têm a coisa que todo campeão verdadeiro deve ter: fé. Nenhuma droga ou quantidade de dinheiro ou favoritismo pode lhe dar fé em si mesma.

Após o US Open, eu me tornei a judoca mais jovem na equipe nacional dos EUA. Eu tinha dezesseis anos. A equipe nacional é composta pelos melhores atletas no esporte e representa o país nas competições internacionais (As equipes olímpicas e mundiais são as versões da equipe nacional que competem nos Jogos Olímpicos e campeonatos mundiais, respectivamente). Competir nesse nível significava que as apostas eram maiores e que havia uma série de eventos obrigatórios aos quais eu tinha de comparecer, incluindo reuniões e treinamentos de campo. A primeira dessas sessões foi parte de um treinamento de campo em Colorado Springs, Colorado.

Durante a sessão sobre substâncias proibidas, uma representante do Comitê Olímpico dos EUA passou várias horas nos informando sobre a longa lista de substâncias consideradas melhoradoras de desempenho. A mulher nos entregou um documento de dez páginas contendo dezenas de palavras que eu nunca tinha visto antes. Um monte de -inas, -idos, -oides, -atos e -onas. Na verdade, alguns dos itens nem eram palavras. Eram compostos químicos (Eu ainda fazia biologia no ensino médio. Eu não tinha chegado em química ainda).

– Não é só evitar esteroides – disse a mulher. – É sua responsabilidade como atleta ser totalmente responsável por qualquer substância que você coloca em seu corpo. Isso se aplica a vitaminas, suplementos, cremes, injeções, prescrições. Se você não tiver absoluta certeza sobre o que pode tomar, você precisa descobrir. "Eu não sabia" não é defesa aceitável no caso de reprovação em um teste de drogas.

Eu levantei a mão. Todos os olhos na sala estavam em mim. A mulher me deu um aceno de cabeça.

– E as vitaminas dos Flintstones? – perguntei.

Ela riu. A sala riu. Duas das mulheres que eram minhas "colegas" da equipe nacional reviraram os olhos para mim. Então a senhora antidoping continuou com seu discurso.

Eu levantei a mão novamente. Mais uma vez, o aceno de cabeça.

– Não, eu falo sério – eu disse. – Eu tomo essas. Isso pode?

A mulher, pega de surpresa, hesitou.

– Sim – disse ela. – Não há esteroides nas vitaminas dos Flintstones.

Eu tinha outra pergunta:

– Qualquer coisa além de esteroides que pode ter nelas que não é permitido tomar? – perguntei.

Uma das mulheres que tinham revirado os olhos suspirou alto. Eu já estava me saindo melhor do que todas elas em competição, e esta conversa era um lembrete de que eu era consideravelmente mais jovem do que elas também.

A mulher que dava a palestra nem parou para pensar sobre minha pergunta:

– Não, tenho completa confiança em lhe dizer que não existem substâncias proibidas nas vitaminas dos Flintstones – disse ela.

As vitaminas mastigáveis dos Flintstones com ferro é o mais próximo que eu já cheguei de tomar uma substância desconhecida.

Doping é uma das coisas mais egoístas que você pode fazer no esporte, mas a realidade é que as drogas que melhoram o desempenho são uma parte muito importante do mundo dos esportes de combate. No judô, o doping estraga o esporte por roubar o sucesso de atletas que estão competindo com honra. No MMA, o doping é quase um homicídio negligente. A premissa do MMA é entrar em uma gaiola fechada com outra pessoa e tentar vencê-la por submissão ou inconsciência. Uma pessoa que toma uma substância que torna ele ou ela mais forte do que o normal poderia realmente matar alguém.

Os atletas que se dopam não acreditam em si mesmos.

Eu treino para vencer qualquer um. Eu me mantenho no padrão de que eu preciso ser boa o suficiente para vencer as pessoas elas se dopando ou não. Eu nunca acusaria publicamente um adversário que não testou positivo, mas há adversários que eu definitivamente sabia que se dopavam. Há adversários que eu fortemente suspeitei de doping. Há adversários que foram mais tarde pegos por doping. Só de olhar para a prevalência do doping no esporte, lutar contra alguém usando drogas para melhorar o desempenho é inevitável. Isso me irrita muito. Mas eu venci essas garotas do mesmo jeito.

A única coisa que elas não conseguiram injetar em suas bundas é fé.

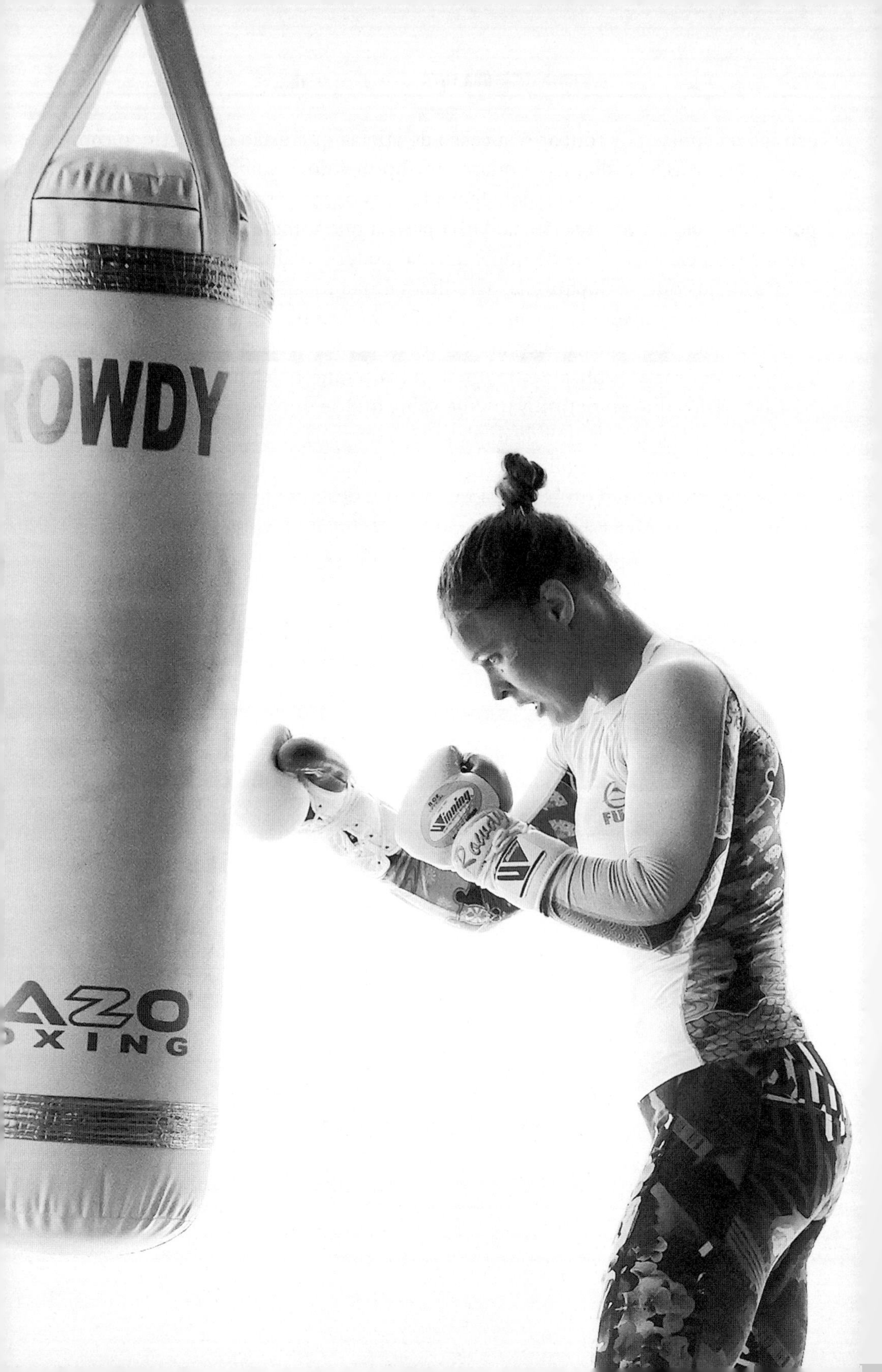
ROWDY
AZO
OXING
Winning

SAIBA QUANDO SEGUIR EM FRENTE

> Dar o próximo passo nem sempre é fácil. As pessoas ficam em empregos que elas superaram porque têm medo de ter de provarem sua capacidade de novo. As pessoas ficam em relacionamentos infelizes porque elas têm medo de ficar sozinhas. Os atletas ficam com um treinador que não pode ajudá-los a se desenvolver ainda mais porque eles têm medo de serem testados, de não alcançarem os padrões de outra pessoa, porque eles têm medo de machucar alguém com quem eles se preocupam. Eles deixam o medo segurá-los.
>
> Se você não está disposto a deixar um lugar que você superou, você nunca vai atingir seu pleno potencial. Para ser o melhor, você tem de constantemente desafiar a si mesmo, elevar a dificuldade, forçar os limites do que você pode fazer. Não fique parado, salte para a frente.

A primeira vez em que eu vi Jim Pedro, também conhecido como Big Jim, foi nas nacionais seniores de 2003. Eu estava a menos de um mês de reparar meu ligamento e ainda de muletas. Eu não podia competir, mas o torneio foi em Las Vegas, a uma hora de carro de Los Angeles. Nós já tínhamos uma reserva de quarto e, na pior das hipóteses, eu poderia observar as mulheres contra quem eu competiria quando voltasse da minha lesão.

Porém, enquanto eu estava sentada em uma cadeira dobrável de metal no Riviera Hotel, participar do torneio parecia a pior ideia possível. Minha mãe esperava que eu me motivasse para voltar. Mas observar as garotas que eu sabia que eu podia vencer batalhando pelo que deveria ter sido minha medalha era insuportável.

Lágrimas de raiva encheram meus olhos.

– Que diabos há com você? – uma voz grave me perguntou.

Eu olhei para cima. O homem de pé a meu lado parecia uma cruza entre o Papai Noel e um cara que você encontraria na costa de Jersey. Ele tinha cabelos brancos encaracolados e um bigode espesso. Ele vestia uma camisa polo, e um grande tufo de pelos era visível no pescoço.

– Eu deveria estar lá – eu disse entre soluços. – Eu poderia ter vencido.

Ele olhou para minha perna estendida no grande suporte preto.

– Meio difícil competir com isso aí na perna – ele tinha um forte sotaque da Nova Inglaterra.

Eu concordei com a cabeça. Então eu lhe contei como este deveria ser meu ano, como este torneio deveria ter sido minha estreia a nível sênior e como meu plano inteiro tinha saído dos trilhos. Lágrimas escorriam por meu rosto quando eu terminei.

– Bem, a meu ver, você tem duas escolhas – disse o cara. – Você pode se sentar aqui e chorar. Essa é uma. Mas se eu fosse você, eu iria para a academia e treinar e ficar mais forte do que um par de bois. Tornar ainda mais fácil vencer todas essas garotas quando você voltar. Então, quando você ficar melhor, você pode vir treinar comigo.

Eu me endireitei um pouco na cadeira. Ele estava certo.

– Qual é seu nome? – ele perguntou.

– Ronda Rousey – eu disse.

Ele estendeu a mão.

– Prazer em conhecê-la, Ronda. Eu sou Jim Pedro, mas você pode me chamar de Big Jim.

Todo mundo no judô tinha ouvido falar de seu filho, Jimmy Pedro, também conhecido como Little Jimmy, que havia vencido o campeonato mundial em 1999. Big Jim era seu treinador.

Quando voltei de Vegas, eu estava mais motivada do que nunca para voltar ao tatame. Eu ia voltar mais forte do que qualquer um esperava. Em minha estreia no US Open, eu choquei praticamente a todos, exceto a minha mãe e a mim mesma. Eu sempre soube que eu seria a melhor atleta estadunidense na minha categoria. Era simplesmente uma questão de tempo. Agora, minha hora tinha chegado.

Trace Nishiyama, com quem eu treinava desde que eu tinha onze anos, é um treinador incrível. Ele nunca foi possessivo. A maioria dos clubes de judô só tem treino duas vezes por semana. Mas eu precisava, e queria, treinar mais, então minha mãe mapeou quais clubes eram bons e quais tinham treino e em que noites. Em seguida, nós duas entrávamos no carro, muitas vezes quando a hora do rush estava recém começando, e íamos lentamente pelo tráfego para que eu pudesse treinar diariamente. Passávamos as noites da semana cruzando a área de Los Angeles para treinar em vários *dojos* e os fins de semana em torneios.

Minha mãe e eu passávamos mais de trinta horas por semana no carro indo para e vindo de treinos. Nossas conversas muitas vezes centravam-se no judô, mas variavam de ideias que ela tinha ao me assistir treinar até estratégia mental. Minhas histórias favoritas, no entanto, eram aquelas de quando ela competia, muitas das quais envolviam versões muito mais jovens e mais coloridas dos treinadores que eu conhecia.

Enquanto alguns treinadores se sentem ameaçados ao ver seus atletas treinarem em outros clubes, Trace não se importava. Trace sabia como fazer um arremesso de ombro com queda incrível e ele me ensinou a realizá-lo, mas ele também sabia que havia treinadores que sabiam como realizar outros movimentos melhor do que ele. Ele me incentivou a aprender com eles também. E eu o fiz. Mas, quando eu tinha quinze anos, ficou claro que eu precisava de mais do que Trace ou qualquer outro treinador em Los Angeles tinha a oferecer. Este era um momento para o qual minha mãe vinha me preparando desde que eu comecei a mostrar uma combinação extraordinária de promessa e motivação quando eu tinha treze anos de idade.

– Em algum momento, você vai ter de seguir em frente – minha mãe me disse. – Esse é um erro que as pessoas cometem. Elas ficam confortáveis e ficam no mesmo lugar por muito tempo. Mas depois de um tempo, as pessoas ficam sem o que lhe ensinar. Finalmente, você vai saber noventa por cento do que um treinador pode lhe ensinar. Quando isso acontece, é melhor você ir para outro lugar. O novo treinador pode não ser melhor do que o que você tem, mas poderá lhe ensinar algo que você ainda não sabe. É disso que você precisa para melhorar. Você sempre tem de estar olhando em frente para o próximo passo.

Quando eu tinha dezesseis anos, eu estava pronta para dar o próximo passo.

Logo após o dia de Ação de Graças em 2003, eu entrei no centro comunitário onde o clube se localizava. Como sempre, o lugar tinha cheiro da deliciosa comida japonesa, proveniente das aulas de culinária que aconteciam em uma das salas ao lado do ginásio. Eu tinha chegado um pouco cedo e a sala ainda estava praticamente vazia.

Trace estava arrumando o tatame. Ele olhou para cima, surpreso em me ver. Eu nunca chegava cedo.

– Oi, Ronda – disse ele.

Eu sorri, fracamente.

– Oi, Trace.

– O que foi? – perguntou. – Está tudo bem?

Eu o ajudei a posicionar os colchões de queda azuis.

Minha voz engasgou e tudo foi derramado. Expliquei-lhe que, desde o US Open, a trajetória inteira da minha vida parecia que tinha acelerado. As coisas estavam muito mais rápidas do que eu esperava. Eu disse a ele que tinha sido uma honra ser parte de seu clube por tantos anos e que eu não estaria onde estava sem ele, mas que eu tinha chegado a um ponto em que eu precisava de mais. Eu lhe disse que ia a Boston em duas semanas e que eu poderia acabar treinando no clube Pedros. Eu disse a Trace que eu não queria que ele ficasse chateado comigo por eu ir embora. No fim da conversa, eu estava chorando.

Trace me envolveu com um braço.

– Você tem de ir para crescer, guria.

Eu senti como se um peso tivesse sido retirado, como se eu fosse uma pequena pomba cuja gaiola tivesse sido aberta para ser posta em liberdade.

Sempre vou amar e apreciar Trace, não apenas pelo que ele me ensinou, mas também por reconhecer quando chegou o dia em que ele não poderia me ensinar mais nada.

O treino que se seguiu foi cheio de emoção. Enquanto eu ajudava a colocar o tatame, olhei ao redor da sala para meus treinadores, meus companheiros de equipe, seus pais, seus irmãos. Fui tomada pela percepção de que em breve eu ia sair pelas portas do clube pela última vez e provavelmente nunca veria muitos deles novamente. Eu comecei a chorar. O fato de que ninguém me perguntou por que eu estava chorando só fazia piorar, não porque eu quisesse que alguém perguntasse, mas porque mostrava que essas pessoas realmente me conheciam. Eu chorava o tempo todo: quando eu era derrubada, quando eu ficava frustrada no treino, quando eu abria minha bolsa de judô e percebia que tinha esquecido minha faixa, quando me cortavam a frente na fila do bebedor. Agora eu iria para um novo lugar onde eles não saberiam que eu chorava o tempo todo e me perguntariam por que eu estava chorando. Eu me sentiria pressionada a parar de chorar, o que só me faz chorar mais.

No caminho para o carro, parei na frente do armário de troféus do nosso clube. Vários de meus troféus e medalhas estavam expostos. Olhei para o troféu de Jogador do Ano atribuído ao melhor atleta do clube. Eu tinha ganho quatro anos consecutivos. De repente, a ideia de que eu nunca o ganharia novamente parecia esmagadora. Tudo ia mudar. Embora eu soubesse que era a decisão certa, embora eu tivesse a bênção de meu treinador, embora fosse o próximo e inevitável passo para o qual eu vinha me preparando, ainda era difícil.

Na manhã seguinte, minha mãe me mostrou um e-mail que Trace tinha escrito para o Pedros. Ele lhes dizia que estava me confiando a seus cuidados, que eu tinha um enorme potencial e que eles deveriam informá-lo se eu precisasse de alguma coisa.

Essa é uma pessoa que realmente se importa com você.

Minha mãe sabia o que era preciso para se tornar um atleta de classe mundial; ela sabia que eu precisava de um novo treinador que poderia me levar para o próximo nível como concorrente internacional de elite; e ela sabia que isso significava que eu tinha de sair de casa, mas ela deixou a escolha para mim.

– Não existe um treinador melhor, existe um treinador melhor para você – minha mãe me disse. – Você não está escolhendo seu treinador para sua mãe ou seus amigos ou as pessoas que dirigem o Judô EUA, você precisa escolher o treinador que vai ser a melhor pessoa para treiná-la (O Judô EUA é o órgão regulador nacional do esporte).

Ela tinha começado a me mandar para os melhores clubes de todo o país para treinamentos de campo e clínicas quando eu tinha treze anos, para que eu pudesse conhecer os clubes e treinadores com um olho no futuro.

Acabei com novos amigos em todo o país, mas nenhum dos clubes que visitei parecia certo. Eu não tive aquela sensação de "você vai saber quando sentir".

Em janeiro de 2004, embarquei em um avião para Boston.

Além de nosso breve encontro nas nacionais seniores, eu não sabia muito sobre Big Jim. Ele era conhecido por sua experiência no que se tratava de trabalho no chão. Além de treinar Little Jimmy para um campeonato mundial, ele havia treinado meia dúzia de atletas olímpicos e cerca de cem campeões nacionais juniores e seniores. Além disso, minha mãe o aprovava, e o carimbo de aprovação da minha mãe é mais difícil de ganhar do que um prêmio Nobel.

Big Jim é difícil. Ele pode ser peludo como um ursinho de pelúcia, mas é aí que as comparações entre ele e algo fofinho terminam. Ele tem uma voz potente e uma intensidade furiosa. Ele lhe diz, em termos inequívocos, quando ele acha que você está fazendo um trabalho de merda. Ele admitia abertamente ter esbofeteado um árbitro. Sua personalidade fazia dele uma figura polarizadora dentro de judô, mas ninguém nunca questionava seu conhecimento e habilidade como treinador.

Eu fui para o clube Pedros para uma experiência. Ao sair do avião no aeroporto de Logan, senti uma onda de excitação nervosa. Big Jim tinha causado uma impressão em mim.

Eu também ia treinar com Jimmy Pedro. Um mês depois que eu tinha conhecido Big Jim, Jimmy veio para Los Angeles para fazer uma clínica. Eu estava saindo da minha cirurgia no joelho, mas determinada a participar. Jimmy Pedro era um dos atletas americanos mais condecorados da história do judô e o cara que eu admirava no esporte quando eu era criança. Eu mal podia esperar para conhecer Jimmy, mas fiquei desapontada por minha lesão limitar minha capacidade de participar.

Passei o dia relegada ao que eu me referi como o "Canto Feliz de Trabalho de Chão da Ronda", onde eu trabalhei pegadas o tempo todo. Eu não podia usar minha perna para nada. Quando a sessão da tarde terminou, o organizador do evento fez um anúncio:

— Após esta sessão, pedimos a todos que fiquem pois Jimmy Pedro vai entregar prêmios – disse ele. – São prêmios que Jimmy determinou ele mesmo. Depois, Jimmy vai dar autógrafos.

A decepção que eu tinha sentido no caminho para a clínica voltou, só que pior.

— Podemos ir embora? – eu perguntei a minha mãe.

— Eu pensei que você quisesse que ele assinasse a faixa – disse minha mãe.

— Eu só quero ir embora – eu disse.

— Está bem – ela deu de ombros.

Eu fui mancando para pegar minha bolsa, quando Jimmy caminhou até a frente da sala.

— Em primeiro lugar, muito obrigado por terem vindo aqui hoje – disse Jimmy.

A sala aplaudiu.

— Eu fiquei realmente impressionado com todos – continuou ele. – Vejo muito potencial quando eu olho em volta desta sala.

Dezenas de crianças que estavam sentadas de pernas cruzadas no tatame de repente se endireitaram. Senti meus olhos começarem a arder. Havia mais de cem crianças de toda a área de Los Angeles na clínica, e eu sabia que era melhor em judô do que cada uma delas. Eu também sabia que não tinha jeito de eu receber um prêmio.

— O primeiro prêmio é um que eu espero que em breve esteja perto do meu coração – disse Jimmy com um sorriso. – Este é o prêmio "Futuro Campeão Olímpico".

A sala riu como se Jimmy tivesse feito uma piada hilariante. Três vezes atleta olímpico que ganhou bronze em 1996, Jimmy ia tentar uma última vez o ouro olímpico.

Jimmy chamou o nome de um menino que deu um pulo, comemorando como se ele tivesse realmente ganhado a Olimpíada.

Enfiei tudo em minha bolsa o mais rápido que podia.

— O próximo prêmio que eu quero dar hoje é um que certamente está perto do meu coração: "Futuro Campeão do Mundo" – disse Jimmy.

À menção do campeão do mundo, a sala explodiu em aplausos.

— E o vencedor é... – Jimmy fez uma pausa para efeito dramático – Ronda Rousey.

Eu congelei e então deixei cair minha bolsa. Senti minhas bochechas corarem conforme cada cabeça no lugar se virou para olhar para mim.

— Vá até lá – minha mãe pediu enquanto a sala aplaudia.

Eu manquei até a frente da sala para apertar a mão de Jimmy.

— Ele me escolheu como futura campeã do mundo – pensei. – Eu.

Fiquei emocionada e lisonjeada e não acreditava.

Esperei na fila para pegar o autógrafo dele após a cerimônia improvisada.

— Ronda Rousey – disse ele sorrindo quando foi minha vez de me aproximar da mesa.

Eu ainda não podia acreditar que ele sabia meu nome.

Ele pegou uma das fotografias fornecidas pelos organizadores do evento para ele assinar.

Ele rabiscou uma mensagem com um marcador e entregou o papel para mim. Olhei para a foto em minhas mãos:

Para Ronda, continue dando duro e vejo você no topo. Jimmy Pedro.

Eu li e reli as palavras "vejo você no topo" o caminho todo para casa. Fiquei impressionada com a ideia de que ele tinha fé de que eu tinha tanto potencial que um dia eu estaria no auge do esporte como ele estava.

Quando chegamos em casa, eu colei a foto na parede, onde eu olhei para ela pelo resto da minha recuperação.

Agora, uma rajada de ar frio me acertou quando eu pisei na ponte de desembarque, trazendo-me de volta ao presente. Mas a realidade parecia surreal. Se isso funcionasse, Big Jim ia ser meu treinador. Eu ia treinar com Little Jimmy.

Depois de duas semanas, liguei para minha mãe.

— Este é o lugar – eu disse. – Big Jim é o treinador.

— Está bem – minha mãe disse. – Vamos dar um jeito.

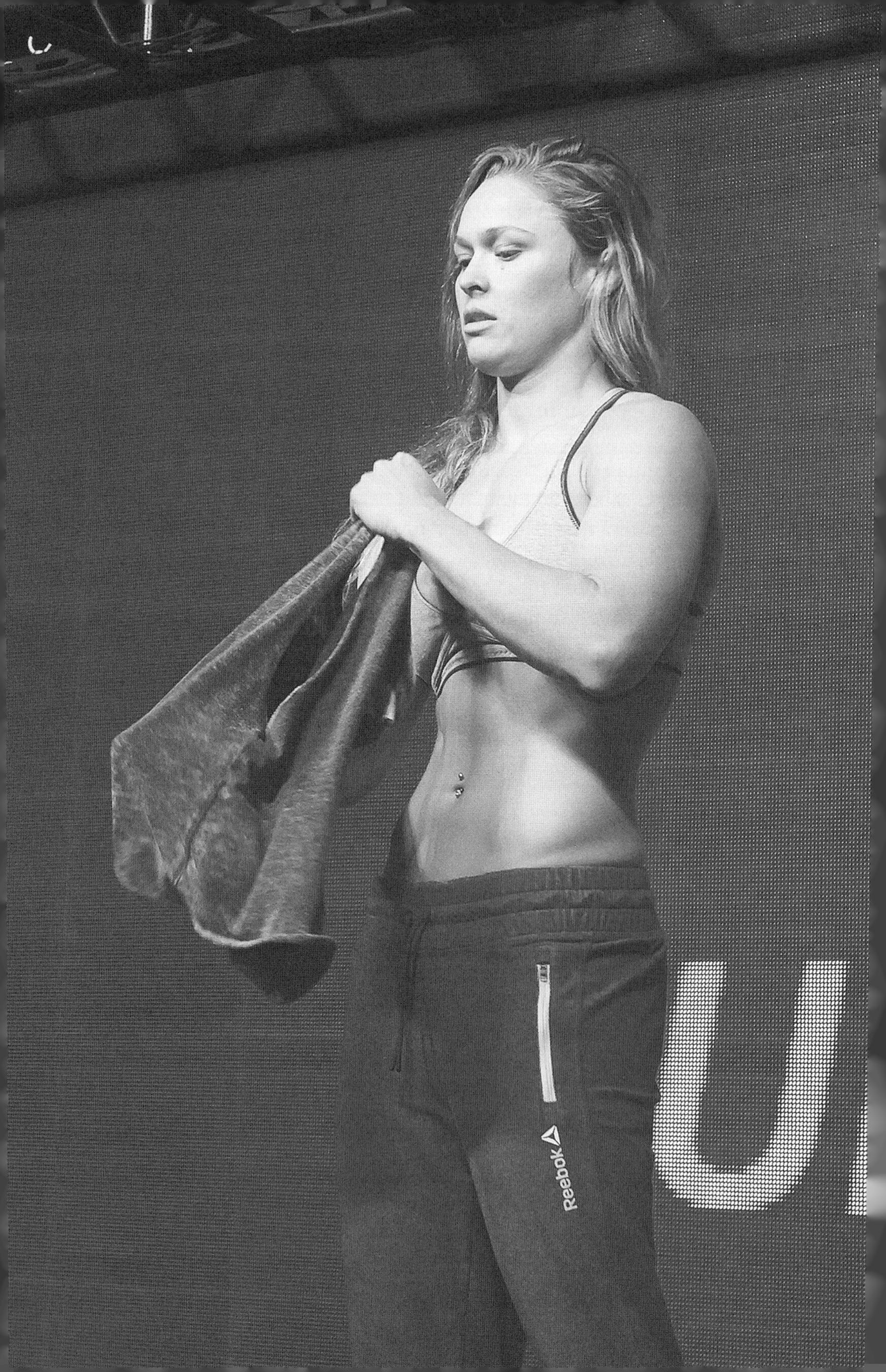
Reebok

DESCUBRA SATISFAÇÃO NOS SACRIFÍCIOS

> As pessoas adoram a ideia de ganhar uma medalha olímpica ou um título mundial. Mas o que poucas pessoas percebem é que praticamente cada segundo que antecedeu a vitória real é desconfortável, doloroso e impossivelmente intimidador, física e mentalmente. A maioria das pessoas se concentra na coisa errada: elas se concentram no resultado, não no processo. O processo é o sacrifício; é todas as partes difíceis: o suor, a dor, as lágrimas, as derrotas. Você faz os sacrifícios de qualquer maneira. Você aprende a apreciá-los, ou pelo menos a abraçá-los. No fim das contas, são os sacrifícios que devem lhe satisfazer.

Eu não queria me mudar para longe da minha família aos dezesseis anos. E eu certamente não queria me mudar para uma cidadezinha na fronteira Massachusetts-New Hampshire para morar com pessoas que eu não conhecia. Mas eu queria ganhar os Jogos Olímpicos um dia. Eu queria ser a campeã do mundo. Eu queria ser a melhor judoca do mundo. E eu estava disposta a fazer o que fosse preciso.

Minha mãe, Big Jim e Jimmy decidiram que seria melhor se eu ficasse com Little Jimmy e sua família.

– Ronda vai ser como sua nova irmã mais velha – a esposa de Jimmy, Marie, disse a seus três filhos pequenos no dia em que cheguei em sua casa.

Eu dormia em um futon no escritório da casa, o que deveria ter sido uma advertência de que o acordo não duraria. No começo, eu comia muito. Então minha mãe pagou a Jimmy mais dinheiro para mais comida, mas a situação piorou, não melhorou. O armário onde eu guardava todas as minhas coisas foi considerado muito desorganizado. Eu deixava água demais no chão após tomar banho. Eu me esquecia de colocar os pratos na pia. Eu tentava fazer o máximo que eu podia, mas parecia que quanto mais eu tentava, mais eu errava. Eu ligava para minha mãe chorando todos os dias.

A gota d'água veio três semanas depois, quando o filho de um amigo da família dos Pedro perguntou a Jimmy se ele poderia ficar em sua casa por uma semana enquanto ele vinha treinar no clube. O cara, Dick IttyBitty (possivelmente não seu nome real), tinha uns vinte e poucos anos, e nós tínhamos nos conhecido em um treinamento de campo em Chicago pouco antes de eu me mudar para Massachusetts. Minha mãe não gostou da ideia de um cara de vinte e poucos anos ficar na mesma casa que eu. Big Jim também achou que era uma má ideia. Ainda assim, Little Jimmy e Marie estavam debatendo se o deixavam ficar quando Marie enviou um e-mail a minha mãe perguntando o que ela faria.

Minha mãe digitou sua resposta: *Você me perguntou o que eu faria. Eu nunca permitiria isso em um milhão de anos. É uma porra de ideia terrível.* Então, minha mãe apertou Enviar.

Na noite seguinte, Jimmy, com Marie ao lado dele, me disse:
– Simplesmente não está funcionando.

Olhei para os dois, sem palavras e envergonhada. Eu era uma garota de dezesseis anos de idade que só queria fazer judô. Eu fiquei com o coração partido. Eu tinha finalmente encontrado meu lugar, meu treinador e agora isso estava sendo arrancado de mim. Fiz outro telefonema choroso para minha mãe.

– Não se preocupe com isso – minha mãe disse. – Vamos dar um jeito.

Big Jim acabou me recebendo. Mamãe ofereceu pagar minhas despesas, assim como ela tinha pago a Jimmy, mas ele se recusou a aceitar qualquer dinheiro. Big Jim morava em uma pequena casa em um lago no meio do nada em New Hampshire, perto da área metropolitana de Boston. Morar na casa de Big Jim era chato demais. Mas mais do que isso, era solitário.

Big Jim sabe mais sobre treinamento de judô do que possivelmente qualquer outra pessoa no país, mas ele não é exatamente do tipo social e não tínhamos muito a dizer um ao outro de qualquer maneira. Ele era bombeiro, divorciado várias vezes, da Nova Inglaterra que gostava de fumar charutos. Ele tinha uma mancha permanente de tabaco no bigode branco. Eu era uma garota que lia ficção científica e desenhava em um bloco de notas.

Os dias no Big Jim se misturavam um com o outro. Os oito meses que eu passei lá em 2004 foram marcados por tédio, dor, silêncio e fome.

Para competir na categoria de peso de sessenta e três quilos, eu tinha de pesar não mais de sessenta e três quilos antes de cada torneio.

Praticamente nenhum atleta compete em uma categoria que é na verdade seu peso. A maioria dos atletas anda por aí consideravelmente mais pesados do que o peso de competição na vida diária. No UFC, eu luto na de 135 libras (61,2 kg) e, por cerca de quatro horas por ano, eu peso 135 libras. Meu peso real está mais perto de 150 (68 kg). Eu consigo competir na de 135 libras porque o processo de pesagem é muito diferente no MMA. Eu só luto a cada poucos meses e me peso na noite anterior e então tenho a chance de me recuperar do esforço físico de perder peso antes de lutar novamente. Quando eu estava fazendo judô, eu competia constantemente. Eu tinha de estar no peso até quatro fins de semana seguidos e eu poderia ter só uma hora entre a pesagem e a hora da luta.

Como eu estava sempre lutando para estar no peso, Big Jim limitava a comida que tínhamos em casa, o que tornava tudo ainda pior. Quando estava quente, a família e os membros do clube de Big Jim vinham para a casa do lago para um churrasco e nadar no lago. Eu não devia comer, mas eu escondia biscoitos e os comia no porão. Na parte da manhã, Big Jim via os farelos.

– Você não tem disciplina – ele dizia.

Eu comecei a negociar comigo mesma quando se tratava de comida. Eu calculava exatamente quantas calorias eu comia, então determinava o que eu precisava fazer para queimá-las. Mas chegou a um ponto onde eu comia um pouco e não ia correr; era simplesmente demais para meu corpo correr para queimar tudo o que eu colocava nele. Uma vez, chegou ao ponto em que eu comi tanto, e eu senti que não conseguiria compensar através de exercício, que eu simplesmente vomitei tudo.

A primeira vez que eu tentei, não consegui. Enquanto Big Jim estava no trabalho, eu comi um pãozinho, um pouco de frango, uma tigela enorme de aveia e uma maçã, mas em vez de ficar feliz por estar livre da fome constante, fui tomada pela culpa. Eu fui para o banheiro e enfiei o dedo na garganta. Eu me contraí, mas nada aconteceu. Eu tentei novamente e novamente, nada.

– Eu acho que não estou fazendo certo – pensei.

As próximas poucas vezes em que eu comi demais, tentei me forçar a vomitar de novo, mas sem sorte. Então, uma semana depois, houve um churrasco na casa de Big Jim. Eu comi até ficar cheia. Dois hambúrgueres, melancia, um monte de cenourinhas, batatas fritas, dois cookies.

Entrei no banheiro do andar de baixo, determinada a desfazer o dano que eu tinha acabado de fazer. Naquele dia em particular eu comi tanto que eu me senti incrivelmente culpada e terrível e eu não iria desistir.

Eu fiquei em pé, curvada sobre o vaso sanitário, enfiando o dedo na garganta. O suor surgiu em minha testa conforme meu corpo ficou tenso. Meu estômago se contraiu, tentando manter o conteúdo. Eu tentei e tentei, enfiando o dedo mais para dentro. Meus olhos estavam lacrimejando, ranho estava saindo do nariz. Então aconteceu. Finalmente funcionou. O conteúdo do meu estômago voltou jorrando para fora. Alívio.

A próxima vez que eu me forcei a vomitar foi mais fácil.

Eu ainda estava atenta a limitar o que eu comia, mas meu peso se recusava a ceder. Toda vez que eu olhava no espelho, eu via ombros enormes, braços gigantes, este corpo desmedido era refletido de volta para mim. Eu comecei a me forçar a vomitar com mais frequência. Duas vezes por semana, às vezes todos os dias.

Eu tinha medo de ser pega. Uma vez, quando Big Jim recebeu dois atletas visitando e ficando em seu apartamento no andar de baixo, eu ouvi um som do lado de fora do banheiro e congelei. Liguei a água na pia para tentar abafar o inevitável som regurgitante.

Minha fome constante era resultado de tentar manter um peso irrealista durante a execução de uma programação de treinamento esgotante. Eu acordava entre oito e nove da manhã. Meus músculos estavam doloridos do dia anterior. Meu corpo sempre doía. Eu estendia meus braços acima da cabeça e me tirava da cama. Big Jim sempre se levantava antes de mim e, quando saía do meu quarto, uma jarra de café quente estava sendo feita e minha caneca estava ao lado dela.

As manhãs eram reservadas ao condicionamento. Tudo o que eu possuía cabia em duas bolsas de viagem, cujo conteúdo geralmente estava espalhado pelo meu quarto. Vasculhei entre as pilhas procurando algo limpo o suficiente para malhar.

No porão, Big Jim tinha criado a menor sala de ginástica do mundo. Provavelmente não tinha mais do que três metros por três metros, nos quais ele tinha conseguido enfiar em um conjunto de pesos livres, um banco de supino, uma esteira, um aparelho elíptico e uns outros aparelhos de treino que pareciam mais velhos do que eu. Ele havia criado um circuito para mim que incorporava cárdio, musculação e treinos de judô.

O aparelho elíptico e a esteira eram tão velhos que não tinham visor digital. Para essas partes do circuito, eu tinha de contar quatrocentos a oitocentos passos, então passar para a próxima área. O teto era tão baixo que, enquanto eu fazia o elíptico, tinha de abaixar a cabeça. Quando eu fazia levantamentos, eu tinha cerca de oito centímetros livres de cada lado. Qualquer coisa além da execução perfeita e eu batia na parede ou arranhava um aparelho de cárdio.

A única coisa que não ficava naquela salinha era o cabo elástico para fazer *uchikomis* (um treino de arremesso de judô). Essa estação ficava do lado de fora da sala de treino, ao lado da máquina de lavar e secar roupa. O tempo todo Big Jim ficava lá em cima com seu cronômetro.

Não havia relógio em lugar nenhum da sala de treino, o que era parte da estratégia de Big Jim. Todos os dias, eu deveria completar o circuito mais rápido do que no dia anterior. Se eu não batesse meu tempo, então no dia seguinte Big Jim acrescentava outro exercício no fim do circuito e meu tempo começava tudo de novo. Sem um jeito de marcar o tempo, eu tinha de tentar manter o ritmo na minha cabeça. No primeiro dia de um novo circuito, eu ia o mais lento humanamente possível. Mas com o passar dos dias, eu não tinha escolha além de ir mais rápido. Quando eu terminava, eu voltava para cima, onde Big Jim nunca me dizia meu tempo, só por quanto eu tinha batido ou não alcançado meu tempo.

O tempo que eu levava para fazer o circuito subia de cerca de meia hora para quase uma hora conforme Big Jim adicionava mais repetições. Eu me sentia cada vez mais forte e mais rápida. Meus ombros ficaram mais largos; minhas panturrilhas mais firmes. Quando criança, eu costumava olhar para as veias nos antebraços da minha mãe, ainda musculosos de seus dias de judô. Agora meus braços pareciam exatamente com os dela. Eu era insegura com meus braços desde o ensino médio, quando as crianças me zoavam, me chamando de "Senhorita Homem" por causa do tamanho dos meus bíceps e ombros. Mas sempre que eu olhava no espelho para minha forma cambiante, eu me lembrava de que eu estava treinando para ganhar os Jogos Olímpicos, não para um concurso de beleza.

Na cozinha, Big Jim me dava instruções para minha corrida. Eu sempre corria a volta de quase cinco quilômetros ao redor do lago atrás da casa, mas ele misturava a rotina. Às vezes, eu poderia simplesmente correr o caminho todo. Outras, ele me dava intervalos: correr normalmente até um poste, correr o mais rápido possível até o próximo; ou correr normalmente até um poste, correr rapidamente os dois seguintes; ou correr normalmente dois, rapidamente quatro.

Na maioria das vezes, Big Jim sentava-se na varanda, com um pedaço de corda com o qual ele praticava amarrar vários nós e observava enquanto eu corria ao redor do lago. Outras vezes, uma vez que eu chegasse no meio do caminho, ele saltava em seu carro e dirigia ao longo da estrada para se certificar de que eu não estava me arrastando. Eu revirava os olhos quando olhava para trás e via seu utilitário subindo a estrada, mas era importante para mim que ele fizesse o esforço de tentar me encontrar e se certificar de que eu estava correndo.

Depois que voltava da corrida, era hora de ir oferecer orçamentos para árvores. Big Jim era bombeiro, mas, durante a semana, ele trabalhava para uma empresa local de remoção de árvores e dirigíamos pela região dando orçamentos. Nós dois subíamos no carro e dirigíamos por horas, parando em pequenas cidades por New Hampshire e Massachusetts. Big Jim soprava a fumaça de seu charuto, e eu me sentava no carro inalando fumaça passivamente. Nós não falávamos, apenas escutávamos a estação de músicas antigas que Big Jim sempre deixava ligada. Quando nós chegávamos a uma casa, Big Jim avaliava a árvore em questão, olhando-a de cima a baixo, ocasionalmente caminhando em torno dela, então ele anotava alguma coisa em uma prancheta e entregava a papelada para o proprietário.

– Vai ser duzentos dólares, senhora – ele dizia.

Então íamos para a próxima casa.

Cerca de três da tarde, tínhamos cruzado Massachusetts. Antes de ir para o clube de judô Pedros em Wakefield, nós parávamos no Daddy's Donuts, onde Big Jim reunia-se com seu amigo Bobby, um cara careca e corpulento do clube de judô. Big Jim pedia uma xícara de café e um bolinho integral. Nós sempre nos sentávamos na mesma mesa perto da janela. Big Jim tirava a parte de cima do bolinho e deslizava a parte de baixo para mim. Eu estava sempre com fome para manter o peso, e essa pequena bunda do bolinho era o maior prazer do meu dia.

Então abríamos o *dojo* às quatro horas. Havia algumas horas até o treino sênior, e eu me sentava lá com um livro aberto fingindo que estava estudando, enquanto Big Jim conduzia as aulas dos mais jovens.

No clube, havia cerca de dez de nós que eram considerados parte do grupo de atletas de nível sênior do clube. Era bom estar fora do que eu carinhosamente me referia como a cabana do Unabomber, mas não era como se a minha vida social florescesse dentro do clube. O judô é um esporte em que os atletas chegam ao auge entre meados até o fim da casa dos vinte anos, me tornando pelo menos uma década mais jovem do que meus companheiros de equipe. Além disso, não havia muito tempo para bate-papo no treino. No momento em que o relógio batia sete horas, Big Jim começava a latir ordens e críticas:

– Por que diabos você está fazendo assim? – Big Jim gritou quando ele me viu fazendo um exercício imperfeitamente.

– Eu só... – eu comecei a responder.

– Eu só, eu só – disse ele em um tom alto e zombeteiro.

Eu o odiava nesses momentos.

Outras vezes, ele caminhava perto de mim no tapete e simplesmente suspirava alto e balançava a cabeça, como se resignado a aceitar o fato de que eu era uma causa perdida. Mas eu sabia que era melhor ser criticada por Big Jim do que completamente ignorada. Se ele não achava que você tinha potencial, ele sequer o reconheceria.

Nós treinávamos durante duas horas por dia, fazendo arremessos, repetições e *randori* (luta) até que eu sentisse que ia desabar. Aí Big Jim nos obrigava a fazer mais.

Quando chegávamos em casa, Big Jim preparava frango e arroz, ele misturava molho barbecue no meu arroz, que eu achava que era uma combinação estranha, mas eu nunca disse nada. Eu ficava tão feliz por poder comer no fim do dia. Nós não falávamos durante o jantar. Eu enfiava a comida na boca, preocupando-me com minha infelicidade.

Exausta e dolorida do treinamento, eu jogava meu *gi* de judô suado no chão, tomava um banho e caía na cama, com o cabelo ainda encharcado. No dia seguinte era a mesma coisa.

Nos fins de semana, Big Jim ia trabalhar na estação de bombeiros. Eu não tinha carro e não estava autorizada a deixar sua pequena cabana. Eu passava o fim de semana todo sem ver outra pessoa. Eu não falava em voz alta sequer uma vez entre sexta-feira à noite e segunda-feira de manhã. Eu assistia ao filme *Como se Fosse a Primeira Vez* de novo e de novo só para ouvir o som de vozes humanas na cabana. A cada poucas horas, eu forrageava a cozinha em busca de comida.

Eu comia cereal integral em uma xícara de café sem leite. Os pedacinhos secos na xícara pareciam com comida de porquinhos-da-índia. Enquanto eu mastigava, eu me imaginava sendo abduzida por alienígenas, mantida como seu animal de estimação, e sendo alimentada com cereal integral.

Essa foi minha vida por grande parte do ano que antecedeu a Olimpíada de 2004. Minha existência era triste, mas meu judô nunca tinha sido melhor.

– Se ganhar a Olimpíada fosse fácil, todo mundo o faria – lembrava a mim mesma.

Naquela época eu ainda acreditava que quanto mais triste eu fosse, mais produtiva eu era. Eu odiava todos os dias, mas eu prometi a mim mesma que valeria a pena. Eu não achava que fosse possível ser feliz todos os dias e ter sucesso. Levei anos para abraçar os sacrifícios e a dor como uma parte satisfatória do meu processo.

Todo mundo quer ganhar. Mas para realmente ter sucesso, seja em um esporte ou em seu trabalho ou em sua vida, você tem de estar disposto a fazer o trabalho duro, superar os desafios e fazer os sacrifícios que são necessários para ser o melhor no que faz.

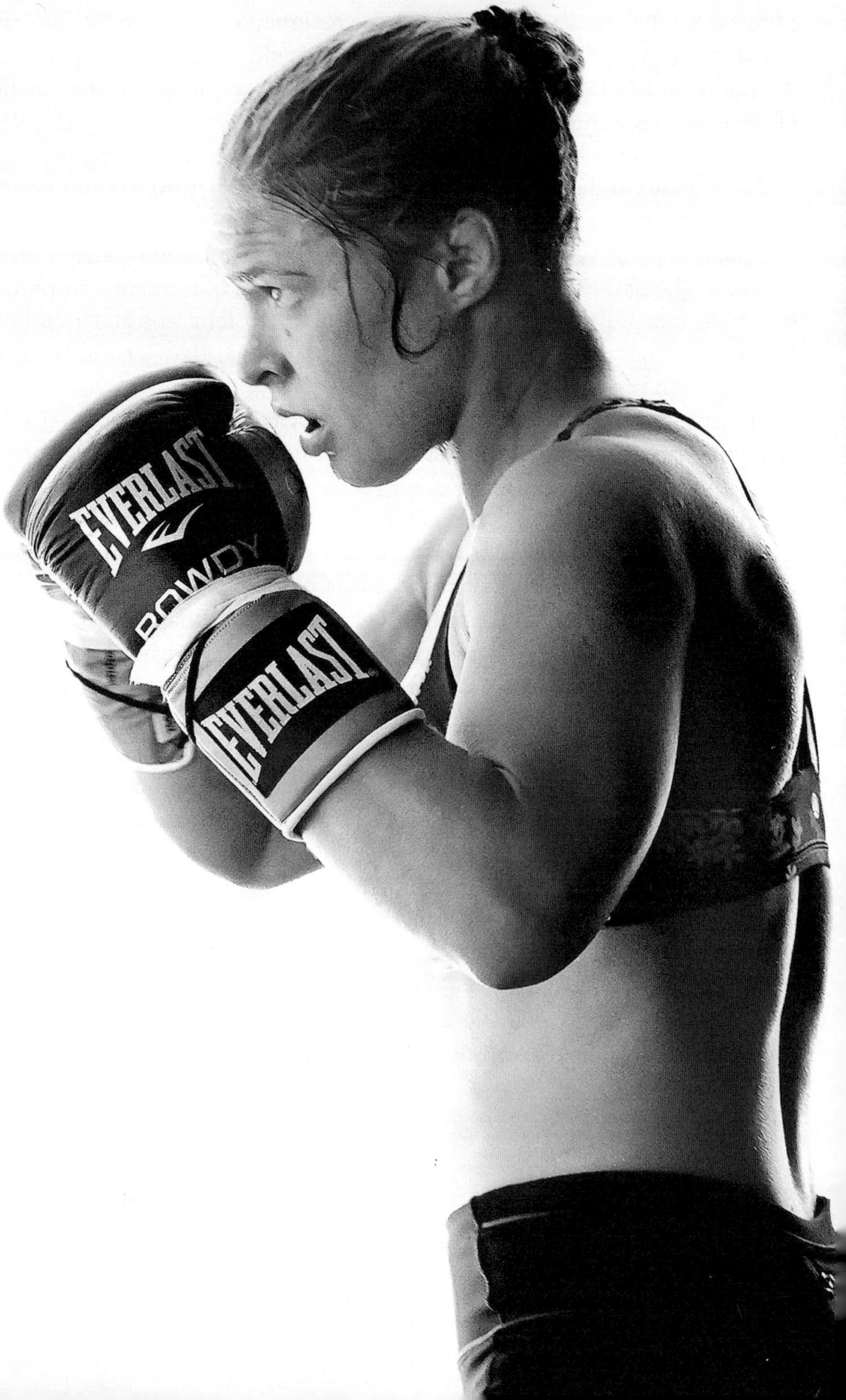
EVERLAST
ROWDY
EVERLAST

VOCÊ TEM DE SER O MELHOR EM SEU PIOR DIA

> Minha mãe sempre diz que, para ser o melhor do mundo, você tem de ser bom o suficiente para vencer em um dia ruim, porque você nunca sabe se a Olimpíada vai cair em um dia ruim.
>
> Ela me ensinou que não é suficiente ser apenas melhor do que todos os outros. Você tem de ser tão melhor que ninguém possa negar sua superioridade. Você tem de perceber que os juízes nem sempre vão dar a vitória para você. Você tem de ganhar de forma tão clara que eles não tenham escolha a não ser declarar você o vencedor. Você tem de ser capaz de ganhar todos os desafios duas vezes em seu pior dia.

Desde quando eu tinha seis anos, eu sonhava em ganhar os Jogos Olímpicos. Naquela época, eu estava na equipe de natação local, assim, eu imaginava ganhar no nado de costas de cinquenta metros. Eu sonhava ficar em pé naquele pódio com minha medalha de ouro pendurada no meu pescoço. Meu pai me disse que eu brilharia no palco mundial. Eu sonhava com o rugido do público e a forma como o hino nacional encheria o *natatorium*. Quando eu comecei judô, eu levei meu sonho de ganhar os Jogos Olímpicos comigo.

Minha mãe concordou em me deixar ter um gato. Eu lhe dei o nome de Beijing, a cidade anfitriã dos Jogos Olímpicos de 2008. Eu nunca imaginei que eu competiria em Atenas nos Jogos Olímpicos de 2004. Embora eu dominasse a nível júnior, eu estava sem classificação no nível sênior e ainda estava me recuperando da cirurgia do ligamento.

Porém, depois que voltei da minha lesão e me catapultei para o alto do ranking nacional, eu percebi que poderia entrar na equipe olímpica de 2004. Não havia nada que eu quisesse mais. Depois que eu venci as nacionais seniores de 2004 naquela primavera, mais uma vez vencendo Grace Jividen, que anteriormente detinha o 1º lugar da categoria de sessenta e três quilos, eu passei de azarão a favorita. De repente, o lugar no time olímpico era meu e eu não desistiria.

Nem todo mundo ficou emocionado com minha rápida ascensão. Aos trinta e nove anos, Grace tinha mais do que o dobro da minha idade e na verdade tinha sido companheira de equipe da minha mãe seis anos antes de eu nascer. Grace não ficou feliz em perder sua posição no alto para uma adolescente, mas ela sempre foi legal comigo. O mesmo não podia ser dito sobre algumas das minhas novas companheiras de equipe dos EUA.

Várias aspirantes à equipe olímpica treinavam no Centro de Treinamento Olímpico dos EUA em Colorado Springs. A facção de judô do CTO era em grande parte um monte de jovens de vinte e poucos a vinte e tantos que gostavam de festas e que perseguiam o sonho olímpico sem chance de atingir um nível de sucesso internacional. Eu era uma garota de dezessete anos de idade que já estava fazendo sucesso. Quando elas me olhavam, viam o que elas nunca realizariam. Quando eu venci Grace em primeiro lugar na categoria, elas tinham uma desculpa para serem abertamente frias comigo.

Nas seletivas olímpicas em San Jose, eu passei pelas rodadas de abertura com facilidade. Durante o intervalo entre as semifinais e as finais, eu me sentei para jogar meu video game portátil no linóleo frio em um corredor pontilhado de atletas, alguns desapontados por terem sido eliminados, outros correndo para cima e para baixo no corredor. Treinadores e dirigentes circulavam esperando a rodada do campeonato. Minha mãe e sua amiga Lanny estavam a meu lado, contando suas histórias de guerra de judô.

Duas garotas da equipe do CTO dos EUA sussurraram quando passaram por mim. Eu ouvi meu nome, mas não entendi mais nada. Poucos minutos depois, elas passaram novamente, desta vez lançando olhares ofensivos para o meu lado.

– Olhe para elas – disse Lanny para minha mãe. – Tentando fazer jogo psicológico com Ronda antes de ela entrar para lutar contra Grace. É melhor dizer para ela para estar mentalmente preparada.

Minha mãe riu e apontou para mim.

– Eu não vou dizer nada. Ronda nunca pensa nessas mulheres que passam por ela tentando derrubá-la com o olhar e ela não vai sofrer jogo psicológico de Grace ou qualquer outra pessoa. Se estiver pensando em algo, é se Big Jim vai deixá-la comer um sonho de chocolate se ela ganhar.

Eu olhei para cima.

– Big Jim nunca ia me deixar comer um sonho.

Voltei a jogar meu vídeo game. Então eu venci Grace por *ippon*, assegurando meu lugar na equipe olímpica.

Menos de dois meses depois, eu estava no avião com destino à Grécia.

Chegamos duas semanas antes da competição para treinar e nos aclimatar ao fuso horário. A partir do momento em que desembarcamos em Atenas, minhas companheiras de equipe estavam ansiosas para absorver a experiência olímpica. Elas fizeram planos para visitar a Acrópole. Elas fervilhavam de entusiasmo sobre a cerimônia de abertura. Elas vasculharam as bolsas de brindes dos patrocinadores distribuídas a cada membro da equipe dos EUA.

Para mim, a competição era a única coisa em que eu estava pensando. Eu acordava no meio da noite e me esgueirava pela janela para ir correr em torno da Vila Olímpica. Quando eu escorregava pela janela, eu tinha o maior sorriso no rosto. Minha história, minha aventura, estava apenas começando.

Estava quieto enquanto eu corria ao redor da vila, passando pelos dormitórios cheios de atletas dormindo.

– Todo mundo está dormindo, exceto eu – pensei. – Eu sou a única aqui treinando agora, e é porque eu quero isso mais do que ninguém.

Com a competição chegando, eu tinha de perder peso. Minha companheira de quarto em Atenas e companheira de equipe, Nikki Kubes, tinha o problema oposto. Como peso-pesado, ela estava tendo problemas para manter seu peso. Eu normalmente passava pela pesagem por gramas, então eu realmente não estava comendo, mas eu fui com Nikki para o refeitório olímpico de qualquer maneira.

Era o lugar mais mágico em toda a vila. A primeira vez em que eu entrei lá, estava cheia de um deslumbramento tal com todas as diferentes pessoas e toda a comida que eu sequer fiquei zangada por estar controlando o peso e não poder comer.

O refeitório era quase um depósito, enorme, com portas de barraca. O centro era preenchido por mesas e cadeiras suficientes para, pelo menos, mil atletas. Atletas olímpicos de todo o mundo estavam conversando em línguas que eu não conseguia entender. Havia mesa de comida após mesa de comida, qualquer tipo de comida que você pudesse pensar: chinesa, italiana, mexicana, japonesa, *halal*[13]. Havia mesas de frutas, mesas de salada, mesas de pão, mesas de sobremesa, até mesmo o McDonald's tinha mesas. A comida era ilimitada e gratuita.

Nikki e eu enchemos nossas bandejas e nos sentamos. Passei minha bandeja a Nikki.

– Aqui está – eu disse. – Aproveite.

Seu rosto se contorceu com uma estranha mistura de culpa e temor.

– Coma – eu disse, tentando não odiá-la. – Comece com a pizza. Então isso...

– O que é isso? – perguntou Nikki.

– Não faço ideia – eu disse. – Eu peguei da área de comida asiática. Parece delicioso. Coloque *kimchi*[14] nele.

Nikki pegou o garfo. Olhei ansiosamente para a comida. Meu estômago roncou. Eu tomei um gole de água.

Quando Nikki estava pronta para seu próximo prato, eu deslizei para ela um prato coberto de doces.

– Mas eu realmente só quero uma salada – disse Nikki. Seu forte sotaque do Texas ficava ainda mais pronunciado quando ela reclamava.

– Foda-se a salada, coma os doces – eu soltei. Nikki olhou para minha cara para ver se eu estava brincando, mas até eu mesma não tinha certeza se eu estava sendo sarcástica.

Poucos dias antes dos jogos começarem, visitamos o local da competição olímpica. Era a maior arena que eu já tinha visto. O piso da competição ficava um nível abaixo, com os assentos voltados para a depressão. Fileiras e fileiras de assentos cercavam a borda, indo mais alto do que eu podia ver. Minhas companheiras de equipe estavam a minha volta; nós nos maravilhamos com a vastidão do espaço. Eu olhei na direção das vigas onde as bandeiras dos vencedores seriam levantadas.

– Este é o lugar – eu pensei. – Este é o lugar onde eu vou chocar o mundo.

Eu não era apenas a judoca mais jovem da equipe dos EUA. Eu era a mais jovem judoca em todo o campo olímpico de Atenas. Ninguém esperava nada de mim. Eu ia provar que eles estavam todos errados.

Como sempre, eu fui para a cama, na noite anterior à luta, sedenta e faminta.

---

[13] Nota do tradutor: que são permitidas segundo o islã.
[14] Nota do tradutor: tempero coreano.

Algumas horas mais tarde, levantei em um pulo. O sonho parecia tão real. Eu estava de pé em um quarto, não o dormitório, mas um quarto desconhecido. Eu estava deitada de costas e equilibrando uma garrafa de Pepsi na minha boca. Ela estava aberta e o conteúdo se derramava para minha garganta enquanto eu bebia sedentamente sem as mãos.

Eu acordei sentindo que eu tinha feito algo que eu não deveria. Então eu percebi que foi apenas um sonho e eu mergulhei novamente em um sono agitado, com fome e desidratada.

De manhã, a sombra do sonho tinha desaparecido. Eu me sentia pronta. Era "hora do show". Eu ia vencer.

Fui direto para o banheiro para me forçar a fazer xixi. Eu estava desidratada, então eu não tinha muito, mas eu precisava colocar para fora do meu corpo cada gota possível. Eu pisei na balança e prendi a respiração. O visor digital registrou sessenta e três quilos exatamente. Eu expirei.

Eu não ia correr o risco de tomar banho e do cabelo molhado me deixar acima do peso. Eu coloquei um moletom, joguei duas garrafas de água e uma banana na bolsa, então peguei mais umas garrafas de água. Verifiquei duas vezes para ter certeza de que eu tinha meu crachá, percebendo as duas vezes que estava em um cordão pendurado no meu pescoço. Olhei para o relógio: 7:43.

Atravessei um caminho de terra que provavelmente deveria ter sido um jardim, mas tinha ficado inacabado na pressa para terminar todos os edifícios essenciais feitos para os jogos. O ar estava quente e o sol castigava, mas eu estava tão desidratada que, mesmo caminhando rapidamente, eu não suava. Eu me registrei. Havia apenas algumas outras garotas da minha categoria lá. Ignoramos umas às outras enquanto esperávamos. Eu tirei meu moletom da equipe dos EUA, meu sutiã e calcinha, caminhei até a balança e pisei nela completamente nua. Sessenta e três quilogramas exatos. Uma funcionária com uma prancheta registrou o peso, então me deu um aceno de cabeça.

Eu desci da balança, coloquei as roupas íntimas e peguei uma garrafa de água e bebi a coisa toda. Tomei outra garrafa enquanto eu colocava meu moletom novamente. Devorei a banana em duas mordidas, então voltei para o pátio da vila bebendo outra garrafa de água. Minha extravagância no bufê livre no refeitório teria de esperar até depois que eu competisse, mas aveia nunca teve um gosto tão incrível.

No ônibus de traslado para a arena, eu ouvia "Waiting" do Green Day no modo de repetição e pensava em como minha espera estava quase no fim.

Funcionários nos levaram da garagem subterrânea através de um túnel de concreto iluminado por luzes fluorescentes. A sala de aquecimento era grande e aberta e cheia de colchonetes.

Normalmente, a comissão técnica traz a pessoa da equipe que lutou no dia anterior para ajudá-lo a se aquecer, mas essa pessoa era Ellen Wilson e, como funcionária do Centro Olímpico de Treinamento, ela não ia aparecer para me ajudar. Em vez disso, eu aqueci com Marisa Pedulla, uma das nossas treinadoras. Foi um aquecimento rápido, então eu fui tirar uma soneca. Foi um sono reparador, mas não foi profundo.

Eu estava pronta.

– Ronda Rousey – um homem com uma prancheta chamava meu nome.

Meu confronto era o próximo. Eu fui com Marisa até a voluntária designada para levar o cesto onde eu colocaria meu moletom e meus sapatos enquanto eu lutava.

– Prazer em conhecê-la – eu disse, entregando minhas coisas a minha carregadora de cesto. – Muito obrigada.

Ficamos paradas esperando na fila. Minha adversária, Claudia Heill da Áustria, estava bem a meu lado. Nós não tomamos conhecimento uma da outra.

– E assim começa – pensei.

A funcionária nos levou para a arena. Era cedo, de modo que o lugar estava apenas um quarto cheio, mas a multidão já gritava alto.

– Vá, Ronda! Isso, Ronda! – eu não olhei na volta, mas eu pude ouvir minha mãe e minha irmã Maria nas arquibancadas. Não importa o tamanho do local, minha família grita tão alto que pode ser ouvida de qualquer lugar.

Eu pisei no tatame e cumprimentei. Bati meu pé esquerdo duas vezes. Então meu direito. Eu pulei. Eu dei uns passos, balançando meus braços. Dei um tapa no meu ombro direito, então no esquerdo, então nas minhas coxas. Toquei o chão. Era hora.

Eu perdi na primeira rodada. Foi uma decisão de merda. Eu a arremessei e os funcionários agiram como se nada tivesse acontecido.

Como se assistisse de uma distância extrema, eu vi o árbitro bem ao meu lado levantar a mão na direção da minha adversária. Eu me senti desorientada. Eu não sabia o que fazer ou para onde ir ou como processar o que estava acontecendo.

– Não é assim que era para ser – eu pensei.

Era como se o mundo tivesse sido virado de cabeça para baixo. Eu estava em choque. Eu saí do tatame lutando para segurar as lágrimas.

Ela sabia que era uma decisão de merda, mas ela ficou com a vitória sobre mim e seguiu para levar a medalha de prata. Eu ainda não era boa o suficiente para ganhar duas vezes em um dia ruim.

Então eu tive de esperar. Em competições internacionais de judô, se você perder para alguém que chega à semifinal, você cai na repescagem, um grupo de consolação com uma chance de lutar pela medalha de bronze. Como Heill chegou às semifinais, eu caí no grupo de repescagem. Tentei me concentrar novamente e me recompor.

– Você ainda tem de lutar – eu lembrei a mim mesma. – Seu dia ainda não acabou.

Mas meu coração parecia partido.

Eu venci meu primeiro confronto da repescagem contra Sarah Clark da Grã-Bretanha, a mesma garota que me venceu no US Open. Eu estava a um passo de uma medalha olímpica. Não seria ouro, mas um bronze ainda seria um fim bastante impressionante para um garota de dezessete anos de idade.

– Você vai ficar bem com isso – eu tentei me convencer.

Então eu perdi para Hong Ok-song da Coreia na próxima rodada. Não foi uma derrota dramática. Ela nem sequer fez alguma coisa. Ela venceu por uma pequena pontuação contra mim por uma penalidade. Eu continuei atacando até o fim, mas o tempo acabou. Eu estava fora do torneio.

Eu fiquei entorpecida com o som da campainha. Eu esperei que a emoção descesse sobre mim, que as lágrimas caíssem, que meus joelhos desabassem. Mas eu percebi que eu não podia sentir mais dor. Eu tinha perdido a Olimpíada, mas não foi naquele confronto. Eu tinha perdido quando os funcionários anunciaram a vitória de Claudia Heill. Eu tinha lutado mais dois confrontos depois daquele, mas eu nunca mais voltei.

No geral, eu terminei em nono, o melhor posicionamento de qualquer mulher na equipe de judô dos EUA. Mas não era bom o suficiente para mim.

Depois que eu fui eliminada, eu juntei minhas coisas. O diretor de relações de mídia da equipe me levou de volta através do labirinto de corredores. Passamos por atletas, treinadores, cinegrafistas, seguranças, voluntários do evento com camisas polo azul-brilhante e vários funcionários olímpicos. Nós subimos dois lances de escadas de concreto, com nossos passos ecoando enquanto subíamos o vazio e mal iluminado fosso. Chegamos ao segundo patamar e um guarda de segurança abriu a porta. A luz da arena me fez olhar de lado. Minha mãe e Maria estavam de pé do outro lado da porta.

Minha mãe tinha a expressão de preocupação genuína que ela só reserva para quando você estiver realmente doente. Sua simpatia era insuportável. Eu queria decepção. Eu queria raiva. Eu queria que ela me dissesse que eu poderia ter feito mais. Simpatia significava que ela acreditava que eu tinha perdido apesar de ter dado tudo de mim. Baixei os olhos.

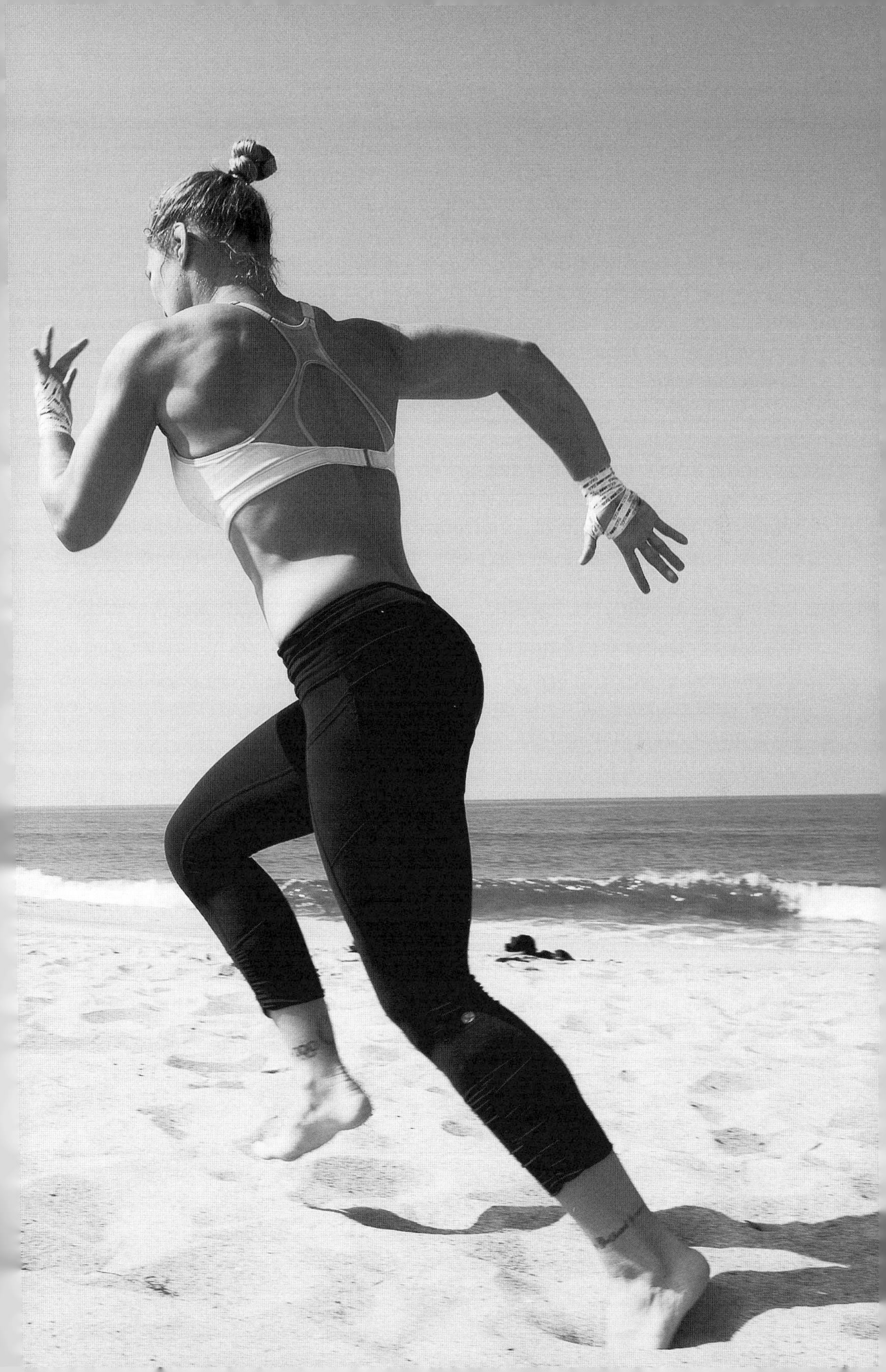

— Desculpe — eu disse. À medida que as palavras saíram, a realidade caiu sobre mim. Eu tinha perdido.

Soluços enormes invadiram meu corpo. Eu caí nos braços da minha mãe e chorei mais do que já chorei antes. Minha mãe me abraçou forte, e eu enterrei meu rosto no seu ombro.

— Você não tem de se desculpar — minha mãe disse, acariciando meu cabelo.

— Mas eu desapontei todo mundo — eu botei para fora entre soluços. — Eu desapontei você.

— Você não me desapontou — minha mãe disse. — Você só teve um dia ruim.

Como atleta, você passa sua carreira pensando que os Jogos Olímpicos serão o auge da sua vida inteira. Atleta olímpico é um título que você tem para sempre. Mesmo quando você morre, você é um atleta olímpico. Mas às vezes, os momentos que você é levado a esperar que serão os mais incríveis de sua vida não o são.

O treinador olímpico me disse que eu deveria ter orgulho de mim mesma. Meus colegas de equipe me parabenizaram. Big Jim me disse que viu algumas coisas em que tínhamos de trabalhar. Eu superei as expectativas de todos, mas fiquei aquém da minha própria. As pessoas esperavam que eu participasse, mas eu esperava conquistar.

Eu só queria dar o fora de Atenas, para longe do meu fracasso.

Eu peguei o primeiro voo para casa, partindo uma semana antes dos jogos terminarem. Eu queria voar com minha mãe, mas tudo saindo de Atenas estava completamente reservado. Em vez disso, eu voei de volta para os Estados Unidos sozinha, olhando para o encosto do banco a minha frente e repassando minhas derrotas na minha cabeça repetidamente, examinando-as, rebobinando as oportunidades perdidas. Cada vez que eu repassava um confronto, a dor da derrota parecia renovada. Eu tinha perdido torneios antes, mas eu nunca tinha sentido esse nível de devastação esmagadora. Ser um concorrente no maior palco do mundo não era suficiente. Eu estava lá por uma razão: eu estava lá para vencer.

NINGUÉM TEM O DIREITO DE DERROTÁ-LO

> Estou determinada a provar que não há nenhuma vantagem que qualquer um possa ter sobre mim que vá fazer diferença. No início de um confronto, você e seu adversário começam do zero. Até onde você vai a partir daí é com você.
>
> As vantagens dos outros não são uma desculpa para você perder; elas deveriam motivá-lo a vencê-los. Só porque uma pessoa tem todos os recursos de desenvolvimento – todos os treinadores, todos os olheiros, todas as ferramentas para treinar no mais alto nível –, só porque uma pessoa venceu a última Olimpíada ou ganhou de você na última vez que vocês se encontraram ou está bombado cheio de esteroides, eles não recebem um ponto extra no quadro quando a luta começa.
>
> A luta é sua para que você a vença.

Meu primeiro grande torneio depois dos Jogos Olímpicos foi em Budapeste, o Campeonato Mundial Júnior de Judô de 2004 naquele outono. Fui para o torneio sem saber como era realmente importante. O mundial júnior reúne os melhores competidores do mundo com menos de vinte e um anos de idade. Competir a nível júnior e sênior internacionalmente é raro, o que significava que eu passei de enfrentar atletas olímpicos para enfrentar futuros atletas olímpicos.

Tirei duas semanas de folga depois de Atenas, durante as quais eu me afundei em autopiedade. Então, um dia, minha mãe entrou no meu quarto.

– Chega de sentir pena de si mesma. Levante-se, você vai para o treino – disse ela. – Ficar deitada dizendo "pobre de mim, eu perdi os Jogos Olímpicos" não vai mudar nada. Você não deveria estar triste que você perdeu, você deveria estar com raiva.

Ela estava certa. Eu fui para o treino naquela noite e acabei com todo mundo. Eu estava chateada e envergonhada sobre como me saí em Atenas. Eu ainda estava com raiva quando eu voltei para o Big Jim três semanas depois. E eu levei isso comigo quando eu fui para o mundial júnior de 2004 dois meses depois.

Big Jim nunca falou sobre os Jogos Olímpicos de 2004 comigo, mas ele deixou Lillie McNulty, uma amiga que eu tinha feito em um treinamento de campo, vir por uma semana treinar comigo. Essa era sua maneira de reconhecer como a derrota deve ter sido difícil para mim.

As combinações em torneios de judô são determinadas por sorteio, no qual os competidores são colocados em dois lados de um eixo e então selecionados semialeatoriamente a partir dali (O número esmagador de combinações entre lutadores estadunidenses e japoneses na primeira rodada da competição internacional me deixa cética quanto à "aleatoriedade" de muitos sorteios). Algumas rotas para a final podem parecer muito mais fáceis do que outras.

Muitos concorrentes ficam na esperança do sorteio fácil. As pessoas não querem enfrentar o número 1 na primeira rodada. Elas querem chegar o mais longe possível sem ter de fazer esse esforço. Elas esperam que alguém vença a pessoa que elas têm medo de enfrentar. Elas não querem passar pelo melhor para ser o melhor.

– Não espere pelo sorteio fácil – minha mãe costumava me dizer. – Você é o sorteio ruim. Seja a pessoa que as outras garotas esperam que não tenham de enfrentar.

Você não olha para as combinações e espera ter um bom sorteio, tornando mais fácil para você ganhar. Não importa com quem você tenha de lutar e em que ordem você tenha de lutar contra eles, porque para ser o melhor do mundo, você tem de vencer todos eles de qualquer maneira.

Eu fiquei com o pior sorteio possível no mundial júnior, mas isso não importava. Eu venci meus primeiros três confrontos por *ippon* no primeiro dia do torneio, me mandando para a semifinal. Enquanto estávamos sentados jantando naquela noite, um dos meus companheiros de equipe disse que os funcionários do Judô EUA estavam tendo dificuldades para encontrar uma bandeira americana e uma cópia do hino nacional em Budapeste. A delegação de cada nação tem a tarefa de trazer sua própria bandeira e cópia de seu hino para a cerimônia de premiação. Eu ri.

– Não – ele disse. – Eles realmente não têm.

Eles esperavam que todos nós perdêssemos, então ninguém pensou em trazer.

Nunca tinha sequer passado pela minha cabeça que eu sairia do torneio com nada menos que uma medalha de ouro. O Judô EUA nem tinha considerado isso uma possibilidade.

Enquanto eu me preparava para enfrentar uma garota da Rússia, eu tinha uma pergunta para a pessoa indicada pelo Judô EUA para me treinar. Ele não era meu treinador. Para grandes competições internacionais, o órgão regulador do esporte indica uma equipe técnica para viajar com os atletas. De forma geral, a equipe de treinamento é puramente simbólica. O sucesso não vai depender de algo que uma pessoa que você mal conhece lhe diz quando você está se dirigindo ao tatame. O sucesso nasce de tudo o que acontece até você pisar no tatame. Antes de cada um dos meus confrontos, eu perguntava aos membros da comissão técnica dos EUA se meu adversário era destro ou canhoto para que eu pudesse planejar minha primeira jogada. Todas as vezes, foi-me dito:

– Eu não sei. Eu não estava prestando atenção no seu último confronto, eu estava observando você.

Desta vez, eu sequer me preocupei em perguntar, eu fui direto para o aquecimento com Lillie.

– Espere aí – disse meu treinador indicado, nos observando. – Você é canhota?

Meu queixo caiu.

– Espere aí, o único motivo que você me deu para não saber me dizer se essas garotas eram canhotas ou destras é porque você estava ocupado me observando e você nem sabe que eu sou canhota?

Afastei-me com nojo total. Do outro lado do tatame, vi o treinador da minha adversária dando-lhe instruções. Eu vi o treinador ir em direção a ela como se para demonstrar o que eu poderia fazer. Ele olhou para ela e tocou sua mão esquerda, indicando que eu era uma lutadora canhota. Ela assentiu com a cabeça. Toda a raiva que eu estava carregando comigo veio à tona. A Olimpíada. A bandeira americana faltando. Os treinadores *meia-boca*. Eu tinha aguentado o suficiente, e esta garota ia pagar.

Entrei no tatame e cumprimentei. Meu treinador de mentira gritou alguma coisa para mim da cadeira, mas, sem processar o que ele disse, eu decidi que eram informações não essenciais.

A garota russa não tinha a menor chance. Eu subi tanto o placar contra ela que ela deve ter ficado constrangida. Saímos do tatame e o treinador estadunidense tentou me dar um abraço. Eu segurei meus braços ao lado do corpo.

Eu derrubei a garota da China para ganhar a final. O confronto inteiro levou quatro segundos (Isso não é erro de digitação, quatro segundos, que é menos tempo do que leva para ler esta frase).

Eu me tornei a primeira estadunidense a ganhar o mundial júnior em uma geração. Eu subi no pódio e vi quando a bandeira estadunidense foi elevada até as vigas. Eu não conseguia dizer o que era, mas algo parecia errado, como se fosse um contrabando comprado em uma loja de noventa e nove centavos e visivelmente menor do que as outras bandeiras. Ela poderia só ter quarenta e nove estrelas, mas eu não sabia dizer. Eu estava distraída demais pelo som estaladiço do hino nacional, que parecia que alguém estava tocando em um microfone a partir de um walkman.

Poucos meses depois do mundial júnior, eu voei para a Espanha para um treinamento de campo anual em Castelldefels, uma cidade costeira perto de Barcelona. De todos os treinamentos de campo que participei, Castelldefels era o meu favorito. Não só era um belo cenário, mas era um dos únicos grandes treinamentos de formação não ligados a um torneio, então ninguém vinha para ele decepcionado por ter perdido ou preocupado em atingir o peso. Era uma oportunidade para lutar contra as melhores do mundo enquanto eu buscava me estabelecer como uma delas.

Foi também neste treinamento de campo, e nos treinamentos que se seguiram, que eu vi a enorme disparidade entre os recursos previstos para os atletas de outros países e o que tínhamos como membros da equipe de judô dos EUA. Em Castelldefels, o Judô EUA enviou um treinador, o que era mais do que normalmente tínhamos. Outras equipes tinham uma proporção de 1:1 de treinadores. Eu vi os treinadores das minhas concorrentes observá-las atentamente, rabiscando anotações não só sobre suas próprias atletas, mas sobre as adversárias de suas atletas.

Não era só os treinadores. Eu teria trocado nosso treinador por fita atlética e gelo. A equipe francesa tinha um fisioterapeuta dedicado, que tinha dezenas de rolos de fita e um isopor cheio de gelo. Os alemães, espanhóis e os canadenses tinham fisioterapeutas também. Os estadunidenses não tinham. Eu procurei na minha bolsa pelo único, agora esgotado, rolo de fita atlética branca que eu tinha trazido e percebi que eu precisaria pedir fita a alguém de outro país.

– Olhe só, é tão injusto – uma das minhas companheiras de equipe lamentou enquanto observava o fisioterapeuta francês envolver os tornozelos de seus atletas com precisão profissional.

– Se tivéssemos isso... – ela parou, mas sua implicação era clara: se tivéssemos isso, seríamos melhores.

– Foda-se – eu pensei. – Elas podem ter fita e isopores cheios de gelo e novecentos treinadores, e eu ainda assim vou arrebentar com elas.

As práticas de formação foram os treinos mais duros da minha vida. Nós fazíamos dez rodadas ou mais de *randori* de manhã. Eu dava tudo de mim em cada rodada, todos os dias. Entre as sessões, eu deitava no tatame, incerta se um dia eu teria energia suficiente para me mover novamente. Então, eles traziam o almoço, e eu rolava de lado e me levantava lentamente para comer.

– Por favor, que seja peixe – eu sussurrava. Nos dias em que era *jamón y melón*, ou como eu me referia a isso, bacon cru e melão cantalupo, eu só comia pão e queijo.

Na parte da tarde, fazíamos mais quinze rodadas de *randori*. O nível da competição era tão alto que você via rodadas de prática do calibre de finais olímpicas por todo lado. Quando o treinamento terminava, todos nós íamos para um bar, beber sangria e nos comunicarmos em inglês torto e espanhol cortado ou gestos.

Conforme a semana avançava, havia uma diferença notável de dia para dia: o cheiro que piorava. Ficar em um hotel, onde não havia nenhum lugar para lavar seus *gis* após o treinamento da manhã à noite, o cheiro de odor corporal tornava-se cada vez mais avassalador. Todo mundo cheirava a suor e bolor, exceto eu. Eu cheirava a suor e bolor e o cheiro não muito avassalador de Febreze[15], que eu colocava na mala para cada treinamento de campo e usava para pulverizar meu *gi* todas as noites, antes de pendurar o casaco de algodão duro para fora da janela para secar.

Minha implacabilidade me fez ganhar respeito. Eu era alguém com quem as outras garotas queriam lutar porque sabiam que eu iria desafiá-las. Eu usava isso a meu favor. Decorava todas suas tendências, todos os movimentos que funcionavam especialmente bem para elas, todas as técnicas em que elas confiavam. Eu não tinha um treinador para fazer isso por mim, então eu tinha de fazê-lo por mim mesma.

Eu observava quando um membro da equipe técnica britânica tirava seu caderninho onde anotava observações e rabiscava estratégias.

---

[15] Nota do tradutor: marca de desodorizador de tecidos.

– Você não precisa anotar essa – eu queria dizer. – Quando terminarmos, esta vaca vai lembrar de mim.

A maioria dos atletas nos treinamentos de campo está apenas tentando sobreviver aos exercícios do dia. Eu estava tentando deixar uma impressão em cada pessoa na minha categoria. Eu usava cada treinamento de campo não só para aprender sobre minhas adversárias, mas para bater muito nelas. Eu queria intimidar minhas adversárias. Eu queria que todas as outras concorrentes na minha categoria fossem embora pensando:

– Merda, essa guria é boa. Ela me derrubou quinze vezes hoje.

Eu queria que elas se acostumassem com o fato de que eu as venceria.

Elas podiam dizer a si mesmas:

– Foi só treinamento de campo.

Mas, da próxima vez que me vissem, elas se lembrariam de que eu as tinha derrubado quinze vezes.

Eu podia não ter as ferramentas a minha disposição que minhas adversárias tinham, mas eu criei vantagens eu mesma.

VOCÊ NUNCA VAI GANHAR UMA LUTA FUGINDO

O judô veio do Bushido, que significa "caminho do guerreiro" em japonês. A arte marcial Bushido original era usada em guerras de samurai; era um meio para sobreviver. Para mim, o judô é luta, e a pessoa que ganha a luta deve ser o melhor lutador.

Mas existem muitos lutadores de elite que não lutam dando tudo de si. Eles lutam por pontos. Eles vão chegar à frente por uma pontuação pequena, então passar o resto do confronto tentando fazer parecer que eles estão lutando quando na verdade eles estão fugindo. É como lutar contra um advogado. Não se trata de quem está certo ou errado, não se trata de justiça, trata-se de quem consegue encontrar as brechas nas regras e obter a vitória.

Eu não suporto lutadores por pontos. Lutar por pontos é covardia. Lutar por pontos é lutar sem honra. Se você luta por pontos, você não luta de verdade. Lutadores por pontos só estão lá para competir, mesmo que isso signifique fugir e se esconder o confronto inteiro. Você deveria se dedicar cem por cento o tempo todo.

Não se trata só de vencer, trata-se de como você vence. Não se trata de vencer bonitinho, trata-se de vencer honradamente. Eu não estou lá para a competição. Eu estou lá para uma luta.

Eu conheci Dick IttyBitty em um treinamento de campo em Chicago em 2002, mas ele não me causou uma impressão (Conhecendo esse cara, ele provavelmente vai ficar satisfeito em ser mencionado. No entanto, eu aceito o fato de que, para fazê-lo, ele terá de dizer: – Sabe aquele namorado traíra que constantemente decepcionava Ronda? Sou eu! Sou Dick IttyBitty). Um ano depois, algo tinha mudado. Eu tinha tido sucesso no US Open, mas eu ainda estava me recuperando da cirurgia no joelho. O maior desafio não era realmente a dor física, mas o bloqueio mental. No fundo da minha mente, eu estava preocupada em ferir meu joelho de novo. Minha lesão tinha me mostrado que eu não era tão invencível como eu pensava. Meu melhor arremesso antes de me machucar era um *uchi mata* de esquerda. É traduzido como arremesso pelo interior da coxa porque você posiciona sua perna direita, depois desliza sua perna esquerda entre as pernas da sua adversária, até a parte interna da sua coxa e, ao girar, arremessa ela sobre seu quadril. É um dos arremessos mais eficazes no judô e um bom *uchi mata* é difícil de defender. Minha mãe percebeu que eu estava favorecendo minha perna direita. Havia momentos no treino em que eu não ia para o arremesso. Ou eu tentava um arremesso menos eficaz que não exigia colocar peso sobre a perna direita. Em competição, hesitar significa a diferença entre estar no pódio e ser eliminado. Minha mãe chamou Nick, um conhecido de seus dias de judô que organizava o treinamento de campo, e lhe disse o que tinha visto.

– Eu não vou dizer nada para ela, mas ela vai fazer mil *uchi mata* ao longo da semana – Nick disse a minha mãe. – Vamos fazê-la praticar com todos os tipos de pessoas. Grandes, pequenas, velhas, novas, rapazes, garotas, qualquer pessoa que entrar no clube. E, no fim, ela vai ver que, se o joelho fosse dar problema outra vez, teria acontecido nas primeiras mil vezes.

No primeiro dia, eu fui com calma, mas meu joelho me segurou. No terceiro dia, eu comecei a pegar velocidade, só querendo acabar com os arremessos. No fim da semana, parecia uma metralhadora quando eu derrubava pessoa após pessoa no tatame azul. *Bum. Bum. Bum. Bum. Bum.* Quando fui embora de Chicago, eu tinha um nível de confiança renovado.

Eu estava acostumada a estar perto de rapazes no judô, mas eles sempre pareciam me ver como uma irmã. Dick não estava interessado em mim de uma forma fraternal. No início, não achei que fosse nada, só uma paquera de treinamento de campo. Então ele tentou me beijar. Eu congelei. Ele riu do embaraço e mantivemos contato.

Dick era persistente (é claro, é mais fácil ser persistente quando você está dormindo com várias outras pessoas) e, depois que fui embora de Chicago, ele me enviava mensagens on-line e de texto constantemente. Fiquei lisonjeada.

Duas semanas depois que eu tinha voltado de Chicago, minha mãe e eu estávamos indo para o treino quando ela disse:

– Ouvi dizer que Dick IttyBitty e você se entenderam – seu tom era casual, mas eu não era fácil de enganar; não havia nada de casual nessa conversa.

– Ele é legal – eu disse com um encolher de ombros.

– Sério? Ouvi dizer que ele é um canalha – minha mãe disse.

– Isso não é verdade – falei.

Minha mãe me deu um olhar cético.

– Pelo que eu ouvi, ele dorme com qualquer coisa que tenha uma vagina – minha mãe disse. – Apesar de parecer que ele apanhou de porrete, parece que ele pega mais bunda que assento de privada. Acho que ele não é muito seletivo.

– Isso são só mentiras iniciadas por essas meninas que ficaram com ciúmes porque ele não se interessou nelas – eu jorrei a explicação que ele tinha me dado.

Minha mãe olhou para mim com um olhar que dizia: – Você não pode ser tão burra.

Eu deslizei no banco do passageiro e olhei para fora da janela, decidindo se abrir a porta e me atirar para fora de um veículo em movimento na estrada seria melhor do que continuar essa conversa.

– Ronda, sabe por que um cara de vinte e poucos anos vai atrás de meninas de dezesseis? Porque elas são burras o suficiente para acreditarem na sua enrolação. Eu gostaria de acreditar que você é mais esperta do que isso. Sério, é de arrepiar.

– Está bem, chega de sermão – eu disse, exasperada. – Não é como se tivesse acontecido ou fosse acontecer alguma coisa. Vamos mudar de assunto.

– Melhor não acontecer nada – minha mãe disse.

Duas semanas depois, eu me mudei para o leste para treinar com Big Jim. Eu tinha limitado minhas comunicações com Dick quando eu estava na minha mãe, mas agora nós começamos a enviar mensagens de texto com mais regularidade. Então, um dia, no meio do treino, ele simplesmente entrou no clube.

Meu queixo caiu. Meu estômago revirou. Um pequeno pedaço de mim queria começar uma dança feliz, mas o resto de mim sabia que isso não ia acabar bem.

Mamãe ficou brava. E a maneira como Big Jim agia perto de Dick me fez perceber que ele não era amigo de *toda* a família de Pedro. Big Jim tinha pouca tolerância para pessoas que diziam que treinavam para ser atleta de elite, mas não faziam o suficiente. Dick era uma dessas pessoas. E, embora Big Jim nunca tivesse admitido isso, ele tinha se tornado protetor comigo. Big Jim queria que ele fosse embora, tanto quanto minha mãe. Ele deixou claro que sob nenhuma circunstância eu deveria chegar perto de Dick.

– Não faça nenhuma burrice – Big Jim disse.

Mas Big Jim não podia nos observar a cada segundo. Enquanto ele estava trabalhando no quartel de bombeiros no fim de semana, seu filho mais novo, Mikey, decidiu fazer um churrasco.

Enquanto Mikey acendia a grelha, Dick ligou um dos jet skis. Eu pulei na parte de trás e saímos em disparada para o meio do lago, fora da visão clara da beira, desaceleramos até parar e Dick se inclinou e me beijou novamente. Eu congelei. Um bicho assustado com os faróis. Era estranho, mas também era emocionante e proibido.

Duas noites depois, com Big Jim ainda no trabalho, Dick me deixou bêbada e me beijou mais uma vez, e eu não me lembro muito, mas eu não congelei. Aí ele voltou para Chicago, e todo meu foco voltou-se para os Jogos Olímpicos.

Mas mantivemos contato, nos encontrando em vários torneios. A gente achava que era sutil, mas era um segredo aberto.

Em fevereiro de 2005, estávamos em Hamburgo para a Copa do Mundo de Otto, na qual nós dois competíamos. Eu perdi nas preliminares. Eu fui pega em uma chave de braço e não bati com a mão. Então a garota deslocou meu cotovelo, e ele inchou do tamanho de uma toranja. Eu ganhei esse confronto, mas eu perdi o próximo na primeira troca. Entrei na repescagem, onde eu venci um confronto árduo e doloroso, antes de perder o próximo confronto e ser eliminada do torneio. Voltei para o hotel, e Dick IttyBitty, que foi eliminado do torneio cedo, veio comigo. Eu sabia que não era uma boa ideia, mas eu estava deprimida por ter perdido e machucado meu braço e queria companhia. Estávamos deitados na cama, em cima do edredom branco, quando ouvi o barulho da porta sendo destrancada por uma chave eletrônica.

– Que m... – eu nem sequer tive tempo de terminar as palavras quando a porta se abriu e Big Jim estava em pé na soleira da porta.

– Que porra é essa? – Big Jim gritou. – Você simplesmente não ouve, não é?

Ele tinha olhos de louco.

Dick levantou-se e tentou explicar, mas só conseguiu gaguejar.

– Você, cale a boca – Big Jim disse na direção de Dick, mas sem tirar os olhos de mim.

Dick ficou em silêncio.

– Chega – Big Jim disse. – Não quero saber de você. Você é problema de sua mãe agora.

Meu estômago embrulhou até a minha garganta. Big Jim olhou para mim com desgosto e decepção, então foi embora.

O torneio tinha acabado, mas foi seguido por um treinamento de campo de elite.

Eu tive de enfrentar Big Jim todos os dias durante a próxima semana.

– Que diabos é o problema? – ele latiu para mim durante um dos treinos. Eu estava tendo problemas para manter minhas adversárias longe quando elas vinham me agarrar ou fazer um arremesso por causa do meu braço ferido.

– Eu machuquei meu cotovelo – eu disse.

– Pare com isso – disse ele. – Seu cotovelo não está machucado. Você é muito fraca para mantê-las longe. Você não é forte o suficiente.

Nada que eu dissesse mudaria sua opinião, então eu fiz o que eu sempre fazia quando Big Jim ficava bravo, eu mordi a língua e me esforcei mais. Eu lutei contra a dor em silêncio.

A dor não era nada comparada ao que ainda estava por vir. Big Jim contou para minha mãe. Passei todo o voo de volta para Los Angeles coberta de medo. Eu nunca quis tanto não ver alguém. Eu estava no meio-fio no Aeroporto Internacional de Los Angeles, simultaneamente à procura do carro da minha mãe e rezando para ela se esquecer de vir. Pela primeira vez na minha vida, minha mãe chegou na hora para me pegar.

– Entre – disse ela através da janela aberta do lado do passageiro. Eu me preparei.

Antes de se afastar do meio-fio, mamãe começou:

– Que porra você estava pensando?

Eu abri minha boca.

– Nem pense em responder – disse ela, me cortando. – Eu não quero nem ouvir o que você vai dizer, porque não há nenhuma resposta que poderia justificar essa completa falta de respeito, para não mencionar a burrice.

Sua voz estava elevada, mas ela não estava gritando.

O silêncio ia ser minha melhor tática. Eu olhei para minhas mãos, lutando contra as lágrimas.

Ela virou à direita no Sepulveda Boulevard. Fiquei aliviada ao ver o pouco tráfego. A única coisa que poderia tornar este momento pior seria ter de estendê-lo por causa de um engarrafamento.

– A porcaria do Dick IttyBitty? – minha mãe perguntou incrédula. – Ele é tão incrível que você está disposta a arruinar seu relacionamento com seu treinador, a ir contra o que Big Jim e eu lhe dissemos explicitamente? Me dá um tempo. Ele dorme com qualquer uma. Ele é um completo galinha.

Minha nuca ficou quente. Eu sentia como se não pudesse respirar. Abaixei minha janela, mas o ar fresco não fez qualquer diferença. Eu estava com jet lag. Eu estava faminta. Meu cotovelo estava latejando. Meu treinador tinha me largado. Encostei minha cabeça no tecido bege do encosto.

– As coisas vão mudar – minha mãe continuou. – Você não sabe como as coisas eram fáceis para você, menininha. Você tem dezoito anos, o que a torna tecnicamente uma adulta, mesmo que você aja como uma criança mimada. Você precisa dar um jeito. Os Jogos Olímpicos terminaram. Nós abrimos um monte de exceções e deixamos passar um monte de merda, mas não mais. Você vai ficar um ano longe do judô. Você precisa terminar o ensino médio. Você precisa conseguir um emprego. Você precisa começar a pagar aluguel. É hora de você viver no mundo real. E o mundo real vai ser um ótimo despertador.

Olhei diretamente para o para-brisa, desejando que eu estivesse em qualquer outro lugar. Mas eu não tinha outro lugar para ir e eu não sabia o que eu ia fazer. O que eu sabia era que se eu ia pagar o aluguel, com certeza não ia ser para morar na casa da minha mãe.

Nossa casa ficava a menos de vinte minutos de carro do aeroporto, e eu nunca tinha ficado tão feliz em chegar na nossa rua. Assim que minha mãe estacionou, eu abri a porta e corri para dentro de casa e subi as escadas para o quarto que eu dividia com Julia. Bati a porta e me joguei na cama de baixo. O leão-marinho olhava para mim do mural debaixo do mar que eu tinha pintado na parede do quarto.

Fiquei arrasada ao ser jogada para fora da casa de Big Jim. Fiquei humilhada por ele me pegar com Dick em meu quarto. Fiquei triste por ter decepcionado minha mãe e Big Jim. Eu estava furiosa com eles por interferirem na minha vida pessoal e me tratarem como se eu não pudesse tomar minhas próprias decisões.

Olhando para as ripas do beliche superior, eu chorei histericamente.

Eu tinha passado os primeiros anos da minha vida incapaz de me comunicar por causa de um distúrbio da fala. Agora, uma década e meia depois, embora eu fosse capaz de falar, eu me via lutando para transmitir o que eu queria dizer. Eu não sabia como falar com minha mãe ou Big Jim. Eu sentia que, quando eu tentava, eles me dispensavam. Eu não tinha a confiança necessária para me defender em uma discussão. Parte de mim achava que eles não respeitavam minha opinião mas, mais do que isso, eu não tinha certeza se eu tinha experiência suficiente para tomar as decisões certas sozinha. Não se tratava mesmo de Dick IttyBitty; ele foi apenas o catalisador para algo que vinha fervendo dentro de mim há anos. Minha vida estava fora do meu controle. Tinha vindo lentamente, mas o sentimento tornou-se esmagador, como estar em uma sala sem saídas enquanto ela se enche de água.

Eu precisava estar no comando da minha vida. Eu queria provar que eu sabia algumas coisas e que minha mãe e meus treinadores deveriam me ouvir. Mas parecia muito mais fácil me mudar para o outro lado do país no meio da noite sozinha do que entrar na sala de estar e ter uma conversa séria com minha mãe.

Eu comecei a planejar minha "grande" fuga. Como meu pai tinha morrido, eu estava recebendo benefícios da previdência social. Os benefícios continuariam até que eu fizesse dezoito anos ou me formasse no ensino médio, o que acontecesse em segundo lugar. Tecnicamente, como eu estava tendo aulas por correspondência, eu ainda estava matriculada no ensino médio. Eu tinha recém feito dezoito duas semanas antes, então agora os cheques estavam vindo em meu nome. Eu fui para o banco, abri minha própria conta e recebia os cheques diretamente depositados.

Assim que eu tivesse dinheiro suficiente, eu compraria um bilhete de avião para Nova Iorque. Eu pensei que eu poderia treinar no clube de Jim Hrbek enquanto eu ficava com minha amiga Lillie e sua família. Hrbek era um dos melhores treinadores do país desde quando minha mãe competia. Pelo menos, eu esperava que eles concordariam com eu ficar lá uma vez que eu aparecesse. Eu não podia arriscar que minha mãe descobrisse sobre meu plano, então eu contei a Lillie, mas a ninguém mais.

A raiva da minha mãe foi desaparecendo ao longo das próximas semanas.

Então, uma manhã, duas semanas depois que eu voltei e menos de uma semana antes de eu ter programado ir embora, minha mãe acordou e ela não estava mais com raiva de mim.

– Vamos ao Promenade – ela sugeriu.

– Está bem – eu disse, feliz por ela não gritar comigo.

Nós caminhamos as seis quadras até a mesma área de compras que eu tinha ido no dia em que matei aula e quebrei o pé. Minha mãe sugeriu que fôssemos à Armani Exchange. Lá, entre as prateleiras de roupas, ela se concentrou em uma jaqueta de couro branco.

– Isso parece algo que você gostaria – minha mãe disse.

Era uma jaqueta incrível.

– Experimente – ela insistiu.

Eu a coloquei. Servia perfeitamente. Eu me senti incrível.

– Você precisa levá-la – minha mãe disse.

Eu verifiquei a etiqueta de preço.

– Imagine, é cara demais – eu disse.

Minha mãe me deu um abraço.

– Você merece – disse ela. – Além disso, você estava no Big Jim no seu aniversário. Nós lhe devemos um presente.

Ela trouxe a jaqueta até o caixa, onde a balconista embrulhou-a em papel de seda e colocou-a dentro de uma sacola. Meus olhos ardiam, meu peito doía, minha decisão estava desmoronando. Mas então eu pensei na completa falta de compreensão da minha mãe para comigo. Eu queria estar no controle da minha vida e eu queria provar a minha mãe e a Big Jim que eu poderia estar no controle da minha vida. Eu sabia que tinha de ir. Mas eu queria que ela ainda estivesse com raiva de mim. Teria tornado mais fácil ir embora.

Na noite antes de eu ir, eu esperei até que minha família adormecesse. Arrumei minhas malas, saltando com cada ruído. Então eu sentei na minha cama, esperando as horas passarem. Às 4h55 da manhã, eu rastejei para fora do meu quarto e desci as escadas. Deixei um bilhete para minha mãe, explicando que isso era algo que eu tinha de fazer e eu esperava que ela entendesse. Então eu saí pela porta.

O mundo lá fora estava tranquilo. O sol ainda não tinha se levantado e o ar estava frio e úmido do oceano a poucos quarteirões de distância. Eu queria pegar minha nova jaqueta de dentro da bolsa, mas eu estava com medo de parar. Eu joguei minha bolsa azul-marinho da equipe olímpica de 2004 sobre o ombro e peguei minha bolsa preta, levando-a a meu lado. Como se olhar para trás fosse acordar minha mãe, fixei meus olhos adiante e me afastei.

Arrastei minhas bolsas por quatro quarteirões e me sentei em uma parada de ônibus, mas o serviço de ônibus não começava até mais tarde, então eu chamei um táxi e alguns minutos mais tarde, um táxi amarelo parou na minha frente. Enquanto o taxista dirigia em direção ao aeroporto, eu esperava o alívio surgir, pois eu tinha tanta certeza de que o sentimento de libertação acompanharia minha fuga.

Eu não me sentia triunfante. Senti-me uma covarde. Eu tinha fugido. Eu tinha vencido o confronto, mas eu estava competindo por pontos, não lutando com honra.

NÃO DEPENDA DOS OUTROS PARA TOMAR SUAS DECISÕES

> Eu costumava ter uma companheira de equipe que sempre precisava do treinador para lhe dizer o que fazer. Ela conseguia executar a instrução quase perfeitamente. O problema era que ela só era tão boa quanto a pessoa que a treinava e tão boa quanto a informação que ela recebia.
>
> Minha mãe me mandava o tempo todo aos torneios sem treinador de propósito. Quando eu estava no tatame, eu tinha de pensar por mim mesma. Se havia uma pontuação ruim, não havia ninguém para corrigi-la. Se uma decisão fosse contra mim, não havia ninguém para falar por mim. Eu teria apenas que me sair melhor e fazer tudo de novo. Se eu estivesse em uma situação ruim, eu tinha de descobrir e resolver o problema.

Eu havia planejado cuidadosamente minha fuga de Los Angeles, mas não tinha pensado muito no que viria a seguir. A família de Lillie ficou surpresa quando eu basicamente apareci em sua porta, mas seus pais concordaram em me deixar ficar. Então eu arrastei minhas duas bolsas de viagem até o quarto dela.

Quando eu cheguei em Nova Iorque, eu falava muito sobre a injustiça da minha situação, como minha mãe e Big Jim foram tão injustos, como cada elemento da minha vida, desde o que eu comia até como eu treinava, era arregimentado por outra pessoa, como ninguém acreditava no meu relacionamento, como ninguém perguntava o que eu achava, como as pessoas me tratavam como se eu fosse criança. Quanto mais eu falava sobre isso, mais irritada eu ficava. Eu não era criança. Eu era adulta, reconhecida pelo governo dos EUA. Que inferno, eu era uma maldita atleta olímpica. Lillie escutava. Em muitas noites, ficávamos até tarde conversando, dividindo a cama. Em outras noites, parecia que éramos apenas duas crianças numa festa do pijama enquanto assistíamos a comédias românticas e ríamos de nossas piadas.

Lillie estudava na Siena College, e eu a acompanhava ao campus nos dias em que ela ia para aula. Eu comprei um moletom com capuz da Siena College na livraria e usava-o para ir à academia, onde eles me deixaram entrar supondo que eu era aluna. Enquanto Lillie estava na aula, eu malhava. Enquanto eu fazia o elíptico, eu tentava descobrir como tudo tinha ficado tão fora de controle, por que eu tinha fugido, se eu poderia um dia voltar atrás, como eu poderia provar a todos que não se tratava de Dick, o que o futuro reservava para mim e ele, aonde eu ia a partir daqui. Eu não tinha nenhuma resposta.

Na terceira quinta-feira que eu estava lá, Lillie e eu estávamos indo para o treino quando Marina Shafir ligou e disse que não ia conseguir ir. Marina era uma das melhores garotas da sua categoria e, junto com Lillie, era uma das poucas garotas de quem eu realmente gostava no judô. Ela era uma das poucas competidoras de elite que não se preocupava com a política do esporte. Estávamos a meio caminho do clube quando Nina, uma outra garota do clube, ligou e disse que não ia conseguir ir.

– Vai ser um treino lento se quase ninguém estiver lá – disse Lillie.

– Foda-se. Não vamos ao treino.

– Bem, o que você quer fazer? – perguntou Lillie.

Pela janela eu vi a familiar placa laranja e rosa.

– Vamos ao Dunkin' Donuts – eu disse.

As rodas guincharam, Lillie fez uma curva acentuada à direita e entramos no estacionamento deserto.

– Eu quero quatro dúzias de Munchkins – eu disse ao funcionário.

– De quê? – ele perguntou, apontando para os expositores de arame atrás dele.

Hesitei. Parecia que eu estava fazendo uma decisão muito importante.

– Só me dê uns de cada – eu disse.
– É só? – perguntou.
Olhei para Lillie. Ela encolheu os ombros.
– E dois leites com chocolate – eu disse, pegando-os do refrigerador perto do balcão.

Ele me chamou, então me entregou as duas caixas de papelão com alças que continham meus quarenta e oito mais dois pequenos sonhos. Lillie e eu nos sentamos em uma das mesas, cada uma abrindo uma caixa.

Eu coloquei um pequeno sonho na boca. Era pastoso e delicioso. Eu ri alto. Lillie me olhou com curiosidade, como se não tivesse entendido a piada.

Mas aqui, sentada no Dunkin' Donuts enquanto o balconista limpava o chão em torno de nós, eu tinha encontrado a liberdade que eu estava procurando. Pela primeira vez até onde eu me lembrava, eu senti que eu tinha o controle.

Senti uma onda de motivação, possivelmente devido ao açúcar de vinte e cinco pequenos sonhos, correndo pelo sangue.

– Eu amo judô. E eu quero fazer judô porque eu adoro. Eu quero fazer isso por mim – a percepção tomou conta de mim. Era um sentimento que eu não tinha há muito tempo.

No dia seguinte, fui para o treino porque eu queria. Eu dei mais duro do que eu tinha feito em um longo, longo tempo.

Não só eu estava ansiosa para treinar, como também eu queria treinar tanto quanto possível. Além do Hrbek, um dos melhores clubes da região era dirigido por Jason Morris. Jason tinha ganhado uma medalha de prata nos Jogos Olímpicos de 1992. Ele era membro da equipe técnica da equipe nacional dos EUA. Ele abriu seu próprio "clube", onde aspirantes a atletas olímpicos vinham morar e treinar. Ou pelo menos é isso que ele dizia para seus pais.

O *dojo* era na verdade apenas o porão da sua casa com um tatame por cima. O espaço era tão apertado que, quando todo mundo estava no tatame, você constantemente esbarrava em outras pessoas e tinha de tomar cuidado para não ser arremessado contra uma das paredes. Ainda assim, o nível de formação era decente e eles treinavam todos os dias.

Jim Hrbek tinha sido treinador de Jason, ajudando Jason a se desenvolver e ter sucesso. Aí seu relacionamento se desfez.

Um dia, após o treino, Jim me chamou de lado.

– Eu sei que você está treinando no Jason – disse ele. – A escolha é sua. Mas se você está treinando lá, você não pode treinar aqui.

Era um ultimato. Eu não respondo bem a ultimatos.

– Entendi – disse eu, sem dizer mais nada. Mas o único pensamento que passou pela minha cabeça foi: – Eu vou treinar onde diabos eu quiser treinar.

Eu terminei o treino.

Eu contei para Jason o que Jim tinha dito.

– *Eu* não vou lhe dizer onde treinar – disse Jason.

Dois dias depois, eu estava treinando no Jason quando Lillie veio. Ela tinha uma expressão desconfortável no rosto.

– O que foi? – perguntei.

Lillie olhou para os tênis.

– É só que, com Jim e Jason e tudo isso... Nós já estamos com Jim há muito tempo. – Ela parecia pedir desculpas.

– Suas coisas estão no carro – ela me disse.

– Você está me botando na rua? – perguntei.

– A gente não sabia bem quanto tempo você ia ficar, e minha mãe... – ela interrompeu.

– Entendo – eu disse.

Eu peguei minhas coisas de seu carro e as trouxe para o clube de Jason. Olhei em volta. Eu não tinha mais para onde ir e nenhuma ideia do que eu ia fazer.

AS PESSOAS A SUA VOLTA CONTROLAM SUA REALIDADE

> Quando você e todos ao seu redor estão imersos em uma pequena comunidade, é fácil confundi-la com o mundo todo. Mas, uma vez que você se desvencilha, você percebe que ninguém fora de seu círculo minúsculo dá a mínima para a coisa estúpida que estava no centro do seu mundinho. Quando você entende isso, você descobre que existe um mundo muito maior e melhor lá fora.

Depois que Lillie foi embora, eu arrastei minhas bolsas para a casa de Jason.

Era uma casa de três níveis. Jason e sua esposa moravam no terceiro andar. Havia dois quartos no segundo andar, com dois a três atletas em cada quarto, e então mais duas a três pessoas ficavam na sala de estar. No porão ficava a sala de judô.

Como o mais novo membro da casa, fui designada para a sala de estar, onde eu dormia em um colchão no chão.

Jason vendia seu clube como um centro de treinamento de elite. Para admissão, você precisava de alto potencial (opcional) e pais com bolsos fundos (obrigatório). Meus companheiros de quarto eram um bando de atletas bons-não-exatamente-elite-o-suficiente que queriam fazer parte da equipe olímpica, mas não tanto quanto eles queriam beber, sair e ficar. A meu ver, eram apenas um grupo de aproveitadores. Mas parecia que todo mundo se aproveitava de alguém. Jason e eu certamente nos aproveitávamos um do outro: já que eu estava realmente ganhando a nível internacional, minha afiliação a seu clube lhe caía bem e, em troca, eu tinha um lugar para morar e treinar.

Eu também não ganhava nada de graça. Eu estava recebendo uma pequena bolsa do New York Athletic Club, do qual eu era membro patrocinado, e uma bolsa menor ainda do Judô EUA.

Toda a correspondência passava por Jason primeiro. Ele tinha um longo abridor de cartas de prata e abria todas as cartas, endereçadas a todos os residentes da casa.

– Eu faço isso para que os envelopes fiquem planos no cesto de lixo reciclado – explicava Jason. – Se as pessoas rasgarem os envelopes para abri-los, então eles não vão empilhar direito.

De manhã, os atletas que moravam na casa corriam para pegar a correspondência, tentando chegar a suas próprias cartas primeiro. Mas, frequentemente, Jason nos ganhava. Quaisquer cheques para mim ele tomava como pagamento por acomodação ou outras despesas. Jason interceptou e depositou cada um de meus cheques do Judô EUA e do NYAC o tempo todo que eu estava lá. Eu nem sabia o que vinha ou o custo de qualquer coisa. Eu simplesmente tinha de aceitar sua palavra.

Pior ainda, eu não me sentia melhorar no Jason. Ele queria que cada lutador lutasse exatamente como ele: essa era sua estratégia como treinador. Ele faz judô em pé e bem reto e pouco trabalho no chão, com ênfase no momento mais do que na força. Eu me destacava no trabalho de chão e usava minha força como ferramenta no tatame. Tentava encontrar um equilíbrio entre nossas duas abordagens, mas o estilo de Jason não se encaixava com meu tipo de corpo, não se encaixava com minha personalidade e simplesmente não me servia.

No Big Jim, qualquer contribuição que eu tentava oferecer era desconsiderada. No Jason, minha contribuição não era apenas desconsiderada, era ridicularizada. Eu era tratada como se fosse a porra de uma idiota.

– O que você está fazendo? – Jason gritou para mim um dia durante o treino.

Parei o que estava fazendo, um *o-goshi*, que é um arremesso de quadril relativamente básico que funcionava bem para mim como lutadora canhota quando eu ia contra adversárias destras.

– *O-goshi* – eu disse.

– Aaaah, *o-goshi* – disse ele, condescendente. Ele adotou uma voz alta e cadenciada, com um sorriso de coringa, e começou a balançar as mãos no ar. – Faça *o-goshi* de novo. Faça de novo. Só faça *o-goshi* o dia todo.

Os outros lutadores riram.

– Fodam-se todos vocês – pensei. Eu fiz os arremessos o dia todo.

No Jason, eu raramente estava sozinha, mas me sentia incrivelmente solitária. Eu não tinha falado com minha mãe desde que eu tinha saído de casa há três meses. Dick IttyBitty e eu estávamos juntos, mas ele estava a mil milhas de distância, em Chicago. Eu tinha Lillie, mas as coisas tinham ficado tensas após sua família me expulsar. Uma das garotas no clube de Jason, Bee, era muito legal comigo desde que eu tinha chegado, mas ela não era Lillie.

Meu relacionamento com meus colegas de casa era cordial, mas não acolhedor. Eu nunca realmente me encaixei. Eu era mais jovem do que todos e eu era uma atleta melhor e mais dedicada, e meu sucesso expunha suas deficiências. Mas a lista de clubes em que eu não era bem-vinda crescia rapidamente – Pedros, Hrbek, minha casa – e então sobrava Jason.

Naquele maio, Dick se mudou de Chicago para Nova Iorque para treinar no clube de Jason. Eu estava em uma escola local de ensino médio onde estávamos colocando os tatames para a Copa Morris, um torneio anual ao qual Jason tinha dado o próprio nome, quando Dick entrou. Uma onda de alívio tomou conta de mim. Um sorriso enorme atravessou meu rosto. Senti minhas bochechas corarem.

Dick dividia o futon da sala de estar comigo. Ele se ajustou bem no Jason e tornou-se a ponte entre mim e os outros atletas da casa.

Um mês depois de Dick chegar, eu fui a uma clínica para pegar pílulas anticoncepcionais. Poucos dias depois, meu telefone tocou.

– Os resultados de sua análise foram anormais – disse a enfermeira.

Meu rosto ficou quente.

– Você está me dizendo que eu tenho uma DST? – perguntei. Eu mal consegui pronunciar as palavras.

– Pode ser muitas coisas.

– Como uma DST?

– Nós precisamos que você venha para outro exame.

– Claro – eu disse. Minha mão tremia enquanto eu anotava a hora e a data da minha próxima consulta.

Depois de desligar o telefone, eu invadi a outra sala. Dick estava sentado no sofá.

– Quem você andou fodendo? – eu gritei.

Sua expressão de bicho na frente dos faróis confirmou meu pior medo. A raiva subiu pelo meu corpo. Cada músculo se tensionou.

– Ahn, ahn, ahn – ele gaguejou.

– Quem. Você. Andou. Fodendo?

– Foi uma coisa de uma vez só. Me desculpe. Não foi nada. Foi meses atrás. Não desde que eu estou aqui. Me desculpe – ele estava quase hiperventilando.

– Quem você andou fodendo? – minha voz era fria.
– Me desculpe. Desculpe. Ai meu Deus, eu quero me matar. Eu amo tanto você.
Eu não estava no clima de novamente repetir a pergunta.
– Quem? – minha voz era quase um sussurro.
– Bee – disse ele.
Minha boca de repente ficou seca. Meu rosto estava queimando. Minha raiva se misturou com embaraço.
– Todo mundo sabe disso, não é? – perguntei.
Ele concordou com a cabeça.
Eu tive de sair da sala. Eu fui para o pátio. A última coisa que eu queria era voltar para aquela casa. Mas eu não tinha para onde ir. Eu tinha queimado todas as pontes e eu estava presa em uma ilha.
Durante dias, Dick me pediu para perdoá-lo. Eu sentia como se não tivesse outra escolha. Eu sentia como se ele fosse tudo que eu tinha. Logo estávamos compartilhando o futon de novo, como se nada tivesse acontecido. Mas nunca foi a mesma coisa. Desta vez, eu sabia que ele não era bom e eu sabia que eu estava mentindo para mim mesma.
Uma semana depois, após minha consulta, eu liguei para saber o resultado do meu exame.
– Acabou que não era nada – disse a enfermeira. – Às vezes esses exames dão anormais, então nós os repetimos e está tudo bem.
Eu dei um suspiro de alívio. Eu tinha me desviado de uma bala, mas as coisas na minha vida estavam longe de estar tudo bem.
O único consolo para a vida no Jason vinha quando eu ia para torneios e treinamentos de campo. Eu ganhei o campeonato nacional dos EUA, campeonatos pan-americanos, o Rendez-Vous e o US Open, mas ganhar não me deixava feliz. O ponto mais baixo foi quando eu perdi o campeonato mundial de 2005 no Cairo, Egito, para uma garota israelense que não devia me vencer.
Para piorar tudo, eu estava tendo dificuldades para atingir o peso. Eu estava me estabelecendo como uma das melhores lutadoras do mundo na minha categoria, mas eu tinha crescido cinco centímetros desde que fiz minha estreia a nível sênior aos dezesseis anos e baixar para sessenta e três quilos estava ficando mais difícil.
Então, uma noite, enquanto eu estava deitada ao lado de Dick, um terceiro colega de quarto se esticou no sofá próximo, sua perna balançando para o lado, e eu entendi. Eu estava com um cara que me traiu em uma casa cheia de pessoas que sabiam sobre isso e não disseram nada. Eu estava treinando com

um treinador que eu não aguentava e que estava tomando meu dinheiro. Eu estava morrendo de fome. Eu não estava melhorando.

– Que diabos estou fazendo aqui? – perguntei a mim mesma em voz alta. No dia seguinte, liguei para minha mãe.

– Alô?

Eu queria chorar ao som familiar da voz da minha mãe. Foram tantas vezes nos oito meses decorrentes que eu queria falar com ela.

– Oi, mãe – eu disse, casualmente. – Quanto tempo!

– Bem, eu tenho certeza de que você andou ocupada – minha mãe disse.

Através de sua rede de fofocas/informantes do judô, minha mãe tinha rastreado meus movimentos desde o dia em que saí de casa. Ela tinha ouvido falar da traição de Dick. Ela não ia facilitar as coisas.

– Eu estava pensando no feriado – eu disse. – O Ontário Open é no dia depois da Ação de Graças, mas talvez eu pudesse vir para casa depois disso.

– Você é sempre bem-vinda aqui – minha mãe disse. Eu não tinha certeza se ela realmente queria dizer isso. Ainda assim, um alívio me atravessou. Eu não percebi como eu tinha sentido saudades de casa.

Algumas semanas depois, eu venci o Ontário Open e peguei um voo de volta para Los Angeles. Minha mãe me encontrou no aeroporto. Eu esperava que ela ficasse feliz em me ver mas, em vez disso, sua testa estava franzida em sinal de desaprovação.

– Obrigado por me pegar – eu disse.

– É, Maria tinha de voar de volta no voo noturno a trabalho. Jennifer vai voar de volta para San Francisco hoje à noite para voltar para a faculdade, então eu vou ter de fazer a viagem de novo – disse ela.

– Felizmente o tráfego não parece muito ruim – eu disse, em uma tentativa de jogar conversa fora.

– Bem, visivelmente tem mais tráfego do que quando você escapou de casa no meio da noite e largou sua família e foi para o aeroporto, mas não está tão ruim.

– Olhe, eu me sinto realmente mal por isso, mas foi apenas algo que eu senti que tinha de fazer.

– Ah, bom, agora está tudo bem – minha mãe disse sarcasticamente. – Você sabe como me senti mal quando acordei e descobri que você tinha ido embora? Simplesmente largou todo mundo? Eu. Suas irmãs. Sua gata.

– Beijing nunca gostou de mim de qualquer maneira – eu disse, meio brincando.

– Talvez ela soubesse que você planejava abandoná-la – minha mãe disse, sem perder a deixa.

Em casa, peguei minhas duas bolsas e me arrastei para a porta da frente.
– Cheguei – eu disse alegremente quando abri a porta da frente.
Silêncio.

Eu esperava que minha irmãzinha, Julia, estivesse em casa. Eu esperava que todos os outros estivessem com raiva de mim, mas Julia, que tinha apenas sete anos, ficaria feliz que eu tinha voltado.

Jennifer estava arrumando a mala na sala de estar. Ela parou e olhou para mim.

– Você está usando minha camisa, tire – disse ela, friamente.
– Também é bom ver você – eu disse, com uma risada forçada.
– Tire minha camisa – Jennifer repetiu.
– Meu Deus, Jen, por que você tem de ser uma vaca?
– Bem, pelo menos eu não tenho verrugas genitais! – Jennifer disse. Os resultados anormais de meu teste tinham vindo para meu endereço permanente e Jen tinha tirado suas próprias conclusões. Ela me lançou um olhar presunçoso e algo dentro de mim estalou.
– Eu não tenho verrugas genitais! – eu gritei.

Jennifer correu na única direção que podia, para um beco sem saída na cozinha. Eu a persegui. Jennifer gritou. Minha mãe, que estava dois passos atrás de mim, entrando pela porta, me agarrou por trás, me pegando em um estrangulamento e dando a Jennifer espaço suficiente para sair da cozinha. Eu arremessei mamãe sobre meu ombro e persegui minha irmã. Nossa empregada de longa data, Lucia, uma pequena mulher mexicana, entrou com as roupas. Ela largou o cesto e me impediu de chegar a Jen. Mamãe me alcançou e tentou me conter enquanto Jennifer subiu as escadas correndo e se trancou no banheiro. Mamãe agarrou meu ombro e me balançou.

– Que porra há com você?
– Comigo? Ela é que começou – eu protestei. – Sabe o que ela me disse?
– O que você vai fazer, espancá-la? Você não pode simplesmente atacar as pessoas porque não gosta do que elas dizem – minha mãe estava irada. – Se esse fosse o caso, uns dariam socos na cara dos outros o tempo todo.

Lucia, parecendo em estado de choque, pegou o cesto de roupas.
– Me desculpe, Lucia – eu disse quando ela passou por mim.

Ela olhou para mim, então para minha mãe, depois de volta para mim como se para confirmar que a luta tinha acabado.

Mais tarde, minha mãe relatou os acontecimentos da tarde para Dennis. Eu nunca o tinha visto tão irritado.

– Você tem muita sorte que Julia não estava aqui para testemunhar isso. Se isso acontecer novamente, você não pode morar aqui.

– Você está certo – eu pensei. – Não tem jeito de eu morar aqui.

Naquela noite, eu mandei uma mensagem para Dick em Chicago.

Venha para cá, ele mandou uma mensagem de volta.

Talvez, eu respondi, embora minha decisão já estivesse tomada.

Nossa família ia para St. Louis para visitar parentes no Natal. Duas semanas antes da viagem, eu disse a minha mãe que ia voar de St. Louis diretamente para Chicago.

A testa da minha mãe franziu de desaprovação até eu partir para Chicago. Mas desta vez, partir foi diferente. Pelo menos, eu tinha juntado a coragem de dizer a minha mãe que eu estava indo, mesmo que ela não quisesse ouvir.

Eu me mudei para a casa dos pais de Dick (Eu sei, mais um, enorme, gritante sinal de aviso que eu não percebi: qualquer cara de vinte e poucos anos que vive com sua namorada adolescente no porão da casa de seus pais não é o tipo de cara que você quer namorar).

Seus pais me acolheram de braços abertos. Sua mãe era cabeleireira e me levava para o salão onde ela fazia meu cabelo. Ela fazia minha maquiagem e me vestia. Ela estava sempre fazendo pegadinhas e tinha um senso de humor hilariantemente sujo. Não havia um único dia em que ela não tentasse abaixar as minhas calças em casa.

Seu pai foi igualmente acolhedor e solidário, mesmo sofrendo de câncer terminal.

– Claro, vou ensinar você a dirigir – disse ele (Eu entendi isso como "eu provavelmente estou morrendo de qualquer maneira, então não tenho medo da morte"). Ele me fazia levá-lo para passear e ouvir os Beach Boys. Mesmo quando eu quase fiz a gente levar uma batida no tráfego contrário ou entrei errado em uma rua de mão única, ele estava calmo e tranquilo. Ele me apresentou a todos como sua futura nora.

Estávamos chegando perto da marca de dois anos, e eu comecei a perceber coisas sobre Dick que eu não tinha visto antes. Pela primeira vez, pude ver como ele era burro. Lembro-me de pensar:

– Eu sou uma adolescente e você tem vinte e poucos e, uau, eu sou muito mais inteligente do que você.

Não importa o quanto eu tentasse explicar a ele que havia uma diferença entre *mulher* (singular) e *mulheres* (plural), ele não entendia e usava as duas palavras alternadamente. Ele me deixava louca. Então eu percebi que ele não tinha piadas originais. Ele só citava frases de filmes o tempo todo, as mesmas frases de novo e de novo. Ele tinha uma lista de histórias que contava, jogando-as no momento em que alguém que não as tinha ouvido antes estivesse no alcance da voz. Tudo o que ele dizia me arranhava e eu não suportava ficar perto dele.

Então eu vi algo novo: sua veia cruel.

– Meu Deus, ela é gostosa – ele dizia quando estávamos assistindo a um filme ou, pior, quando saíamos juntos. – Olhe o corpo dela – ele dizia quando uma mulher bonita passase. Não era uma comparação direta a princípio, mas logo ele me dizia como seus corpos eram melhores do que o meu. Então, como elas eram mais magras do que eu. Então, como eu era gorda.

Ele pegava minha pele dos lados e dizia:

– Rapaz, você está ficando gorda – então ele sorria, fingindo que era uma brincadeira inofensiva.

Eu já estava lutando para atingir o peso. Agora ele abusava das minhas inseguranças. Eu nunca tinha me sentido bonita. Eu tinha orelha de couve-flor. Eu regularmente tinha dermatofitose, uma infecção fúngica nojenta, mas comum na luta livre e judô (por alguma razão, minha pele parecia especialmente sensível a ela). Eu era volumosa e grossa, mesmo que fossem músculos. Eu tinha passado da zoação no ensino médio por ter bíceps que eram "grandes demais" e agora ter um namorado que me dizia que eu era "mais ou menos nota seis". Eu queria ser tão perfeitamente minúscula como aquelas garotas sorrindo nas capas de revistas que forravam as bancas do aeroporto.

Mas o que me devorava mais era como ele tinha duas caras. A gente saía com as pessoas e ele era legal e, no momento em que se afastavam, ele falava mal delas. Cheguei ao ponto em que não podia olhar para ele sem pensar:

– Uau, você é mesmo um puta de um babaca.

Quando ficamos juntos pela primeira vez, eu tinha me sentido especial; agora, eu me sentia estúpida. Eu tinha passado quase dois anos com um completo canalha e eu ainda estava com ele. Eu encontrava consolo na competição. Eu treinava intensamente, determinada a emergir mais feroz, mais forte e mais focada do que nunca. Foi quando comecei a pisar no tatame com uma certeza que eu nunca tinha tido.

Em abril de 2006, venci a Copa do Mundo em Birmingham, Inglaterra, a primeira Copa do Mundo que uma mulher estadunidense tinha ganhado em nove anos. Voltei para os Estados Unidos e venci as nacionais seniores em Houston três semanas depois. Em maio, fiquei com a prata no Campeonato Pan-americano na Argentina.

Em julho, Dick e eu voamos para a Flórida para uma série de torneios, incluindo o US Open Júnior em Fort Lauderdale e o Miami Youth International. Eu sabia há algum tempo que eu queria terminar com ele, mas eu não sabia como. Então, na Flórida, a oportunidade se apresentou. Dick e eu estávamos hospedados no hotel anfitrião do torneio, bem como minha amiga Marina, que eu tinha conhecido no Jim Hrbek e de quem me tornei próxima depois que competimos na mesma equipe em um torneio na Bélgica naquela primavera.

Depois do primeiro torneio, um amigo e eu fomos caminhar na praia e, enquanto estávamos caminhando, eu percebi e pensei:

– Eu acho que eu meio que gosto desse cara. Eu vou dar uma chance para a gente. Eu só tenho que me livrar daquele filho da puta, Dick.

Esse era o empurrão que eu precisava.

Eu mandei uma mensagem para Marina, que também estava no movimento pé na bunda de Dick (quem não estava?), então fui até o quarto que Dick e eu dividíamos. Minhas coisas estavam espalhadas por todo o lugar. Joguei tudo em minhas bolsas e me mudei para o quarto de Marina.

Dick estava fora, então eu lhe enviei uma mensagem de texto: *Quando você voltar, precisamos conversar.*

Você está terminando comigo? Ele escreveu de volta.

Só volte aqui, eu respondi.

Você está terminando comigo, não é?

Enviei mais uma mensagem: *Sim.*

Então eu me deitei na cama no quarto de Marina e ignorei as dezenas de mensagens do meu agora ex-namorado, até que as mensagens em pânico e apologéticas ficaram demais.

– Eu tenho de lidar com isso – eu disse a Marina, exasperada.

Nosso hotel era redondo e oco no meio, de modo que se você estivesse no centro do círculo, podia olhar para cima e havia quartos com varandas em toda a volta.

– Por favor, não faça isso – Dick implorou. – Você não pode terminar comigo. Eu não posso ficar sem você. Só de pensar não quero mais viver.

Revirei os olhos. Ele chorou mais.

– De verdade – disse ele. – Eu vou me jogar fora da varanda. Eu vou me matar.

Eu perdi o controle.

– Vá se foder! – eu gritei. – Não brinque com essa porra de suicídio. Suas costas não estão se deteriorando. Você não está morrendo. Você está ficando tetraplégico? Não, você só está virando um covarde.

Ele chorou mais. Eu nem mesmo suportava ficar na mesma sala. Eu saí.

Ele se dirigiu ao bar e ficou lá pelo resto da viagem.

Agora, se eu tomo uma decisão ruim, minha mãe simplesmente me lembra:

– Olhe, de todas as decisões ruins que você tomou ou poderia ter tomado em sua vida, pelo menos você não se casou com Dick IttyBitty.

E isso coloca tudo em perspectiva.

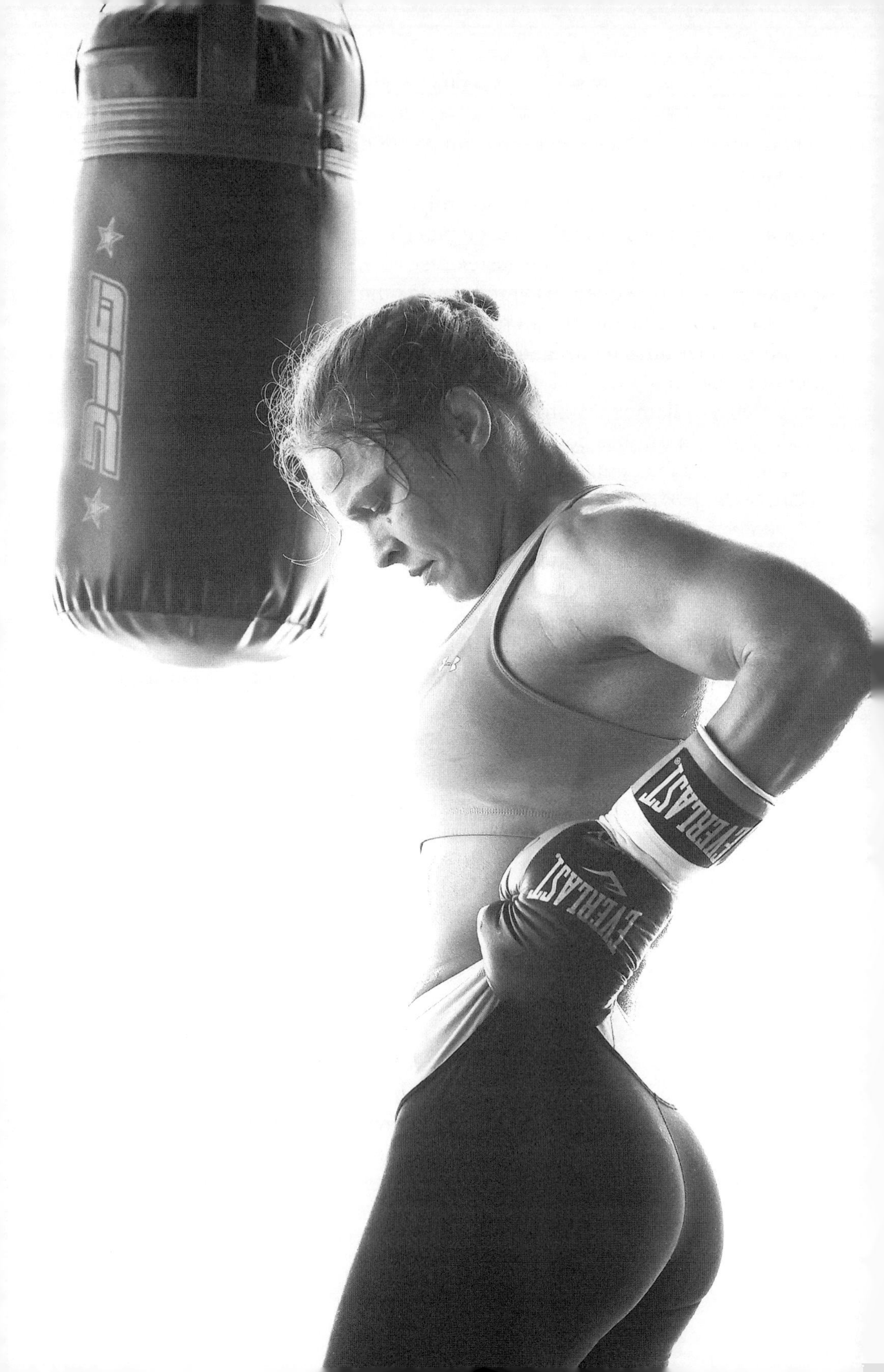
EVERLAST
EVERLAST

O FIM DE UMA JOGADA MALSUCEDIDA É SEMPRE O INÍCIO DA PRÓXIMA

Quando eu tinha dezesseis anos, eu tive uma epifania sobre meu trabalho no chão. Até então, eu apenas memorizava movimentos diferentes. Eu pensava:

– Está bem, a pessoa está aqui, eu vou tentar isso. A pessoa se move dessa maneira, vou tentar isso.

Todos os movimentos estavam separados na minha cabeça.

Então, um dia, eu fui dar uma chave de braço e minha adversária se moveu, tornando impossível executar o movimento. Eu fiquei atrapalhada, então percebi que na defesa contra meu ataque, minha adversária tinha me posicionado perfeitamente para eu realizar um tipo diferente de chave de braço. Era como se eu simplesmente pousasse no meio de outra técnica. Eu retomei a partir do meio desse movimento. Eu o chamei de Juji Squish Roll[16].

Essa foi a primeira vez que eu conectei duas técnicas diferentes no chão, e então eu percebi que você poderia fazer isso com tudo.

---

[16] Nota do tradutor: literalmente, rolagem com aperto do jiu-jítsu.

> Desse momento em diante, eu estava constantemente procurando maneiras em que eu poderia conectar movimentos aparentemente não conectados. Em vez de ficar frustrada com o que a maioria das pessoas via como um fracasso, eu olhava para ele como uma oportunidade de criar algo novo.

Dar o fora no canalha foi uma das melhores decisões da minha vida, mas eu passei de não ter *mais* para onde ir a não ter para onde ir.

Enquanto eu estava em Miami, esbarrei em Corey Paquette, que competia para o Canadá e que eu conhecia de vários treinamentos de campo. Eu mencionei que estava sem um lugar para morar. Ele mencionou que estava procurando alguém para dividir o aluguel de um quarto do dormitório em Montreal.

Corey voltou para casa enquanto eu fiquei para o próximo torneio. Poucos dias depois, eu lhe enviei uma mensagem pelo Facebook: *A oferta ainda está de pé?* Ele já estava com uma cama pronta para mim quando eu pousei em Montreal.

Minha parte do aluguel era duzentos dólares canadenses por mês. O aspecto de acessibilidade econômica era importante. Eu tinha ficado velha demais para os pagamentos da previdência social e dependia do financiamento do Judô EUA. A organização garantia 3.000 dólares por mês em financiamento para qualquer atleta que ganhasse um torneio de nível A. A pegadinha era que, havia anos, ninguém ganhava. Então eu entrei em cena e o Judô EUA começou a ter de pagar. Mas os cheques estavam sempre atrasados, e eu tinha de ligar várias vezes para ver para quando eu poderia esperar o dinheiro. Em um mês na primavera de 2006, eu liguei e a recepcionista me disse:

– Ficamos sem dinheiro para esse programa.

– Ficaram sem? – Eu não podia acreditar.

– Nós achávamos que ninguém conseguiria uma classificação A – ela disse.

– Foda-se o Judô EUA, fodam-se todos esses treinadores americanos, foda-se Dick – pensei. – Eu vou para o Canadá, dar conta dessa merda eu mesma, e competir melhor do que nunca.

Eu tinha economizado uma quantia razoável, mas não o suficiente para viver dela por muito tempo. O dólar estadunidense valia mais no Canadá.

Em minha primeira manhã em Montreal, encontrei a única academia remotamente perto da gente com uma sauna, que era essencial para perder peso. Ainda assim, eu tinha de pegar um ônibus e um trem para chegar lá. Corey se levantava de manhã e ia à aula; eu me levantava e ia à academia. Eu fazia o elíptico e levantava peso, então fazia uma sauna. Depois do treino, eu tomava banho e caminhava até o Subway perto dali. Eu pedia um sanduíche vegetariano de trinta centímetros, uma Coca-Cola diet e um cookie de chocolate. Era o único doce que eu me permitia o dia todo. Além do almoço no Subway, minha dieta consistia de cereal de milho integral com leite, Nesquik, pão de trigo com Nutella e pasta de amendoim e pão sírio com pasta de grão-de-bico.

À noite, Corey e eu pegávamos o trem juntos para o Shidokan. O Shidokan era a versão canadense para o Centro de Treinamento Olímpico, exceto que, ao contrário de seu homólogo estadunidense, os melhores judocas do Canadá realmente treinavam lá. Eu tinha ido lá várias vezes antes para treinamentos de campo. Embora eles me deixassem entrar e todos fossem o estereótipo amistoso canadense, nenhum dos treinadores podia me treinar porque eu era de uma equipe nacional rival. Não só eu era "a americana", mas eu sempre vencia todas suas garotas em torneios, e suas garotas tanto dos sessenta e três quilos quanto dos setenta quilos eram realmente boas. Desse modo, ter-me lá diariamente para que elas pudessem treinar comigo e estudar minhas tendências era um benefício. O senso de competição que advinha de ter boas garotas com quem treinar me fazia dar duro.

Os treinos no Shidokan eram mais cansativos do que qualquer treino que eu já tinha experimentado em casa. Eles faziam um dia de pontuação de ouro no qual por duas horas você continuava treinando sem parar até que alguém pontuasse sobre você. A pessoa que perdesse o ponto estava fora, enquanto a outra pessoa continuava. Eu ficava lá por uma hora, sem ninguém conseguir pontuar sobre mim.

Eu compensava pelo fato de que eu não tinha treinador com trabalho extra. Eu pensava no que eu precisava fazer; eu não dependia de outra pessoa me dando ordens. Eu me perguntava:

– O que é que eu posso fazer para melhorar agora?

Eu nunca precisei ter esse tipo de pensamento sobre meu próprio treinamento antes.

Após o treino, enquanto todo mundo tomava banho e se vestia, Mike Popiel e eu passávamos horas só inventando merda no tatame. Gostávamos de tentar movimentos que ninguém nunca tinha usado em competição e que nenhum treinador jamais toleraria. A maioria dos movimentos eram completamente impraticáveis mas, às vezes, tropeçávamos em algo brilhante, e alguns desses podiam realmente ser usados em competição. Todo mundo estava voltando para casa e a gente estava tipo:

– Que tal isso? Que tal isso?

No fim da noite, Corey e eu tomávamos o trem de volta para os dormitórios. Quando chegávamos em casa, Corey ligava para sua namorada e eles conversavam por horas, enquanto eu me deitava na minha cama de solteiro, pensando em mais movimentos legais que eu queria experimentar após o treino no dia seguinte.

Ficar de bobagem na academia e inventar movimentos desenvolveram minha capacidade de pensar por mim mesma. Eu passei de apenas fazer o que o treinador diz a ser capaz de pensar de forma independente. Isso significava que, em um desafio, eu poderia traçar estratégias no momento. Alguns atletas são incrivelmente talentosos, mas só conseguem fazer o que seus treinadores mandam. Eles não conseguem pensar por si mesmos.

QUALQUER COISA DE VALOR TEM DE SER CONQUISTADA

> Quando eu estava começando no judô, houve torneios nacionais que eu poderia facilmente ter vencido, mas minha mãe disse que não íamos. Eu ainda não tinha trabalhado o suficiente para ganhar a honra de ir. Eu ficava irritada na época, mas eu ganhei muito mais por não ir do que eu teria se ela tivesse me levado para o torneio e eu tivesse vencido.
>
> Ninguém jamais vai lhe dar qualquer coisa de valor. Você tem de trabalhar para isso, suar para isso, lutar por isso. Mas há muito mais valor nas realizações que você trabalha para ganhar do que nas honrarias que são apenas dadas a você. Quando você trabalha para ganhar algo, você nunca precisa se preocupar em justificar que você realmente o merece.

Durante meu tempo no Canadá, eu venci o Clássico de Outono dos EUA e o Rendez-Vous no Canadá. O sucesso me colocou como favorita para ganhar o Campeonato Mundial Júnior de 2006 novamente. Em Santo Domingo naquele outubro, eu passei voando pelas rodadas de abertura. Então eu enfrentei uma garota cubana na semifinal. O confronto estava sem pontos, e o tempo estava se esgotando. Eu decidi fazer um arremesso de sacrifício que me colocaria de costas no chão. O árbitro não viu o arremesso corretamente e pareceu acreditar que a garota me derrubou. Ele deu um *ippon* para ela.

Minha adversária sabia que ela não tinha me derrubado, mas ela se levantou e começou a pular como se tivesse feito algo para vencer o desafio. Minhas mãos tremiam de raiva. Foi necessária toda a força que eu tinha para não gritar. Era uma puta injustiça. Eu saí do tatame e joguei meu quimono *gi* no chão com toda a força.

Eu tinha sido roubada por causa do erro de outra pessoa, e isso me custou o campeonato e a oportunidade de ser a primeira estadunidense a ganhar o mundial júnior duas vezes.

Meu dia ruim estava prestes a piorar. O Judô EUA viu minha quebra de decoro como uma oportunidade para me fazer de exemplo. Em vez de me consagrar como uma atleta estadunidense bem sucedida, a administração do Judô EUA estava constantemente procurando maneiras de me punir.

Eu mal tinha pisado fora da borda do tatame quando os funcionários do Judô EUA no torneio se reuniram e decidiram que me suspenderiam de competições por seis meses. Mas eles precisavam de algo atrás do qual se esconder, como um árbitro respeitado me condenando. Assim, os representantes do Judô EUA foram até Carlos Chavez, um grande árbitro da Venezuela. Eles perguntaram a Carlos o que deveria ser feito para me punir.

Carlos olhou para eles sem acreditar, incapaz de compreender por que um órgão nacional estava tão ansioso para punir sua atleta mais promissora. Normalmente, quando organizações como o Judô EUA vinham a ele, era para apelar em nome de um atleta. Carlos hesitou de forma diplomática.

– Ronda sentiu que tinha sido injustiçada – disse Carlos. – Correta ou incorretamente, ela acreditava nisso. Ela é muito apaixonada pelo judô e muito apaixonada pela vitória. No momento, ela estava chateada. Isso é o que queremos no judô: atletas que são apaixonados pelo esporte. Ela é jovem, e não vamos fazer nada.

Com lágrimas ainda escorrendo pelo rosto pela derrota para a cubana, eu batalhei na repescagem e, no confronto pela medalha de bronze, venci a garota israelense para a qual eu tinha perdido o campeonato mundial no ano anterior, tornando-me a primeira estadunidense na história a ganhar duas medalhas em um mundial júnior. Ninguém do Judô EUA me disse nada sobre a punição, e foi só depois que todos os funcionários tinham me parabenizado que eu fiquei sabendo sobre a tentativa de me suspenderem.

Eu venci o US Open de 2006 em Miami uma semana depois. De lá, eu atravessei o Atlântico para o Aberto da Suécia. Eu venci o Aberto da Suécia, que veio com o muito necessário prêmio em dinheiro de 1.000 euros. A vitória me fez sentir mais capaz e eu ainda estava no alto da comemoração quando eu tomei uma decisão impulsiva de competir no Aberto da Finlândia na semana seguinte e reservei um bilhete na balsa.

Eu não sei o que foi mas, naquela noite, depois que eu voltei para meu quarto de hotel em Boras, fui tomada por um desejo de ir para casa. Eu estava sentada em meu quarto de hotel e o sentimento tomou conta de mim.

— Já é hora — pensei.

Eu senti que eu tinha feito o suficiente. Eu não ia para casa com o rabo entre as pernas. Eu tinha orgulho do que eu tinha conquistado sozinha. Eu fiz uma ligação internacional para casa.

— Alô? — minha mãe respondeu. Hesitei por um segundo, tentando calcular a diferença de fuso horário.

— Eu venci o Aberto da Suécia — eu disse a ela.

— Isso é ótimo — ela disse. Ela parecia realmente feliz por mim.

— Eu quero voltar para casa de novo — eu disse. — Eu quero resolver tudo. Eu vou para um torneio na Finlândia, mas eu quero voltar para casa depois disso. O que você acha?

— Claro, você sempre pode voltar para casa.

Eu não esperava que ela fosse tão calorosa e acolhedora. Fiquei surpresa, mas isso reforçou minha crença de que o momento era certo. Eu me senti como se as coisas tivessem mudado.

Eu fiquei com o bronze no Aberto da Finlândia, mas, pela primeira vez na minha vida, eu não fiquei devastada por uma derrota. Eu me sentia otimista. Eu voei de volta para casa em Los Angeles com minhas duas bolsas. Minha mãe me pegou no aeroporto.

— Oi, guria, como foi o voo? — ela perguntou quando sentei no banco do passageiro.

— Bom. Longo, mas bom — eu disse.

Quando saímos do terminal, me senti diferente desta vez.

Eu estava cansada da briga e da raiva e da mágoa e eu sentia saudades dela. Quando eu fui para o Canadá, eu sentia que era eu contra todos os outros e eu ia provar que estavam todos errados. Eu ia vencer completamente sozinha. Era eu contra a porra do mundo inteiro. Eu tinha me arriscado e eu tinha sobrevivido. Agora, eu sentia que eu podia fazer qualquer coisa.

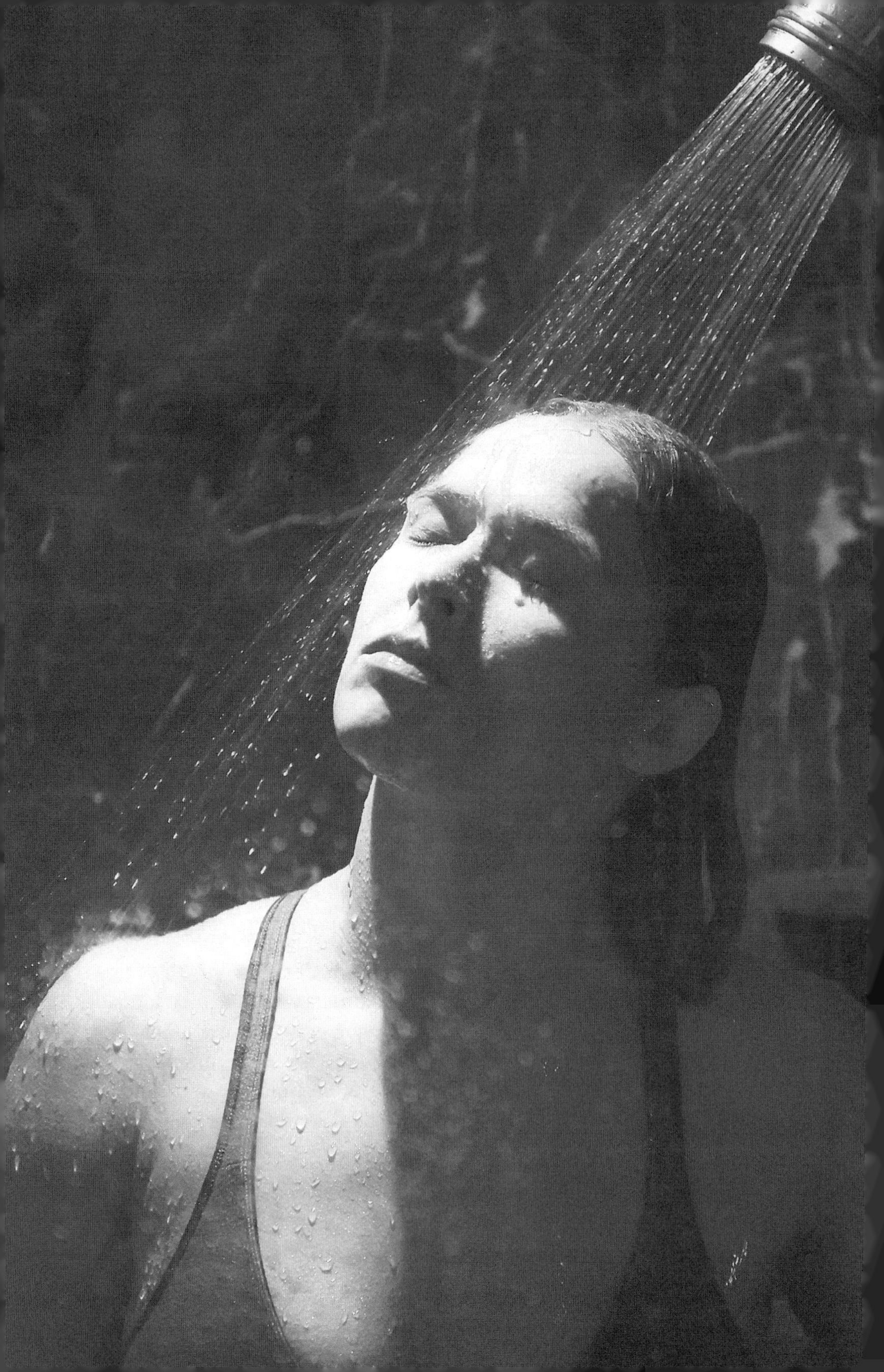

TUDO É TÃO FÁCIL QUANTO UMA DECISÃO

Um dos poucos ex-namorados que eu tive que não foi um completo babaca me contou essa história. Ela mudou minha vida.

Digamos que você está sentado em um cubículo e você odeia seu trabalho. É terrível. Todos em torno de você são uns idiotas. Seu chefe é um idiota. Seu trabalho suga sua alma, anestesiando sua mente. Mas, em cinco minutos, você estará prestes a ir para suas primeiras férias em cinco anos. Você vai ficar fora por duas semanas em um belo bangalô à beira-mar em Bora Bora. É literalmente a coisa mais luxuosa que você já fez em sua vida inteira.

Como você se sentiria? Você se sentiria ótimo.

Agora imagine que você está em Bora Bora. Você está em uma bela praia com pessoas incríveis e você se divertiu muito. Em cinco minutos, você vai ter de engolir a piña colada com o pequeno guarda-chuva em cima. Você tem de dizer adeus a essas pessoas. Você vai voltar para seu trabalho terrível e não terá outras férias em cinco anos.

Como você se sentiria? Você se sentiria terrível.

> Agora, pense nisso. Você está sentado no cubículo no trabalho que você odeia e você se sente incrível. E você está sentado na praia com uma bebida na mão e você se sente terrível. Como você se sente está inteiramente na sua mente. Sua mente não tem nada a ver com seu ambiente. Não tem nada a ver com ninguém a sua volta. É inteiramente sua decisão.
>
> Fazer uma mudança em sua vida é tão fácil quanto tomar uma decisão e agir. É só isso.

Pouco depois que voltei para Los Angeles, eu decidi no último minuto competir no Campeonato de Inverno da Associação de Judô dos EUA. Eu nem me incomodei em atingir o peso. Na manhã do torneio, eu pisei na balança. Setenta e três quilos, dizia a leitura. Eu esperava passar dos sessenta e três quilos, mas eu tinha excedido o limite de peso para setenta quilos, a categoria acima da minha. Eu competi na setenta e oito quilos, uma categoria 15 quilos mais pesada do que a minha categoria típica. Eu venci de qualquer maneira.

Little Jimmy aconteceu de estar no torneio também. Eu não o via desde antes que eu fui para o torneio na Alemanha, onde Big Jim tinha me dado o pé na bunda.

– Ronda – disse ele, dando-me um grande abraço. – Você estava ótima.

– Obrigada – eu disse, pega um pouco desprevenida.

– Quanto tempo!

– Sim, talvez porque vocês me deram um pé na bunda – pensei. Mas não importa o quanto eu queria ter raiva, eu estava cansada de estar com raiva de todo mundo.

– Você vem se saindo muito bem – disse Jimmy. – Eu venho acompanhando suas vitórias.

– Obrigada – eu disse.

– As coisas estão realmente diferentes no clube – disse Jimmy. – Nós temos um monte de gente boa treinando lá. Temos uma casa onde todos os atletas estão morando. Está indo muito bem. Adoraríamos que você voltasse e treinasse com a gente.

Um sorriso atravessou meu rosto. Claro que não era o pedido de desculpas rastejante, choroso, de a-gente-cometeu-um-grande-erro que eu tinha imaginado na minha cabeça, mas ver Jimmy me pedir para voltar foi muito, muito gratificante. Eu me senti vingada por ter ido lá sozinha e me saído melhor do que jamais eu tinha me saído com eles.

– Seria legal – eu disse.

Mas eu também estava hesitante em voltar para Massachusetts.

Meu dia inteiro girava em torno de comer ou, mais precisamente, não comer. Eu pensava constantemente: qual é o máximo que posso comer e não ganhar peso? Muitas vezes, a resposta era "nada". Eu tentava de tudo para suprimir meu apetite: água, café preto, chupar gelo. E o destaque do meu dia era o que eu comia. Não era que eu tivesse problemas de disciplina ou problemas de autocontrole ou que eu fosse uma pessoa fraca. Era que eu estava tão insatisfeita com minha vida que a melhor parte do meu dia era o que eu comia. As coisas pareciam otimistas, mas a vida não estava exatamente melhor.

Eu vinha lutando contra a bulimia desde que morei no Big Jim há dois anos. Eu não teria admitido isso na época ou chamado pelo nome, mas eu estava lutando com o transtorno alimentar.

Quando subi para competir na categoria sênior com dezesseis anos de idade, eu lutava na de sessenta e três quilos. Quatro anos mais tarde, eu ainda estava lutando na mesma categoria de peso, apesar de ter crescido de um metro e sessenta para um metro e setenta. Mas tudo o que eu via era a balança me mostrando cada vez mais pesada.

Chegou a um ponto em que meu peso real era cerca de 73 quilos, e eu precisava perder dez quilos antes da competição. O custo de tentar cortar tanto peso que você não precisa perder estava mexendo comigo mentalmente e fisicamente.

Não importa o quanto eu treinasse, estava ficando cada vez mais difícil atingir o peso. A ideia de comer e depois vomitar tudo é uma abordagem infelizmente comum para perder e manter o peso, especialmente entre os lutadores de peso mais leve.

Meu método para atingir o peso era uma combinação de privação e vômito. Antes dos torneios, eu passava até uma semana sem comer uma refeição de verdade. Eu ficava constantemente cansada, não só fisicamente exausta, mas sonolenta. Pensar em comer me consumia. Outras vezes, eu comia e então me forçava a vomitar. Mesmo com essas medidas extremas, eu tinha dificuldade em atingir sessenta e três quilos.

Eu vinha escondendo esse segredo desde que eu tinha ido embora do Big Jim. Passei por fases em que eu tentava não vomitar, mas, enfim, parecia ser o método mais fácil. Eu estava sempre com tanta fome e acabava voltando direto para aquilo.

Mas desta vez, tinha sido diferente. Depois que me mudei de volta para casa, eu comecei a sair com um cara chamado Bob (Seu nome não era realmente Bob, mas minha mãe chama a todos os namorados de suas filhas de Bob. O único jeito de um cara ser chamado por seu nome verdadeiro é casar-

-se. – Por que perder tempo aprendendo seu nome se ele não vai ficar por perto? – diz ela).

Um dia, eu desabei no sofá ao lado de Bob, faminta e exausta. Nunca tínhamos falado sobre meus problemas com comida, mas ele viu o que estava acontecendo. Ele perguntou por que eu não parava de fazer dieta.

– Não é assim tão fácil – eu disse, defensivamente.

– É tão fácil quanto pensar a respeito e tomar a decisão de não fazer mais – ele respondeu.

Então ele me contou a alegoria de Bora Bora e foi como se uma luz se acendesse no meu cérebro. Decidi naquele momento que eu precisava parar de forçar a mim mesma a vomitar. A decisão foi a melhor jogada possível para minha saúde, mas quanto a atingir o peso, as coisas pioraram. Sem vomitar, meu peso ficou ainda mais incontrolável. Mas eu estava convencida de que eu podia dar um jeito.

Em janeiro de 2007, voltei para o Pedros. Eu me mudei para a casa de atletas e realmente achei que me encaixava. Eu estava mais velha e o grupo de atletas que treinavam em Massachusetts era mais dedicado ao esporte do que a equipe de Jason. Todo mundo me acolheu, e Big Jim, com quem eu só tinha trocado saudações muito breves quando nos cruzamos em torneios, parecia feliz em me ter de volta a seu próprio modo Big Jim. Havia sete de nós que moravam na casa, seis de nós fazendo judô – quatro rapazes e duas meninas – mais um dos amigos de Mikey Pedro. Eu tinha meu próprio quarto, com uma cama de verdade. Eu estava subindo no mundo.

Um de meus colegas de casa, Rick Hawn, estava trabalhando no Home Depot como parte de um programa onde a empresa contratava aspirantes olímpicos. Eu me inscrevi e consegui um emprego na Home Depot também.

Bob e eu estávamos tentando a coisa a longa distância. Eu tinha deixado minha família em bons termos. Pela primeira vez em muito tempo, tudo estava indo muito bem. Eu estava feliz.

No fim de janeiro, eu fui para a Europa para mais uma rodada de torneios no circuito europeu.

O primeiro torneio foi o Aberto da Grã-Bretanha.

As pesagens em torneios do circuito europeu eram um caos. Diferente dos Jogos Olímpicos ou do campeonato mundial, onde apenas uma ou duas categorias lutam por dia, em outros torneios de elite, todos em todas as categorias lutam no mesmo dia. Isso significa dezenas de garotas famintas de cada categoria, querendo se pesar de uma só vez. E não há decoro. Eu estava de pé em um sala aberta, cheia de garotas se cobrindo com nada além de seus passaportes. As atletas estavam esperando por ali, algumas preparando suas bebidas e comidas para depois da pesagem, todas aguardando que a pesagem começasse oficialmente.

A funcionária responsável declarou sua abertura.

Cada garota nua na sala correu para a balança. Eram só peitinhos e passaportes para todo lado.

As funcionárias começaram a pegar os passaportes do mar de atletas que os acenavam no ar e começaram a chamar os nomes de suas proprietárias. As garotas se empurravam umas contra as outras. Presa na briga, eu finalmente cheguei até a frente.

Eu costumava ser muito tímida quanto a ficar nua em público, mas em situações como essa, você perde qualquer insegurança bem rápido. Quando você passa fome por uma semana, você está desidratada do caralho e a única coisa que está entre você e uma garrafa d'água é um bando de vacas nuas, você vai esfregar os peitinhos com qualquer país do mundo para subir na balança primeiro.

Eu atingi o peso, então bebi um monte de água e Gatorade. Os fluidos frios me deram arrepios e, mais tarde, eu ainda estava tremendo debaixo de um cobertor no local com meu companheiro de equipe Justin Flores.

Justin deu umas corridas rápidas de um lado para o outro do tatame, tentando se aquecer. De repente, ele se virou e saiu correndo por uma porta lateral que conduzia para fora.

– O que houve com você? – perguntei quando ele voltou.

– Eu vomitei por todo lado – disse ele. – Mas eu me sinto um pouco melhor. E você?

Vomitar após uma pesagem é comum, já que os atletas que ficaram em jejum por dias comem ou bebem muito e muito rapidamente. Mas eu nunca vomitei depois de uma pesagem.

– Estou bem. Estou bem – eu disse a ele, com meu corpo ainda tremendo.

– Bom, você parece uma merda – disse ele com um sorriso.

Eu me sentia uma merda. Mas as funcionárias estavam chamando meu nome, então eu empurrei todo o resto de lado. Eu ganhei meus primeiros três confrontos. Deveria haver um intervalo antes das semifinais.

– Graças a Deus – pensei. – Eu só preciso de um pouco de tempo para me recuperar.

Mas quando eu olhei para o programa, vi que uma semifinal havia sido mudada para antes do intervalo: a minha.

– Filhos da puta!

Minha próxima adversária era a reinante campeã europeia Sarah Clark da Grã-Bretanha. Não era segredo que perder peso estava me matando e que atingir o peso para este torneio tinha sido especialmente difícil. Os organizadores do torneio Aberto da Grã-Bretanha viram uma oportunidade de dar a sua menina uma vantagem.

No meio do confronto semifinal, nós tropeçamos para o tatame. Eu aterrissei de barriga e Clark aterrissou em cima de mim. Eu senti como se alguém tivesse pulado na minha barriga. Antes que eu pudesse apertar a boca, eu vomitei no tatame. Eu estava com medo que eu seria desqualificada, que é o que acontece se você vomitar no tatame. Mas eu estava deitada de barriga para baixo em meu próprio vômito com meus braços cruzados e eu consegui limpá-lo antes que alguém visse.

O confronto foi para a pontuação de ouro (morte súbita), em que eu consegui a vitória. Eu saí do tatame, e Justin estendeu os braços para me dar um abraço.

– Eu não fazia ideia de que você era tão incrível – ele disse enquanto me puxava em sua direção.

Ele torceu o nariz e acrescentou:

– E você está com cheiro de vômito.

– Sim, eu vomitei – eu disse, timidamente.

Eu venci meu próximo confronto e o torneio, mas eu não pude desfrutar da vitória porque eu já estava temendo atingir o peso no Aberto da Bélgica na semana seguinte.

Ao longo dos próximos dias, eu corri o equivalente a várias maratonas, vestindo roupas de plástico, que aumentam a transpiração. Eu me forcei a passar fome e me desidratei. Eu me sentei na sauna e vi chamas saltarem sobre as rochas aquecidas. Eu corri para fora da sauna para escapar do fogo, só para ficar sabendo que foi uma alucinação induzida por insolação.

Eu atingi o peso na Bélgica, mas sequer me posicionei no torneio. Meu corpo estava pifando, mas eu me recusei a me render.

A Supercopa do Mundo em Paris era na semana seguinte. Era o maior torneio do circuito. Quando eu cheguei em Paris, alguns dias antes, eu não tinha feito uma refeição de verdade há uma semana. Eu não tinha tomado mais do que uns goles de água há dias. Eu pisei na balança para ver quanto eu pesava. Eu tinha 66,6 quilos. Eu olhei para o número, devastada.

Subi para ligar a água quente em minha banheira para tentar suar o excesso, e o hotel inteiro tinha ficado sem água quente, pois todos os atletas do torneio estavam lá tentando perder peso.

Eu encontrei uma academia com sauna e me sentei no nível mais alto, o mais próximo do aquecedor possível, com a cabeça contra a parede de painéis de madeira. Eu pude sentir o cheiro do meu cabelo queimando, mas eu não estava suando.

Eu desisti. Eu liguei para Jimmy Pedro em casa.

– Eu não consigo – eu disse de novo e de novo. – Eu não consigo atingir o peso.

– Não, você vai atingir o peso – disse ele. – Você precisa fazer isso. Volte para lá. Você precisa fazer de novo.

Foi a única vez em toda minha carreira que eu disse que não conseguia atingir o peso. Eu nunca tinha sequer admitido as dificuldade que eu estava passando no processo. Eu finalmente tinha conseguido reunir a coragem de dizer alguma coisa e fui abatida.

– Foda-se – eu pensei. – Não tem jeito nenhum de eu perder mais de três quilos e meio.

Eu comi todos os lanches – frutas, mistura de frutas secas e castanhas, barras de granola – que eu estava guardando para depois da pesagem. Então eu fui encontrar com Bob, que tinha voado para a Europa para me ver competir. Ele estava em um apartamento parisiense e tinha comprado uns mantimentos, e eu fiz um sanduíche de queijo, faltando à pesagem e ao torneio. Mas eu já estava pensando adiante e nem consegui aproveitar a refeição. Eu tinha vergonha e constrangimento por falhar, mas eu acreditava que se eu ganhasse o próximo torneio na Áustria tudo seria perdoado.

Cheguei em Linz à tarde. Linz tinha sido anfitriã do torneio anual da Copa do Mundo austríaca há décadas; minha mãe tinha competido aqui. Eu me registrei no hotel. Eu tinha menos de vinte e quatro horas para perder cerca de quatro quilos e meio e estar pronta para competir.

No judô, você faz todos os arranjos e viaja sozinho sem treinador, colocando o dinheiro você mesmo, enquanto você circunda o globo representando os Estados Unidos. Às vezes, o Judô EUA lhe reembolsava meses depois, às vezes não. Reservei meu quarto no hotel que tinha sido o hotel do torneio anos antes.

Cheguei em Linz e fui para meu hotel mais cedo. Eu entrei pelas portas de vidro e examinei o saguão procurando por moletons e bolsas com bandeiras nacionais de outras equipes, por outros atletas. A área da recepção estava bastante vazia.

– Ótimo, talvez eu possa me registrar mais cedo – pensei.

A funcionária da recepção me fez sinal para o balcão.

– Olá, bem-vinda a Linz – ela disse com um forte sotaque austríaco, pronunciando o *v* como *f*.

– Obrigada – eu disse. – Eu tenho uma reserva para Rousey.

Ela digitou algo no computador.

– Sim, nós temos que você vai ficar conosco por seis dias – disse ela.

– Sim, estou aqui para o torneio – eu disse.

– Que bom – disse ela com um tom que deixava claro que ela não fazia ideia do que eu estava falando.

– Bem, nem todo mundo é fã de esportes – eu pensei comigo mesma.

– Existe um serviço de transporte? – perguntei.

– Um serviço de transporte? – agora ela parecia confusa.

– Sim, normalmente, há tipo um serviço de transporte para levar você ao torneio.

– Eu não tenho certeza do que você quer dizer – disse ela.

– Hum, está bem, bom, talvez haja alguém a quem você poderia perguntar.

Claramente havia algum tipo de barreira linguística. Eu não tinha comido nada em quase quarenta e oito horas e minha paciência estava se esgotando.

– Claro – ela disse com um sorriso. Ela se virou para o outro funcionário da recepção. Sua breve conversa em alemão terminou quando seu colega de trabalho deu de ombros, o que é reconhecido internacionalmente como "eu não faço ideia do que você está falando".

– Sinto muito – disse a recepcionista para mim. – Eu não sei sobre esse torneio.

Eu tive um sentimento de vazio na boca do estômago. Algo não estava certo.

Ela me entregou a chave do quarto.

– Esperamos que você aproveite sua estadia conosco – ela disse alegremente enquanto me olhava como se eu fosse mentalmente instável.

No quarto, larguei a bolsa no chão, peguei meu computador e digitei no Google: Copa do Mundo Áustria. Nada além de sites de futebol.

Eu digitei: Copa do Mundo Áustria judô. Eu cliquei em uma das páginas, lendo enquanto ela carregava. O torneio estava sendo realizado em Viena.

– Meeeeeeeeerda! – eu gritei a plenos pulmões. Eu comecei a chorar e liguei para minha mãe.

Sua voz estava grogue. Eu a tinha acordado, mas, mesmo assim, sua mente era uma armadilha de aço: ela tinha acabado de ler que não havia ninguém competindo para os Estados Unidos na categoria acima da minha naquele fim de semana.

– Você vai fazer o seguinte – disse ela. – Você vai ligar para Valerie Gotay (Valerie estava no torneio e competindo na categoria feminina de peso leve). Você vai dizer para Valerie para ir à reunião dos treinadores hoje à noite e mover você para a setenta quilos. Linz não é tão longe assim de Viena. Você vai para o aeroporto de manhã e comprar um bilhete. Você vai ao torneio, e tudo vai ficar bem.

— Mas elas vão ser todas maiores do que eu — eu disse, ainda chorando.

— Bem, não, aparentemente, elas vão ter todas setenta quilos, que é o que você tem agora — minha mãe disse.

Eu não sabia o que dizer.

— Você pode achar que isso é uma coisa terrível, mas esta não é a pior coisa que poderia acontecer — minha mãe continuou. — Você já está entre as dez melhores de sessenta e três quilos há anos, então todas essas garotas estão treinando para você. Ninguém na setenta quilos está esperando você. Basta ir e lutar. Não há expectativas.

Sua lógica era tranquilizadora.

— E vá comer alguma coisa porque você vem tentando se matar para atingir o peso — acrescentou.

Eu desliguei o telefone e comi tudo do mini-bar. Estava uma delícia. De repente, toda a pressão desapareceu. Eu tinha passado tanto tempo me sentindo culpada, como se eu tivesse desapontado a todos, como se eu tivesse falhado. Agora, eu percebia que eu sempre tinha tido a opção de fazer uma mudança. Só cabia a mim tomar essa decisão.

Na manhã seguinte, eu tomei o café da manhã, voei para Viena e me dirigi para o local. Atingi o peso e venci o torneio. Foi um dos melhores torneios em que eu já lutei.

Eu pisei no tatame e estava apenas alguns segundos em meu primeiro confronto quando eu percebi:

— Essas garotas não são mais fortes do que eu.

Eles eram sete quilos mais pesadas do que as garotas contra as quais eu tinha lutado, mas nem um pouco mais fortes. Foi só então que eu entendi o quanto eu havia me enfraquecido naquele peso mais baixo.

Além disso, pela primeira vez desde que eu conseguia me lembrar, eu estava me divertindo. Eu percebi que a parte de atingir o peso da competição tinha se tornado o torneio inteiro para mim. Uma vez que não era mais um problema, meu foco era apenas competir e me divertir. Na verdade, eu me diverti muito no dia em que venci a Copa do Mundo da Áustria. Eu não tinha expectativas para mim mesma, ou para qualquer outra pessoa. Eu não sentia como se eu tivesse de atingir nada. Eu só tinha de me sair tão bem quanto eu conseguisse.

Eu costumava dizer o tempo todo:

— Mudar as coisas não é tão fácil assim.

Mas é tão fácil quanto tomar uma decisão. Você sempre pode tomar uma decisão. E se essa decisão não funcionar, você pode tomar outra decisão.

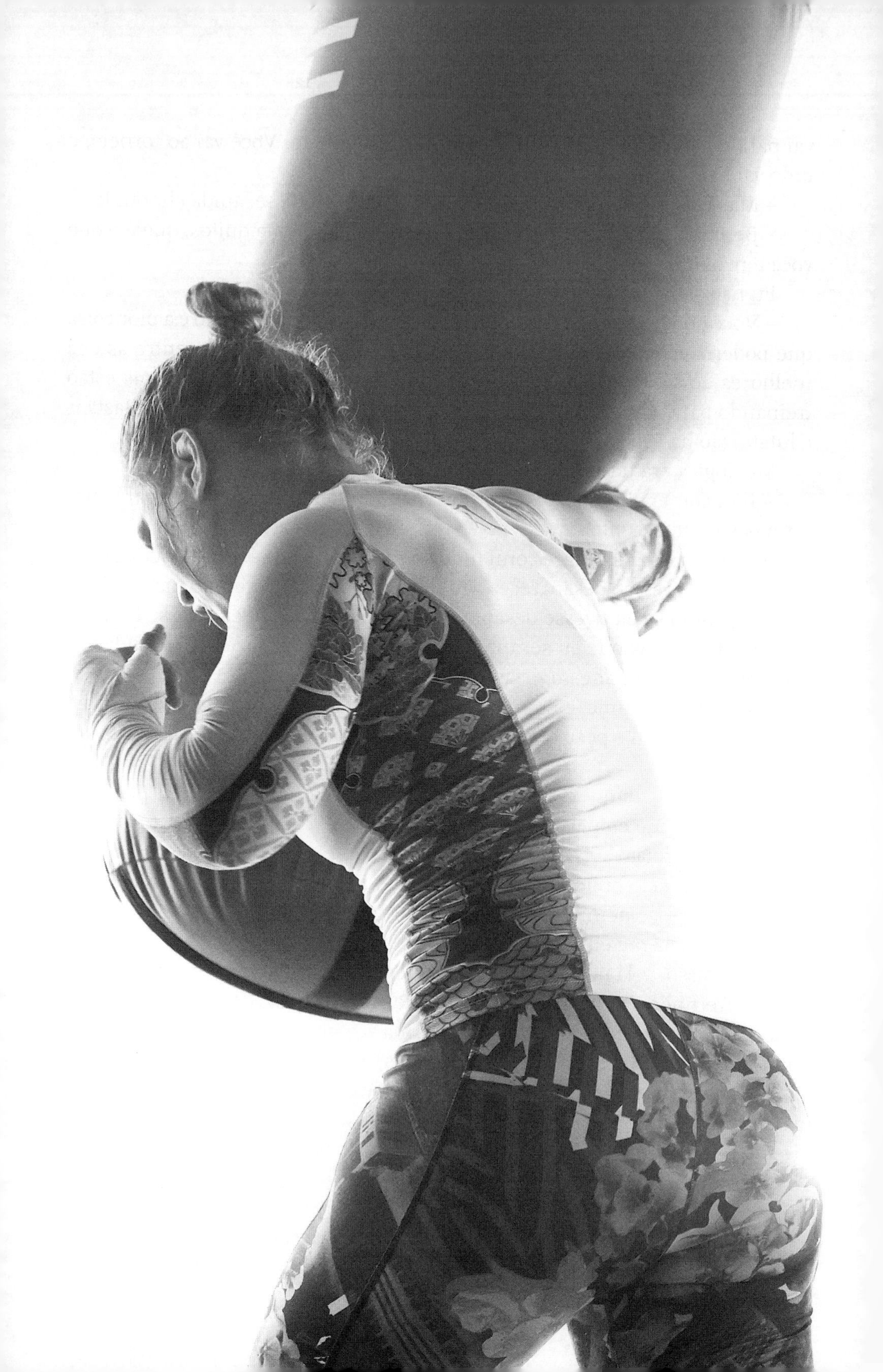

QUANDO É QUE SE CRUZA A FRONTEIRA MÁGICA QUE O IMPEDE DE SONHAR GRANDE?

Quando crianças, somos ensinados a sonhar grande e a achar que tudo é possível: Vencer os Jogos Olímpicos. Ser presidente. E então você cresce.

Dizem que eu sou tão arrogante. Não percebem quanto trabalho foi necessário para chegar onde estou. Eu me esforcei muito para conseguir ter uma boa opinião sobre mim mesma. Quando dizem: – Ah, você é tão metida. Você é tão arrogante – eu sinto que estão me dizendo que eu tenho uma ótima opinião sobre mim mesma. A minha pergunta é: – Quem é você para me dizer que eu preciso ter uma opinião pior sobre mim mesma?

As pessoas querem projetar suas próprias inseguranças nos outros, mas eu me recuso a lhes permitir que as coloquem em mim. Só porque você não acha que você poderia ser o melhor do mundo não significa que eu não deveria ter a confiança para acreditar que eu posso fazer qualquer coisa.

Quando voltei de Viena, eu estava feliz. Eu não estava mais com fome. Eu estava ganhando torneios. Eu tinha um namorado maravilhoso. Eu morava em uma casa com um monte de gente de que eu gostava. E embora os treinos fossem cansativos, às vezes eram até divertidos.

Eu mal podia esperar pelo treino de quinta-feira a semana toda, então quando quinta-feira chegava de verdade, eu contava as horas até o treino. Desde que se aposentou das competições, Little Jimmy ficava menos no clube e, às quintas-feiras, Big Jim trabalhava no quartel de bombeiros, assim, Rick Hawn dirigia o treino sênior. Em uma certa quinta-feira, Rick sugeriu que fizéssemos uma rodada sem agarro de *gi* (trabalho de chão sem o quimono *gi* no qual se agarrar) no fim. Foi a maior diversão que qualquer um de nós já teve no treino. Desde aquele treino, só fazíamos treino sem agarro de *gi* às quintas-feiras. Chegávamos à academia, Rick ligava a música, e mais ou menos uns dez de nós no treino daquela noite só lutávamos corpo a corpo. Big Jim sabia que estávamos treinando sem *gi* às quintas-feiras, mas muito do que fazíamos se traduzia na competição, por isso, desde que estivéssemos malhando, ele não se importava.

Depois disso, a gente ia ao Chili's. Tendo recém completado vinte e um anos, eu sempre pedia uma margarita de morango e bebia devagar, apreciando a bebida fresca e doce e a companhia.

A gente tinha acabado de voltar da Europa quando um cara do Pedros nos convidou para assistir a uma luta em sua casa. Tinha havido um grande evento de MMA no canal Showtime que ele havia gravado enquanto estávamos fora. Ocasionalmente, todos se reuniam para assistir a lutas na casas dos outros e apenas relaxar. Havia cerveja e pizza, e eu me servi uma fatia. A gente se empilhou na sala quando colocaram a luta. Ela tinha ocorrido em 10 de fevereiro, no mesmo dia em que eu perdi a pesagem em Paris. Eu não me interessava muito em MMA, mas meus companheiros da equipe de judô adoravam. Eram todos rapazes, exceto por mim e minha colega de casa, Asma Sharif. A gente ria e relaxava.

Estavam passando as lutas preliminares. Eram divertidas de assistir, mas pouco memoráveis. Então Gina Carano e Julie Kedzie entraram na jaula. Fiquei atordoada; eu nem sabia que mulheres lutavam no MMA.

Quando a luta começou, a sala toda ficou em silêncio. Inclinei-me em direção à TV. Foi uma briga completa. A casa veio abaixo. Eu assisti a todos seus movimentos. Eu ficava vendo todos os erros que as garotas cometiam, todas as oportunidades perdidas, e eu sabia que, mesmo assim, mesmo que eu nunca tivesse feito MMA, que eu poderia vencer as duas.

Mas o que me marcou até mais do que o desempenho das garotas naquela noite foi a forma como os caras na minha casa reagiram. Eles estavam admirados. As garotas eram lindas, sim, mas os caras não falavam delas como eles falavam das garotas do ringue – as garotas de biquíni segurando os cartazes que dizem o número do round – de quem eles falavam como se fossem strippers. Quando os caras falavam das lutadoras, eles falavam sobre sua aparência física com um nível de admiração. O olhar que eu vi em seus rostos era respeito. Eu nunca tinha conseguido esse tipo de reação desses caras, caras com os quais eu treinava e suava todos os dias.

Gina Carano venceu a luta em três rounds por decisão unânime e no fim da luta, cada um dos caras na sala estava falando como essas garotas eram duronas. E elas eram incríveis, mas eu também estava convencida de que eu poderia dar uma surra nas duas.

Eu não me atrevi a dizer isso em voz alta. Eu sabia que todos ririam de mim. Então eu o guardei para mim mesma.

Eu estava treinando para a Olimpíada de Pequim. Eu ainda não tinha superado minha derrota em Atenas, desta vez eu ia levar o ouro para casa. Treinar era o foco de cada momento meu. Assim, quando pensamentos sobre o MMA surgiam na minha cabeça, eu só os empurrava para longe.

Então, em certa manhã, na primavera de 2007, eu estava caminhando para a Home Depot em Wakefield, Massachusetts. Normalmente eu pegava uma carona com Rick, mas quando nossos turnos não se encontravam, eu fazia a caminhada de uma milha e meia ouvindo música pop. As folhas estavam começando a brotar nas árvores, mas o inverno na Nova Inglaterra ainda não tinha se entregado completamente. Mesmo que o sol tivesse aparecido, o ar estava frio. Eu puxei o capuz do moletom sobre minha cabeça. Eu carregava o típico avental laranja vivo da loja em minha mão, não querendo colocá-lo até que eu realmente tivesse de fazê-lo. Passando por baixo do viaduto da I-95, eu balançava a cabeça ao som de "Peanut Butter Jelly Time". Eu imaginei a banana dançante do vídeo do YouTube e, sem perceber, eu comecei a coreografar minha dança da vitória no MMA conforme "It's Peanut Butter Jelly Time. Peanut Butter Jelly Time" tocava nos meus fones de ouvido. Minha dança de comemoração não era assim tão diferente do rebolado pixelizado da banana. "Where ya at? Where ya at?"

Os carros zuniam em cima de mim e eu caminhava mais rápido com a batida. Eu me sentia bem. No judô, você nunca poderia fazer uma dança da vitória, apenas um curto cumprimento adequado. Deus o livre de fazer um sinal de vitória com o punho depois de ganhar. A dança da vitória teria dado um ataque cardíaco em toda a arena. Mas no MMA era diferente. O MMA parecia ser o tipo de esporte que apreciaria uma boa dança da vitória.

Eu me imaginei lutando, vencendo e sendo abraçada pelos meus *corners*.

Eu tentei novamente tirar isso de minha cabeça. Era uma fantasia ridícula. Eu redirecionei meus pensamentos para algo mais prático, vencer os Jogos Olímpicos. Eu me concentrei em ficar no alto do pódio, com uma medalha de ouro em volta do pescoço.

Eu imaginei a bandeira estadunidense sendo levantada, com o som de "The Star Spangled Banner"[17] ecoando através do estádio. Mas quando eu convoquei o som de címbalos imaginários acabando com "And the home of the brave"[18], eu não pude evitar dar uma rebolada ao som de "Where ya at? Where ya at?" que saía dos meus fones de ouvido.

Eu desisti de tentar lutar contra isso e deixei minha mente voltar a mim no centro do octógono, com a mão levantada enquanto a multidão aplaudia a meu redor. Imaginei meus companheiros me assistindo na TV, torcendo por mim pela tela.

Se você não pode sonhar sonhos grandes e ridículos, para que sequer sonhar?

---

[17] Nota do tradutor: hino nacional estadunidense.
[18] Nota do tradutor: último verso do hino.

AS PESSOAS APRECIAM A EXCELÊNCIA, NÃO IMPORTA QUEM VOCÊ SEJA

Eu fui vaiada em trinta países. Fui vaiada após vitórias no UFC. Estou mais acostumada a ser vaiada por uma multidão do que a ser aplaudida. Eu nunca fui uma favorita dos fãs. Praticamente toda minha carreira competitiva é definida por pessoas que esperam me ver perder.

No UFC, eu já abracei o papel da vilã. Eu não me afasto da controvérsia. Eu não me seguro quando se trata de dar minha opinião. Isso nem sempre cativa as massas. Em um mundo que gosta de torcer pelo azarão, eu sou sempre a favorita e eu sempre ganho.

Mas há momentos em que não importa quem você é ou o que você representa, as pessoas vão ficar tão impressionadas com o que elas veem que elas vão esquecer todo o resto. Se o desempenho é grandioso o suficiente, nada mais importa.

Minha mãe diz que, para ser o melhor do mundo, você precisa ser capaz de vencer qualquer um duas vezes em seu pior dia. Ela está certa, é claro. Mas em alguns dias, você acorda e simplesmente sabe que ninguém vai mexer com você. Foi assim que eu acordei no Rio de Janeiro na manhã do Campeonato Mundial de 2007. Eu acordei pronta para matar alguém.

Nós tínhamos chegado ao Rio alguns dias antes, fazendo o check-in no El Motel, o equivalente brasileiro ao Super 8. Alguns de meus companheiros de equipe estavam reclamando sobre os quartos, mas eu não precisava de nada muito extravagante e, ao contrário da maioria dos torneios, o Judô EUA pelo menos pagou pelo meu quarto.

No dia da competição, eu me levantei cedo para que eu pudesse tomar o primeiro ônibus para a pesagem. Eu verifiquei na minha balança: setenta quilos em ponto. Eu estava no limite, mas ia atingir o peso sem problema. No caminho para o saguão, eu encontrei Valerie Gotay. Valerie era mais leve do que eu e já tinha lutado.

– Você soube o que aconteceu? – perguntou ela.

Eu não fazia ideia do que ela estava falando.

– Um cara dos sessenta e seis quilos foi correr ontem à noite para atingir o peso e ele foi esfaqueado – disse ela.

– Ah merda – eu respondi. – Falando nisso, tenho de ir – eu disse.

– Você sabe da balança, não é? – perguntou ela.

Meus olhos se estreitaram.

– Não, o quê? – essas palavras logo depois de uma pesagem nunca são seguidas de uma boa notícia.

– As que a gente tem marcam mais leve – disse ela, ou seja, as balanças das equipes dos EUA estavam dando uma leitura menor do que seu peso real. A balança oficial marcava 400 gramas mais pesado, ou seja, eu tinha quase meio quilo de sobrepeso. Se você subir na balança na pesagem e não atingir o peso, você não pode competir. Você não terá uma segunda chance.

– Mas que porra de brincadeira é essa! – gritei, jogando minha bolsa no chão do corredor. Várias cabeças no saguão se viraram.

Comecei a voltar para o meu quarto.

– Onde você vai? – perguntou Valerie.

– Para o meu quarto! – eu gritei por cima do ombro. – Parece que eu vou correr para a pesagem, aqueles incompetentes filhos da puta do Judô EUA.

Eu entrei correndo no meu quarto e coloquei minhas roupas de plástico. O traje impede que o suor evapore, mantendo seu corpo quente e fazendo você suar mais. Então eu vesti meu moletom normal por cima e puxei o capuz e voltei pelo saguão, passando pelo ônibus que esperava para levar os atletas para a pesagem, e comecei a correr o percurso de uma milha até o hotel anfitrião do torneio para a pesagem.

Era setembro no Rio, e o sol já estava castigando. O suor escorria pelo meu rosto. Eu podia sentir a crescente e quente condensação na minha pele dentro das minhas roupas de plástico. Eu estava correndo rápido quando me ocorreu que este era exatamente o trecho do caminho onde o cara dos sessenta e seis quilos tinha sido esfaqueado na noite anterior.

– Se alguém tentar me esfaquear hoje, vai morrer – pensei. Eu não estava com vontade de levar desaforo de ninguém.

Eu tinha virado uma esquina quando eu vi uma placa para o hotel anfitrião e um extenso resort de nove estrelas espalhado por trás dela.

– Porra nenhuma – eu disse em voz alta.

Este era o hotel que os executivos do Judô EUA tinham reservado para si mesmos. Corri pelo caminho de entrada bem cuidado até as portas do saguão. Uma explosão de ar frio me atingiu no rosto quando o carregador abriu a porta. A sala de pesagem ainda não estava aberta, mas havia uma balança em uma sala em frente ao saguão onde os atletas podiam verificar seu peso. Eu entrei e tirei meu moletom e roupas de plástico molhadas. Eu subi na balança. 70,2.

Eu rugi. Não há pior sensação física do que colocar roupas de plástico novamente depois que você já suou nelas. É como colocar um saco de lixo molhado, só que não está pingando água, está pingando suor e ele cola em sua pele. Coloquei meu moletom por cima das roupas de plástico, saí de novo para o quente e castigante sol tropical e desci pela rua novamente, então eu entrei correndo de volta.

Enquanto eu caminhava pelo saguão, vi a menina japonesa na minha categoria saindo do elevador. A equipe japonesa estava hospedada aqui no Hotel Deluxe Riviera Ritz. Ela estava caminhando com dois treinadores, que tinham sem dúvida assistido a horas de filmagens de seus adversários, que eles provavelmente estavam discutindo com ela naquele exato momento. Ela estava usando seu moletom de grife patrocinado com sua bolsa de grife patrocinada para combinar. Mas o que me fez passar da porra do limite foi que ela estava carregando uma pequena chaleira com um cobertor de chaleira de grife patrocinado para combinar por cima dela.

Eu meio que perdi a cabeça.

O Judô EUA mal tinha nos dado moletons combinando, então eu com toda a porra da certeza não tinha um cobertor de chaleira combinando e, mesmo se eu tivesse, eu não estaria com ele porque ele teria ficado no El Motel e eu teria de correr de volta rua abaixo para ir buscar a maldita coisa. Os cabelos na minha nuca ficaram em pé da mesma forma que cada músculo do meu corpo ficou tenso. Eu me peguei rangendo os dentes. Meus punhos estavam fechados com tanta força que minhas unhas estavam cravando nas minhas palmas.

– Você é meu primeiro confronto – eu disse a ela em minha cabeça. – Eu vou lidar com você logo.

Na balança não oficial, eu tirei minhas roupas de plástico uma segunda vez: setenta quilos. Agora eu tinha de ir me pesar no outro lado do saguão. Olhei para minha pilha de roupas no chão. Não havia jeito de eu colocá-las de novo. Eu me enrolei em uma toalha e marchei para o saguão. Estava cheio de atletas, oficiais do torneio, treinadores, árbitros, alguns turistas. Todas as cabeças se viraram quando eu passei. Eu segurava minha toalha com uma mão e olhava para a frente. Se eu pudesse ter passado por ali com meu dedo do meio no ar e não arriscasse entrar em apuros porque violava alguma regra de conduta do torneio, eu o teria feito.

Eu entrei na sala onde as pesagens oficiais estavam em andamento. Como era o campeonato mundial, os organizadores puseram todo mundo alinhado. Eu estava perto do fim da fila. Fiquei olhando para cada garota que passava por mim no caminho para a porta depois de fazer a pesagem, anotando mentalmente para destruí-la quando o torneio começasse. Enfim, foi minha vez. Eu me pesei, tomei um pouco de água, peguei o traslado para o hotel para pegar minhas coisas para o torneio e fiquei pronta para fazer essas vacas pagarem.

Uma piada favorita nos círculos de judô é que os estadunidenses sempre têm o pior sorteio, porque é melhor ter uma luta fácil em primeiro lugar e se aquecer. As pessoas sempre riem quando um estadunidense pega um japonês na primeira rodada. O judô começou no Japão, e os japoneses levam o judô muito a sério. Não é tão difícil assim ser o melhor nos Estados Unidos no judô. Para ser o melhor no Japão, você tem de ser muito bom. O Japão quase sempre domina. O sorteio é afixado na reunião dos treinadores na noite antes do início do torneio. Algumas pessoas mapeiam todos seus adversários em potencial. Eu só levava um confronto de cada vez, sem nunca olhar mais à frente para ver quem eu poderia enfrentar.

– Vou ter de vencer todas elas de qualquer maneira – eu pensava.

Meu confronto contra a garota japonesa foi cedo, de modo que o estádio estava apenas cerca de um quarto cheio. Ainda assim, eu podia ouvir a torcida japonesa em pleno vigor. Seu coordenador de torcida gritou alguma coisa e, como sempre, os fãs japoneses devolveram o grito. Eu nunca deixava a multidão me impactar, mas a multidão muitas vezes influencia os árbitros. Eu sempre fazia questão de avaliar a atmosfera, a fim de saber o que os árbitros poderiam estar pensando, então eu desligava o ruído.

Eu olhei para o outro lado do tatame para ela.

– Que se foda seu cobertor de chaleira – pensei.

Eu fiz do confronto uma briga, que é o pior confronto possível para uma lutadora japonesa. Elas são muito tradicionais e concentradas na técnica adequada. Eu estava brigando no chão, desequilibrando-a, arremessando-a por todo o lugar.

Limpei o tatame com ela, derrubando-a duas vezes e vencendo-a por um *waza-ari* (meio ponto) e um *yuko* (cerca de um quarto de ponto). Ela não fez pontos.

Em seguida, eu tinha Ylenia Scapin, duas vezes medalhista olímpica da Itália. Nós nunca tínhamos nos visto antes, então eu não sabia o que esperar. No momento em que você agarra alguém, você sente a força dela; ficou imediatamente evidente que ela era a garota mais forte que eu já tinha enfrentado. Lutadores fortes apresentam um conjunto diferente de desafios. É muito mais difícil de se livrar de pegadas contra eles. Sua defesa é muito melhor.

Ofensivamente, eu não tinha realmente medo de Scapin, mas ela era mais difícil de agarrar e mais difícil de arremessar. Ser forte não significa necessariamente ser um adversário mais ameaçador, mas os torna mais difíceis de controlar.

Eu a arremessei por um *waza-ari* no primeiro minuto do confronto. Ela também não conseguiu marcar pontos contra mim.

Então, eu tive Mayra Aguiar do Brasil, a favorita local nas quartas de final. A arena foi constantemente enchendo e agora estava chegando a três quartos cheia. Em contraste com os fãs japoneses com seu coordenador de torcida, os fãs brasileiros eram o completo oposto. Um pandemônio puro. Os brasileiros eram a torcida mais louca e mais apaixonada que eu já tinha experimentado. Eles estavam soprando cornetas e balançando bandeiras. Uma seção foi coberta por uma bandeira brasileira enorme que os fãs estavam segurando.

Eles me vaiaram quando eu subi no tatame, cantando "você vai morrer" em português. Eu percebi o barulho, avaliando o impacto que poderia ter sobre os árbitros. Eu ia ter de ganhar mais definitivamente. Contra o rugido da multidão, eu a levei para o tatame e a imobilizei por *ippon* com 30 segundos faltando no relógio. Os fãs brasileiros me vaiaram violentamente enquanto eu saía do tatame.

Eu tinha conseguido ir para a semifinal. Seria um confronto entre mim e Edith Bosch, a atual campeã mundial. Ela era uma garota de um metro e oitenta e três de altura, holandesa, com um abdômen superdefinido. Eu parecia um hobbit ao lado dela.

Bosch e eu tínhamos lutado pela primeira vez no Aberto da Alemanha no mês anterior. Eu fui declarada a vencedora do confronto quando ela foi desclassificada por ter dado um estrangulamento ilegal em mim. Ela havia deslocado meu cotovelo no processo.

Se eu tinha uma inimiga durante meu tempo competindo nos setenta quilos, era Edith Bosch. Você sabe quando nos filmes o herói luta contra cinco caras e fica provocando: – É só isso que vocês tem? – Então se vira para encontrar-se olho no umbigo com um gigante? Edith Bosch é esse gigante.

Eu sabia que Bosch ficaria feliz com o confronto. Ela pensava que teve um sorteio fácil. Eu queria ter certeza que esta seria a última vez em que ela ficasse feliz em ter de me enfrentar.

O árbitro disse:

– *Hajime* [comecem].

E o que Bosch faz? O mesmo exato movimento que a desclassificou na Alemanha *novamente*. E, *novamente*, ela deslocou meu cotovelo. Só que desta vez, o árbitro não viu.

Olhei para meu cotovelo mole, então de volta para Bosch com um olhar que dizia: – Você está de brincadeira comigo? – Eu não podia acreditar que ela tinha feito essa merda de novo. Eu não podia acreditar que ela ia se dar bem com isso. Eu olhei de volta para o árbitro. Nada.

Eu queria gritar. Mas discutir era inútil. Uma dor aguda rapidamente me trouxe de volta para o momento. Eu nunca tinha entregado um confronto na minha vida, e eu com certeza não ia desistir na semifinal do campeonato mundial.

Eu me preparei. Eu contraí meu braço esquerdo e respirei fundo. Com minha mão direita, eu peguei meu antebraço, logo abaixo do cotovelo deslocado e empurrei o mais forte que pude. *Plac*. A articulação estalou de volta no lugar. A manipulação doeu muito, mas assim que meu cotovelo estava de volta aonde pertencia, a dor aguda enfraqueceu até uma dor quase tolerável.

Eu olhei para o outro lado do tatame para Bosch. Ela não mostrava absolutamente nenhum remorso, o que só me deixou mais irritada. Olhando diretamente para ela, eu sacudi meu braço e pensei:

– Foda-se, sua vaca, eu vou continuar.

Bosch pontuou no meio do caminho de um confronto de cinco minutos, me deixando para trás. Ela tentou evitar qualquer contacto comigo pelos próximos dois minutos, na esperança de segurar tempo o suficiente para esgotar o relógio. Seu plano estava funcionando.

Ainda havia trinta segundos. Eu fiz umas dezenove milhões de orações. Eu olhei na direção das vigas e tive o que pareceu ser uma incrivelmente longa conversa com Deus:

– Por favor, Deus, me ajude – eu implorei. – Por favor, me ajude a dar um jeito nisso, neste desafio.

O tempo estava passando.

29 segundos. – Por favor, Deus – fui para uma pegada.

28. – Por favor, Deus – Bosch me empurrou.

27. – Por favor, Deus – fui para agarrá-la novamente.

26. – Por favor, Deus – Bosch se moveu como se fosse tentar me arremessar.

25. – Por favor, Deus – ela não teve chance nenhuma de me derrubar.

24. – Por favor, Deus – eu fiz minha jogada. Eu agi na hora perfeita.

23. – Por favor, Deus – agarrei Bosch, com uma mão com o braço do cotovelo que ela tinha deslocado.

22. – Por favor, Deus – eu me virei, a alavanca puxou Bosch acima do chão e sobre minha cabeça. Ela passou voando pelo ar, na frente de Deus e de todos.

21. – Por favor, Deus – bum! Ela caiu no chão de costas por *ippon*. Eu tinha ganhado instantaneamente.

20. – Obrigada, Deus!

Bosch ficou de bruços no tatame por um momento, como se ela não pudesse acreditar que tinha perdido.

O lugar explodiu. A arena inteira estava assistindo a nossa luta, e todo mundo no prédio perdeu a cabeça depois de ver meu momento de Davi e Golias. A multidão entrou em erupção, torcendo por mim.

Os aplausos não tinham nada a ver com quem eu era ou de onde eu era. Naquele momento, eles não se importavam: eles tinham visto algo incrível acontecer.

Meu confronto contra Bosch foi a única vez em que eu fui aplaudida no judô. Foi o momento mais emocionante da minha carreira no judô, mas a euforia foi curta, já que eu tentava bloquear meu cotovelo latejante e meu foco imediatamente deslocou-se para a final.

Eu enfrentei Gévrise Émane da França no campeonato e fui chamada por uma penalidade besta no primeiro minuto, que me colocou imediatamente na retaguarda. Ela pontuou contra mim alguns segundos depois com um lance que foi questionável na melhor das hipóteses, se foi uma anotação de pontuação legítima. Eu pontuei em um arremesso no meio do confronto, levando-me a uma pequena pontuação para empatar o confronto, isto é, até os árbitros conversarem e reverterem a decisão, dando o ponto para minha adversária. Firmemente à frente em pontos, ela passou o resto do desafio fugindo de mim. Ela foi penalizada por protelar com menos de um minuto para o fim, e então correu para longe de mim nos segundos finais do confronto.

O campeonato mundial tinha escorregado por entre meus dedos. Toda vez que eu fechava meus olhos, mesmo para piscar, eu via Émane jogando os braços no ar em júbilo. Eu não tinha ninguém para culpar além de mim mesma. Eu tinha deixado chegar a pontos. Eu tinha falhado. Doía para respirar.

Após a competição terminar pelo dia, eu subi nas arquibancadas, onde a multidão tinha estado torcendo por mim tão alto, horas antes. Eu tinha de ligar para minha mãe em casa, mas eu ainda não conseguia fazê-lo. Para fazer essa ligação, seria necessário encontrar a força para dizer: eu perdi. Meus intestinos se torceram. Subi até o alto dos assentos. A arena estava quase vazia. Eu me acomodei no fim de uma fila de assentos, contra um canto, puxei meus joelhos até meu peito e chorei mais do que eu já tinha desde que papai morreu.

UMA DERROTA AINDA É UMA DERROTA, MAS É MELHOR SAIR COM GLÓRIA

> Eu sempre fui para a finalização, dando tudo de mim até o fim. A ideia de perder ao jogar de forma segura é terrível para mim. Eu simplesmente não posso suportar a ideia de não fazer todo o possível. Eu preferiria me arriscar e mandar uma Ave-Maria, na esperança de que funcionasse, em vez de jogar de forma segura naqueles últimos segundos e perder a decisão. Eu não conseguiria viver com o remorso que viria de desejar que eu tivesse tentado algo louco no fim em vez disso. Eu não jogo na esperança de que talvez vá para o meu lado com os juízes. Eu coloco tudo em jogo enquanto ainda está em minhas mãos.
>
> Eu nunca vou me sentir bem com a derrota, mas perder da forma errada, perder com arrependimento, pode levar seu orgulho embora. Eu nunca escolhi perder assim.

Depois do Rio, todas as minhas energias foram para Pequim. Os Jogos Olímpicos estavam a menos de um ano de distância. Quando eu não estava treinando para os jogos, eu estava pensando neles. Eu sabia que não havia uma única pessoa na minha categoria que eu não pudesse vencer, mas algumas concorrentes seriam mais difíceis do que outras. Bosch estaria entre elas. As atletas cubanas sempre eram um desafio. A equipe cubana era grande, então eu não saberia quem eu enfrentaria até sua equipe olímpica ser anunciada, mas cada uma de suas garotas da setenta quilos era incrível. Coletivamente, a equipe era conhecida por mergulhar em suas pernas repetidamente para tentar derrubá-la. Seus pontos fortes eram meus pontos fracos. Eu me dediquei a erradicar qualquer área de vulnerabilidade.

Desde que eu pisei fora do tatame em Atenas, eu tinha sido motivada por um único objetivo: vencer os Jogos Olímpicos. Isso me consumia.

Muita coisa tinha mudado desde minha estreia olímpica. Quando fui para Atenas em 2004, eu tive cerca de quatro meses para me preparar mentalmente e fisicamente. Naquela época, eu era praticamente desconhecida na cena internacional. Eu tinha sido considerada com poucas chances para fazer parte da equipe até que eu ganhei as nacionais seniores naquele abril e eu estava saindo de uma cirurgia no joelho. Por outro lado, passei quatro anos me preparando para Pequim. Uma das cinco melhores do mundo em minha categoria, eu não estava mais fora do radar. Eu tinha constituído um currículo invejável de vitórias internacionais, juntando um registro rivalizado apenas por uma outra mulher na história do judô dos EUA: minha mãe.

Em 2004, a pergunta que as pessoas faziam era:

– Ronda consegue vencer as eliminatórias para os Jogos Olímpicos?

Em 2008, a pergunta tornou-se:

– Ronda consegue vencer os Jogos Olímpicos?

Nenhuma mulher estadunidense tinha sequer ganhado uma medalha nos Jogos Olímpicos desde que o judô tornou-se um esporte oficial em 1992. Eu era a melhor chance dos Estados Unidos.

A primeira coisa que notei quando saímos do aeroporto na China foi a poluição. O ar parecia mais espesso quando você o inalava e, no fim do dia, era como se você pudesse sentir uma camada invisível de sujeira em sua pele. O calor só piorava as coisas.

Cada estádio e cada edifício eram de ponta. Em Atenas, era óbvio que eles chegaram a um ponto em que tiveram de cortar caminho. Um caminho de terra onde deveria haver um jardim. Uma trincheira cavada pela metade originalmente projetada como um rio artificial. A Vila Olímpica de Pequim era imaculada. Não havia uma pétala de flor fora do lugar. Os dormitórios dos atletas eram imponentes mas, convidativos arranha-céus que se assemelhavam a apartamentos de luxo.

Às vezes, parecia quase perfeito demais, artificial. Se você andasse pela cidade e olhasse atrás dos grandes outdoors construídos em locais estranhos, você vislumbraria terrenos abandonados cheios de lixo escondidos atrás de fachadas decoradas.

A Cerimônia de Abertura foi quente e úmida, e o Comitê Olímpico dos EUA decidiu equipar-nos com blazers, camisas de mangas longas, calças, bonés e gravatas. Quando meus colegas e eu tentamos tirar nossas gravatas, um oficial da equipe dos EUA nos repreendeu.

– Ponham-nas de volta, Ralph Lauren está vendo – ela sussurrou como se fôssemos crianças pequenas em apuros.

– Sério, mas será que ele não sabia que nós íamos vestir estas roupas na China no verão quando ele as desenhou? – perguntei.

Ela me lançou um olhar sério. Eu realmente não me importava. Eu não estava lá para fazer amigos ou elogios de moda. Eu estava lá para ganhar o ouro olímpico.

Em meu desafio de abertura, eu enfrentei uma menina do Turcomenistão. Eu nunca tinha ouvido falar nela, mas isso pode ser perigoso. Estávamos em fila com nossos treinadores e os carregadores de cesto, e Israel Hernández, o único membro da comissão técnica do Judô EUA por quem eu tinha algum respeito, virou-se para mim.

– *Todo es fé*, Ronda – meu espanhol é limitado, mas eu o ouvi dizer isso muitas vezes: A fé é tudo.

– Eu sei – eu disse.

Eu a arremessei nos segundos de abertura do confronto, então a imobilizei para vencer por *ippon* em pouco mais de um minuto. Eu estava apenas me aquecendo.

Na próxima rodada, eu tive Katarzyna Pilocik da Polônia. Eu não ia deixá-la ficar no meu caminho.

Com dois minutos de confronto, ela veio para um arremesso, mas rapidamente caiu de joelhos em um esforço para me impedir de contrapor seu ataque. Eu vi uma abertura e pulei em cima dela de modo que ela ficou de quatro no tatame comigo nas costas. Eu me abaixei para pegar seu braço esquerdo. Sabendo o que estava por vir, ela puxou o braço, segurando-o.

Eu rolei, lançando-a de costas. Ela lutou, tentando se levantar e se libertar, mas eu não ia largar. Ela virou seu torso, de modo que seu rosto ficou contra o tatame. Ela tentou se levantar. Enfiei minha perna sobre seu peito. Ela se torceu, mas eu segurei firme. Ela fez outra tentativa de escapar, mas eu empurrei sua perna para fora do caminho, rolando-a novamente em suas costas. Sentindo que o fim estava próximo, ela tentou juntar as mãos. Com uma perna em seu pescoço e a outra sobre o peito, eu puxei seu braço esquerdo. Suas mãos começaram a se afastar. Puxei com mais força. Suas mãos se separaram. Joguei meu corpo para trás, com seu braço entre minhas pernas e comecei a arquear minhas costas. Ela bateu com a mão rapidamente.

Eu ia para as quartas de final.

Eu saí do tatame para verificar minha próxima adversária. O nome estava escrito em letras maiúsculas: Edith Bosch.

Fazia onze meses desde nossa prova final do campeonato mundial no Rio.

– Então nos vemos de novo – eu pensei comigo mesma em minha melhor voz de vilã do James Bond.

O árbitro mal tinha dito: – *Hajime* – quando Bosch me agarrou pelo colarinho e imediatamente me deu um soco na cara. Doeu, mas eu sei apanhar. Ela fingiu que ia me agarrar, mas ela lançou um soco direto no meu rosto. Então ela me deu um soco no rosto de novo. E ela me deu um soco no rosto de novo. Os árbitros não se importaram. Eles a deixaram continuar. Ela veio de novo e eu agarrei sua mão, empurrando-a para longe da minha cabeça. Nosso confronto tinha começado. Ao longo dos próximos cinco minutos, eu dei tudo o que eu tinha. Fui atrás de Bosch implacavelmente.

Depois de um confronto sem pontos, fomos para a pontuação de ouro, uma prorrogação de cinco minutos na qual qualquer pontuação ganha o confronto. Se ninguém ganha na pontuação de ouro, vai para a decisão dos juízes.

Havia um minuto e pouco no relógio. O confronto estava perto do fim. E eu não confiava nos árbitros para me darem a luta. No fundo da minha mente, eu podia ouvir mamãe dizendo:

– Se for para a decisão dos juízes, você merece perder, porque você deixou nas mãos de outra pessoa.

Havia tempo para mais uma ou duas trocas antes do tempo se esgotar. Fui para o ataque. Bosch fugiu. Fui novamente, desta vez tentando um arremesso.

Bosch tentou contrapor. Nós caímos no tatame.

A multidão gritou. Por um momento, eu pensei que tinha ido para o meu lado. Então o árbitro marcou uma pontuação para Bosch. Nós nos cumprimentamos e nos viramos para sair do tatame. Ela levantou o punho vitorioso. Eu dei alguns passos, esperando que minhas pernas apoiassem meu peso. Eu alcancei a borda do tatame e parei, sem saber se eu poderia ir em frente. Israel estendeu os braços. Eu pisei fora do tatame e caí neles.

Voltei para a sala de aquecimento e solucei, com lágrimas quentes escorrendo pelo meu rosto. Eu sentia como se meu coração tivesse sido arrancado do meu peito. Então a ficha caiu e eu passei de arrasada a furiosa pra caralho. Era como se todas as células do meu corpo tivessem se realinhado: tudo mudou.

Eu decidi que não ia embora daquela porra de arena de mãos vazias.

Eu lutei para voltar através da repescagem. Minha primeira adversária era da Argélia. Ela havia perdido para Bosch por pontos na regulação. Eu não ia deixar que nosso confronto chegasse tão longe. Eu a arremessei no minuto de abertura, marcando um *yuko*, que é uma pontuação parcial. Eu estava à frente, mas eu não estava contente. Eu estava lá para ganhar. Trinta segundos depois, eu a levei para o tatame e a imobilizei. Ela se contorceu tentando escapar, mas estava presa deitada de costas. Ela chutou mais algumas vezes, então ela parou. Pelos próximos cinco segundos, ela simplesmente ficou lá presa, aceitando a derrota antes de ela ser dada. Então o árbitro chamou: *ippon*. A vitória não aliviou a dor de perder para Bosch, mas ela me forçou a ter foco.

Meu próximo confronto foi a semifinal pela medalha de bronze. Eu arremessei a garota húngara tão forte que eu machuquei cada junta da minha mão. Eu a arremessei com tanta força que minha mãe ouviu-a aterrissar do outro lado da arena. Eu não queria só um *ippon*, eu queria que ela se machucasse. Eu queria que ela sentisse tanta dor quanto eu por perder a medalha de ouro.

Só mais uma pessoa estava entre mim e a medalha de bronze, Annett Böhm da Alemanha. Böhm tinha ficado com o bronze em Atenas e inquestionavelmente queria a medalha novamente. Este desafio ia terminar em uma de duas maneiras: comigo no pódio ou morta no tatame. Ao entrar, eu era como um robô mal, programado para destruir. Eu travei em Böhm. O árbitro disse:

– *Hajime*.

Böhm e eu estávamos bastante familiarizadas uma com a outra de vários torneios europeus e internacionais e treinamentos de campo que não precisávamos passar pela dança inicial de reconhecimento que pode começar um confronto. Fomos direto ao ponto.

Com trinta e quatro segundos de confronto, eu joguei Böhm sobre meu quadril por um *yuko*. Deveria ter sido pelo menos um *waza-ari*, eu estava de pé, mas o jogo estava longe de terminar. Se algum dia houve um momento para ser um lutador por pontos, era esse. Havia quatro minutos e vinte e seis segundos entre mim e minha medalha, e tudo que eu precisava fazer era ficar pulando no tatame, fazendo tentativas de arremesso meia-boca antes de cair de joelhos. Mas ficar à frente por uma pequena margem e tentar proteger essa liderança é totalmente contra tudo o que eu já fiz. Eu tinha perdido um pedaço da minha alma no caminho para esta medalha, mas eu não ia vender minha alma para obtê-la. Pelos próximos quatro minutos e vinte segundos, eu fui tão implacável e agressiva como eu tinha sido nos segundos iniciais. Eu garanti minha liderança em meus termos. Então, faltando sete segundos, o árbitro pediu um intervalo. Olhei para o relógio. Eu fiz o cálculo em minha cabeça. Se eu ficasse de joelhos e aceitasse a penalidade, eu poderia fugir bastante tempo do relógio para garantir minha vitória. Se eu a confrontasse, havia uma chance de que Böhm poderia me pegar com um último esforço. O árbitro nos sinalizou para retomarmos.

Eu fugi.

Eu posso não acreditar em me esconder por trás das regras como estratégia de luta, mas eu também não tolero ser burra. Faltando três segundos, fui penalizada por arrastar a luta. Então o tempo expirou.

O temporizador tocou. Uma onda de alegria e alívio tomou conta de mim. Eu caí de joelhos. E de repente a arena retornou. Eu podia ouvir o rugido da multidão. Um canto de – EUA! EUA! – levantou-se nas arquibancadas vindo de cerca de onze pessoas, mas ainda era ensurdecedor para mim. A arena parecia mais brilhante, como se alguém tivesse acendido as luzes no local.

O árbitro levantou a mão direita em minha direção. Böhm e eu apertamos as mãos. Enquanto minha adversária saía do tatame, eu levantei minhas mãos vitoriosamente, então me abaixei e beijei o tatame. Corri e pulei alegremente nos braços de Israel.

Eu olhei para as arquibancadas para minha mãe e a encontrei do outro lado da arena acenando uma bandeira estadunidense. Era tão grande que mal conseguia segurá-la aberta.

Após treze anos, a bandeira estadunidense que tinha sido colocada sobre o caixão de papai em seu funeral havia sido desfraldada e estava vibrando nos braços de minha mãe.

Meu pai sempre acreditou que eu brilharia no maior palco do mundo. E, por um momento, vendo mamãe segurando a bandeira, eu senti como se estivéssemos todos juntos.

Eu não tinha ganhado uma medalha de ouro, mas havia um sentimento de realização que eu nunca teria acreditado que poderia vir do terceiro lugar. De todos os terceiros lugares da minha carreira, o bronze na Olimpíada foi o único que eu tive satisfação em ter.

Mas, ainda assim, havia um vazio. Eu não tinha ganhado o ouro que eu tinha sonhado.

Essa perda olímpica ainda se alimenta de mim. Ela vai me seguir para sempre. Mas eu não tenho vergonha de como eu perdi. Eu não me pergunto o que eu poderia ter feito diferente. Eu não tenho arrependimentos sobre o desafio. Eu tive de dar um grande golpe no fim. Eu tomei a decisão certa. É só que, às vezes, até mesmo as decisões certas não funcionam.

ESSA É MINHA SITUAÇÃO, MAS NÃO É MINHA VIDA

> Quando você está no meio da correria, haverá momentos em que sua vida é uma merda completa e você não tem absolutamente nada para mostrar pelo esforço que você dedicou. Eu não me refiro apenas a momentos difíceis, mas aos momentos em que você tem de engolir seu orgulho e deixar seu ego de lado. Eu estou falando dos momentos que, se estivessem acontecendo com outra pessoa, você silenciosamente agradeceria a Deus que não estavam acontecendo com você. Houve momentos em que eu sabia que eu estava em uma situação terrível, mas eu também sabia que não duraria para sempre. Esses são os momentos em que você tem de se lembrar que esta experiência é um momento decisivo em sua vida, mas você não é definido por ela.

Eu estava no pódio e assisti à bandeira estadunidense ser levantada para a posição de terceiro lugar. Os Jogos Olímpicos tinham acabado para mim, mas eu não tinha acabado com os Jogos Olímpicos.

No dia depois que eu ganhei minha medalha, eu estava sentada em meu quarto na vila dos atletas. Era fim da manhã e eu estava apenas sentada na cama, quando meu coração começou a bater rápido do nada. Eu não conseguia recuperar o fôlego. Fui tomada de culpa e ansiedade, mas eu não conseguia descobrir por quê. Eu sentia como se eu tivesse feito algo terrível, mas eu não conseguia lembrar o que era. A onda de pânico passou, mas eu não conseguia afastar a sensação de que algo tinha dado muito errado, que eu era uma idiota.

Eu voltei de Pequim com uma medalha de bronze e sem casa, sem emprego, sem perspectivas. Eu rapidamente descobri que eu também não tinha namorado.

Bob e eu demos um tempo antes dos Jogos Olímpicos. Foi ideia dele, e veio completamente do nada. Ele disse que a coisa de longa distância não estava funcionando e que retomaríamos de onde paramos quando me mudasse de volta para Los Angeles após os Jogos Olímpicos. Fiquei arrasada. Quando voltei para casa, liguei para ele e ele me disse que ele e sua namorada tinham torcido por mim. Eu senti como se o ar tivesse me deixado.

Parecia incrivelmente injusto.

Eu tinha recebido 10.000 dólares do Comitê Olímpico dos EUA por ganhar uma medalha de bronze, que virou cerca de 6.000 dólares após os impostos. Eu usei todo o meu dinheiro da Olimpíada para comprar um Honda Accord usado, dourado e de quatro portas, e eu ainda tive de financiar a metade. Eu estava ficando na casa da minha mãe enquanto eu procurava por um emprego.

Eu finalmente encontrei um trabalho como atendente em um bar temático sobre piratas chamado The Redwood. Era alguma coisa mas, antes de terminar minhas primeiras duas semanas, eu já estava pisando em ovos. Eu tinha me atrasado um dia, por isso meus turnos tinham sido cortados naquela semana. Então o gerente me pediu para vir naquele fim de semana. A mensagem era clara: se você não fizer isso, você está demitida.

Eu tinha prometido ao cara que dirigia o clube de judô em Baldwin Park, o clube onde eu comecei judô, que eu seria a homenageada em um desfile local. Ele era um amigo da minha mãe e tinha me convencido a fazê-lo.

Eu não queria ser demitida, especialmente por causa de um desfile que eu nem queria mesmo fazer em primeiro lugar. Eu disse ao gerente que estaria lá. Eu não disse nada ao pessoal do desfile. Toda vez que seu número aparecia no meu telefone, eu o mandava diretamente para a caixa postal. Eu esperava que eles desistissem. Então, Blinky Elizalde, meu primeiro treinador de judô, ligou. Expliquei a situação. Ele entendeu, mas ninguém mais.

Quando eu terminei meu turno no sábado à tarde, havia seis chamadas perdidas da minha mãe. Eu estava colocando o telefone de volta no bolso quando ela ligou uma sétima vez. Eu hesitei e então respondi. Ela me atacou, querendo saber como eu poderia pensar em não ir ao desfile.

Eu tive um nó no estômago. Eu não conseguia responder. Ela estava brava pra caralho. Furiosa o suficiente para que eu não quisesse ir para casa. Eu dirigi para Hollywood e fui para um bar. Eu bebi sozinha e percebi que não poderia voltar para a casa da minha mãe. Mas eu não tinha outro lugar para ir.

– Eu sou uma medalhista olímpica sem-teto – pensei comigo mesma.

Após várias horas bebendo, eu caminhei para comprar uma pizza e a comi na traseira do meu carro. Então eu me enrolei no banco de trás. Na manhã seguinte, o carro inteiro cheirava a pizza e eu tinha um torcicolo no pescoço.

Era meio-dia. Eu só fiquei ali, suando no banco de trás, olhando para o teto.

Eu acampei no carro por duas noites até que recebi meu pagamento. Eu depositei meu dinheiro no banco e embarquei na missão de encontrar um lar não-automotivo. Até o fim do dia, eu tinha assinado o contrato de aluguel de um apartamento.

O apartamento foi um passo à frente do carro, um pequeno passo. Meu primeiro apartamento era um estúdio no primeiro andar de quatro por quatro metros. A única pia ficava no banheiro e ela constantemente caía da parede.

Eu consegui mais dois empregos só para dar conta das despesas; mesmo assim, as coisas estavam apertadas. Eu era garçonete no The Cork in Crenshaw e, aos domingos, eu trabalhava até antes do amanhecer, então eu dormia por algumas horas antes de trabalhar como atendente de bar no turno da manhã no Gladstones, um restaurante chique em Malibu.

Em mais de uma ocasião, o esgoto voltava pelo vaso sanitário e pelo chuveiro, e eu chegava em casa do trabalho em um apartamento cheio de merda.

Eu não achava que poderia chegar mais baixo. Às vezes eu chegava em casa, olhava em volta e prometia a mim mesma que isso era temporário, lembrava a mim mesma que eu era melhor do que isso. Eu sabia que faria algo por mim mesma. Eu só tinha de decidir o que seria.

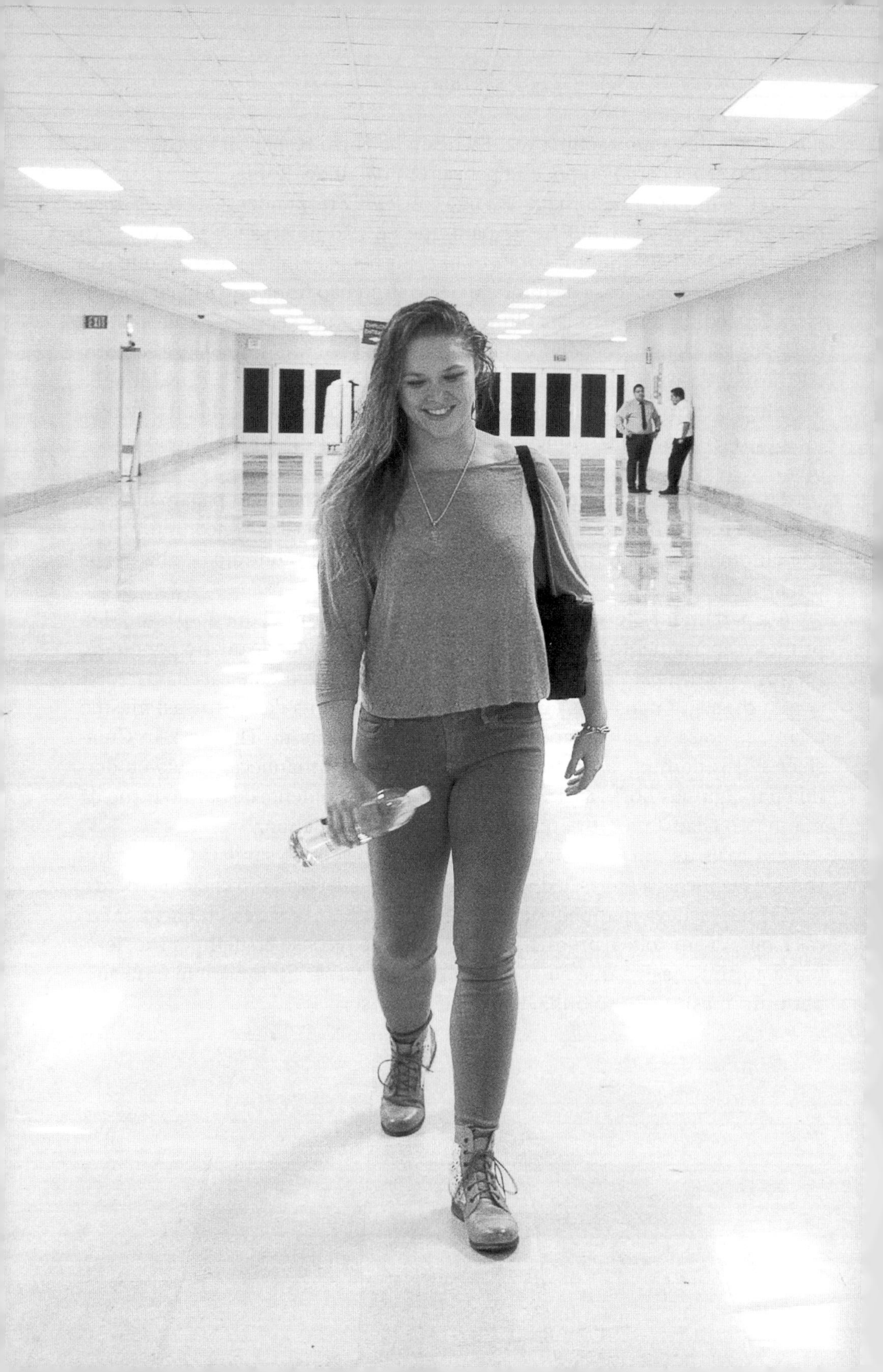
EXIT

VOCÊ NÃO PODE DEPENDER DE APENAS UMA COISA PARA LHE FAZER FELIZ

Durante anos, depois que Claudia Heill me venceu nos Jogos Olímpicos de 2004, eu guardei uma animosidade por ela. Eu me convenci de que, se eu tivesse ganhado a medalha, tudo teria sido melhor.

Anos mais tarde, Claudia pulou de um prédio e se suicidou. Sua morte me acertou em cheio. A principal razão pela qual eu tinha tanta raiva dela é que eu achava que ela tinha me roubado não apenas uma medalha olímpica, mas a felicidade. Quando eu perco, eu sinto que aquela vitória, que aquela felicidade, ainda está lá fora e que a pessoa que a tomou de mim está andando com ela. Mas Claudia tinha aquela medalha e tudo o que a deixava infeliz ainda estava lá. No momento em que ela morreu, eu tinha minha própria medalha olímpica. E eu rapidamente percebi a pouca felicidade que ela me trazia.

Quando eu voltei de Pequim, eu decidi fazer uma pausa. Passei um ano fazendo tudo o que podia para destruir todo o trabalho que eu tinha desenvolvido no meu corpo. Eu não sabia exatamente o que eu queria, mas eu sabia que precisava que as coisas mudassem. Cultivar meu corpo e perseguir o sonho olímpico tinha me deixado infeliz. Eu queria ter uma vida normal. Eu queria ter um cão e um apartamento e me divertir.

Do fim de 2008 até grande parte de 2009, eu não aspirava a nada. Meu plano se resumia a beber muito, não malhar e me saciar de tudo que eu achava que tinha perdido em um tempo tão curto quanto possível. Eu ia me afastar um ano do judô, da estrutura, da responsabilidade. Eu ia fazer o que *eu* queria para variar.

Uma das coisas que eu queria era um cão. Eu era apaixonada pelo Dogo Argentino, um molosso da Argentina. Eles são uma raça grande, branca, linda e o tipo de cão com que você não precisa se preocupar em machucar se você acidentalmente pisar nele indo ao banheiro no meio da noite. Eu não tinha muitas exigências; eu só queria uma *menina*.

Um criador em San Diego, um casal, enviou-me um e-mail com fotos de duas meninas de uma ninhada recente; elas eram grandes demais para serem cães de exibição, então elas estavam sendo oferecidas a um preço com desconto.

Eu cliquei no primeiro anexo.

– É essa – eu disse. – Essa é minha cachorra.

Eu nem sequer olhei a outra foto. Não havia uma única dúvida na minha cabeça. Eu simplesmente soube. Eu saí naquela tarde e comprei para ela uma caixa de transporte, cama, a melhor comida de cachorro que tinham e dois brinquedos de mastigar.

Três dias depois, eu dirigi até San Diego para buscá-la. Os criadores moravam em uma subdivisão nos subúrbios. Eles estavam esperando por mim na garagem aberta com a mãe da filhote. Ela era linda.

Então a esposa trouxe minha cachorra e, mesmo sem perceber, eu arrulhei alto. Lá estava ela. Esta era definitivamente minha cachorra.

– Você pode segurá-la – disse o criador.

Peguei a cachorra. Ela abriu os olhos sonolentos, então se aninhou contra meu peito, voltando a dormir. Ela era uma filhote grande, gorda e branca.

– Você não é grande demais – eu sussurrei para minha cachorra. – Você é absolutamente perfeita.

Eu a chamei de Mochi, por causa das bolas de sorvete japonês cobertas de bolo de arroz e, fiel a seu nome, ela é a cachorra mais doce, para não mencionar leal e amorosa, e uma das presenças mais fundamentais e reconfortantes na minha vida. Eu me apaixonei imediatamente por Mochi, mas ser responsável por outro ser vivo levou um tempo para me acostumar.

A noite que eu a levei para casa foi sua primeira vez longe de sua mãe. Ela chorou a noite toda. Eu cedi e a deixei dormir na minha cama.

– Não vá se acostumando, Mochi – eu disse.

Ela dormiu na minha cama nas próximas semanas. Então, certa manhã, eu rolei sonolenta e abri meus olhos. Mochi já estava acordada a meu lado, descansando a cabeça em suas patas.

– Como é que está minha filhotinha? – Eu perguntei com voz de falar com bebês.

Ela levantou a cabeça quando viu que eu estava acordada, abriu a boca e vomitou uma das minhas calcinhas que ela tinha comido do meu cesto de roupa suja.

Eu tinha pegado um cão sem absolutamente nenhuma ideia de quanta responsabilidade ele realmente exigiria. Mas eu comprometi os primeiros 35 dólares de cada turno que eu trabalhava para pagar a creche para cães. Essa foi provavelmente a única decisão responsável que eu fiz naquele ano.

Eu começava a manhã fumando no caminho para o trabalho. Camel mentolado era o meu cigarro de escolha. Depois que eu deixava Mochi na creche para cães, eu fumava mentolados até a Pacific Coast Highway no caminho para Malibu. Quando eu chegava ao Gladstones, eu ia para trás do bar e começava meu dia com um coquetel chamado "Party Like a Barack Star". Obama tinha acabado de ser eleito, e a bebida era uma mistura de ingredientes escuros e claros. Tinha gosto do mais delicioso café moca gelado com vodka. Eu me sentava e bebia a manhã toda.

PARTY LIKE A BARACK STAR

2 doses de espresso
1 dose (ou 2) de Stoli Vanilla
1 dose de Kahlua
½ dose de Baileys
1 colher de sopa de cacau em pó
2 doses de sorvete de leite (creme de leite leve e xarope de açúcar podem ser usados como substituto)

Misture os ingredientes com gelo. Sacuda. Bata. Aproveite (Ao contrário do que eu fazia, por favor, aproveite com responsabilidade).

DICA DO BARMAN: Quanto é uma dose? Despeje e conte até quatro.

Aos domingos, dois caras produtores de hip-hop vinham pedalando em bicicletas de corrida do calibre do Tour de France e pediam um prato de carne e frutos do mar e margaritas Cadillac. Eles me davam trinta dólares de gorjeta em dinheiro e maconha suficiente para me dar um barato por vários dias. Durante a semana, um dos clientes regulares vendia Vicodin para os funcionários e me dava um ou dois por passar o dinheiro e as pílulas entre ele e os garçons, sem que nosso chefe soubesse.

Eu olhava para o oceano sob efeito de Vicodin, bebendo whiskey ao meio-dia e observando os golfinhos nas ondas. A TV acima do bar passava um ciclo infinito do SportsCenter. Eu ficava empolgada com os melhores momentos do MMA.

– Eu poderia muito bem fazer isso – eu dizia em voz alta.

Todos no bar meio que balançavam a cabeça para concordar comigo. Era óbvio que ninguém acreditava em mim. O fato de que eu estava fazendo absolutamente nada com a minha vida era evidente para todos.

Eu tinha sofrido muito para chegar aos Jogos Olímpicos. Durante todo o percurso, eu dizia a mim mesma que o resultado seria incrível; que tudo valeria a pena. Mas a verdade era que tinha sido incrível, mas não tinha valido a pena. Perceber isso me esmagava. Eu tinha sonhado com a Olimpíada desde que eu era uma garotinha. Eu ganhei uma medalha olímpica e, ainda assim, eu sentia como se tivesse me decepcionado.

Minha decepção me assombrava. Eu não sabia como lidar com ela. Eu estava tentando beber para me contentar, mas eu ainda não estava feliz e eu não entendia por quê. Passei o ano inteiro perdida. Eu não conseguia descobrir o que era, mas algo me faltava.

DESCONSIDERE INFORMAÇÕES NÃO ESSENCIAIS

Quando estou em uma luta, meu cérebro percebe um milhão de coisas ao mesmo tempo. O volume da multidão. O brilho das luzes. A temperatura da arena. Cada movimento na gaiola. Qualquer dor que meu corpo esteja sentindo. Um lutador inferior ficaria sobrecarregado.

Eu pego todas as informações, mas só processo as que importam. A distância entre as costas e a gaiola. Cada movimento que minha adversária faz. O esforço em sua respiração. O impacto do meu punho quando atinge seu rosto. Tudo o que ocorre em torno de mim que é irrelevante para saber se eu terei sucesso ou falharei é completamente desconsiderado.

Tudo no mundo é informação. As informações sobre as quais você escolhe tomar conhecimento e as informações que você opta por ignorar dependem de você. Você pode deixar que fatores externos além de seu controle lhe roubem o foco. Você pode deixar músculos doloridos segurarem você. Você pode deixar que o silêncio faça você se sentir desconfortável. Ao escolher concentrar-se apenas na informação que é necessária, você pode dessintonizar todas as distrações e alcançar muito mais.

Eu estava tentando entender minha vida. Eu queria ficar contente em ser garçonete, mas servir coquetéis pelas próximas décadas definitivamente não era o que eu queria.

O judô não tinha me feito feliz. Mas não fazer judô não estava me fazendo feliz. Eu me preocupava que nada poderia me fazer feliz, que eu tinha perdido minha chance de felicidade. Eu apenas tentava levar um dia de cada vez. Agora que eu não estava mais fazendo judô, eu descobri rapidamente quem eram meus verdadeiros amigos. Um desses verdadeiros amigos era Manny Gamburyan. Tínhamos feito judô juntos desde que eu tinha onze anos, e Manny era quem abria a academia e passava horas trabalhando comigo depois da minha cirurgia no joelho. Ele era bom no judô, mas não tinha seguido essa carreira. Em vez disso, ele entrou no MMA. Após a Olimpíada, Manny ligava para mim ocasionalmente para ver como eu estava.

– Você deveria vir lutar com a gente – disse Manny.

– Está bem, eu vou – eu disse. Eu precisava do exercício. Parecia que alguém tinha pegado uma bomba de bicicleta e me inflado até uma versão maior de mim mesma.

– Eu vou encontrar você no Hayastan – disse Manny. Era o mesmo clube onde havíamos desenvolvido meu trabalho no chão após minha reparação do ligamento anos antes, mas tinha mudado para um novo endereço. Ainda assim, voltar ao clube parecia familiar. Tinha o mesmo cheiro: suor e um oceano de água de colônia. O lugar tinha recebido uma recauchutada, mas muitos dos rostos eram os mesmos. Vários caras que eu conhecia do judô juvenil estavam lá fazendo MMA. Eles estavam se provocando em armênio. Larguei minha bolsa do lado do tatame, examinando a sala. Uma dúzia de caras já estava lutando. Não havia sequer uma garota no lugar.

– Ron, você veio! – disse Manny. Ele me deu um abraço. – Pronta?

– Eu nasci pronta – eu disse.

Lutamos por mais de uma hora. Manny veio pra cima de mim com força total. Eu reagi com a mesma energia. Quando o treino terminou, eu estava coberta de suor e tinha uns hematomas começando a aparecer.

– Nada mal, Ron – disse Manny. – Sorte sua que eu peguei leve.

– Até parece – eu disse, rindo. Era bom estar de volta no tatame.

Após o primeiro treino, eu decidi voltar a lutar com Manny regularmente. Eu adorava aquilo tanto quanto antes.

Eu lutava às terças-feiras, mas entre o trabalho e a ida para Hayastan em Hollywood, eu passava na creche para cães, pegava Mochi e a levava ao parque de cães.

Mochi agora tinha quatro meses de idade, e eu recém tinha começado a levá-la ao parque. Eu via o Cara Bonito do Parque de Cães lá quase todos os dias, mas eu nunca falei com ele. Ele era um surfista alto, moreno, bonito e tatuado que fazia uma vozinha na minha cabeça dizer com um sotaque francês:

– *Uh lá lá*. Quando eu me pegava encarando, eu rapidamente desviava meu olhar e fingia que eu não tinha nada além de uma atenção extrema em Mochi.

Um dia, seu cão se aproximou e começou a trepar em Mochi. Mochi correu para trás dos meus pés para se esconder e o Cara Bonito do Parque de Cães não teve escolha senão vir até nós. Por dentro eu estava gritando: – Ai meu Deus, o Cara Bonito do Parque de Cães está vindo para cá.

Começamos a conversar sobre nossos cães, então passamos ao tipo de conversa fiada que você não se lembra depois. Enfim, ele me convidou para ir surfar. Sim, ele era bonito, mas eu queria aprender a surfar, honestamente. Era uma daquelas coisas na minha lista de antes de morrer. Depois de tantos meses bebendo e fumando, eu estava louca por um desafio físico, e o oceano parecia forte o suficiente para eu tentar.

– Legal – disse ele. – Saímos às cinco horas.

Eu não conseguia nem falar; eu tinha muito medo que – Cinco da manhã?! Você está brincando comigo? – escapasse da minha boca.

– Legal – eu repeti, enquanto eu fazia uma dança feliz na minha mente.

Na manhã seguinte, cheguei a sua casa antes do sol. Eu estava nervosa, mas animada. Nós dirigimos para o norte ao longo da Pacific Coast Highway em seu antigo Pathfinder. As janelas estavam abertas e o ar estava úmido e fresco. Nós dirigimos em total silêncio.

Ele sabia que eu não fazia ideia de como surfar, mas quando chegamos à praia, ele me entregou uma prancha e uma roupa e disse:

– Está bem, então.

E foi isso; ele foi para a água. Eu o vi remar para longe no oceano e então arrastei minha prancha pela areia até a água congelante.

Bam. Uma onda me derrubou. Eu tentei novamente. Assim que eu me posicionei em cima da prancha – *bam*. A água salgada e congelante entrou pelo meu nariz e eu voltei à tona tossindo e tentando respirar. Outra onda. *Bam*.

Parecia que eu estava em uma máquina de lavar com uma prancha amarrada no tornozelo.

Eu apanhei do oceano por mais de uma hora. Então o Cara Bonito do Parque de Cães pegou uma última onda e remou para perto. Eu esperei um minuto ou dois para não parecer ansiosa demais para sair da água, então eu nada graciosamente arrastei a mim e à prancha até a beira.

Nós colocamos as pranchas de volta no carro, então voltamos para casa em confortável silêncio. Eu não fazia ideia se ele estava interessado em mim ou não. Mas eu estava interessada nele e eu realmente queria aprender a surfar. Planejamos surfar novamente em dois dias.

Eu ainda não fazia nenhuma ideia do que eu queria fazer com a minha vida, mas beber e fumar estava ficando sem graça.

– Eu deveria começar a treinar novamente em agosto – eu lembrei a mim mesma. Mas em vez de ficar motivada por um retorno potencial ao esporte ao qual eu tinha dedicado minha vida, a ideia de encenar um retorno me deixava infeliz. Independentemente disso, eu decidi que deveria recuperar a forma.

Depois de meia dúzia de nossos encontros de surfe silenciosos, eu convidei o CBPC para fazer umas corridas subindo e descendo morros comigo. Ele disse que sim, mas, na noite em que deveríamos nos encontrar, ele não apareceu. Eu esperei por quase uma hora, verificando meu telefone, me convencendo de que ele ficou preso no trânsito. Por um momento, eu quase deixei a autopiedade se instalar mas, em vez disso, eu liguei para outro cara que tinha recentemente me dado seu número e marquei um encontro para o próximo fim de semana, e então eu fui fazer as corridas. Em cada morro, eu passei por uma nova emoção.

> Morro 1: Negação. – Ele vai chegar. Ele só se atrasou. Talvez o carro dele tenha quebrado.
> Morro 2: Tristeza. – Eu realmente gostava dele. Eu não posso acreditar que ele não apareceu.
> Morro 3: Confusão. – Será que eu entendi tudo errado? Será que ele me vê somente como amiga? Será que eu disse algo errado?
> Morro 4: Rejeição. – Ele não gosta de mim. Que ridículo eu achar que ele gostava.
> Morro 5: Raiva. – Sabe o quê? Foda-se esse cara.
> Morro 6: Apatia. – Tanto Faz. Já superei.

Quando eu estava terminando, o CBPC estacionou no alto do morro. Seu carro estava cheio de sacos de lixo brancos que pareciam que tinham sido apressadamente recheados com vários pertences. Sua cachorra, Roxie, estava apertada entre os sacos. Ele não podia nem ver pela janela traseira. Eu estava no meio do caminho subindo o morro quando ele saiu do carro e ficou ao lado dele, esperando por mim. Eu alcancei o topo do morro e fiquei parada com as mãos na cintura enquanto eu retomava o fôlego.

– Eu fui chutado de casa – disse ele. Não era um pedido de desculpas, apenas uma explicação.

Então o CBPC desertou. Duas semanas depois eu o vi no parque de cães. Quando ele olhou em minha direção, eu fingi que ele não existia. Ele se aproximou mesmo assim.

— Eu queria pedir desculpas. Estou passando por um momento de merda.
— Aham — eu disse friamente.
— Você ainda quer me ver?

Eu queria. Eu não conseguia evitar. Eu me sentia atraída por ele. Por isso, marcamos um encontro, e aí deslanchou. Começamos a passar todo nosso tempo juntos. Eu nunca sequer liguei de volta para o meu encontro substituto. Eu nunca lhe dei uma explicação.

O CBPC e eu retomamos nossos encontros de surfe, mas desta vez não havia mais silêncio. Eu dirigia até a casa onde ele estava ficando com um amigo, sorrindo o caminho todo até lá, porque eu estava tão feliz de ir vê-lo. Dirigindo até a costa e de volta, nós conversávamos e ouvíamos música. Ele me levou para as casas de seus amigos, onde às vezes nós assistíamos a lutas de MMA. Ele sempre se interessava nas minhas observações. Ele fazia perguntas e respeitava minha análise. Eu mencionei que eu estava interessada em fazer MMA.

— É, guria, vá fundo. Você deveria — disse ele.

Nós íamos ao Trader Joe's e trazíamos para casa comida que ele cozinhava. Nós levávamos Mochi e Roxie para parques de cães em torno da cidade, depois para casa, onde as duas se deitavam no chão, exaustas. Mas, principalmente, nós nos trancávamos em seu pequeno quarto, ao qual nos referíamos como "a caverna", e nos deitávamos na cama e conversávamos. Falávamos de bandas e filmes. Tínhamos um senso de humor parecido e ríamos por horas. Nós conversávamos sobre nossas vidas. Ele me contou sobre seu filho. Eu contei a ele sobre a perda de meu pai. Ele me contou sobre sua recuperação do vício em heroína, limpo há cinco anos. Eu confidenciei a ele sobre a devastação que senti depois de perder os Jogos Olímpicos. Com ele, eu me sentia compreendida.

Um dia, eu acordei ao lado do CBPC, olhei nos olhos castanhos que eu tinha aprendido a amar e percebi que eu simplesmente não podia suportar sair de perto dele. Eu liguei para o bar e disse que estava doente. A política do Gladstones era que se você ficasse doente no fim de semana, você precisava de um atestado médico para retornar. Quando voltei sem atestado, me disseram que eu não poderia trabalhar novamente até que eu arranjasse um. Eu nunca mais voltei.

Eu tinha passado o último ano em busca de algo que me fizesse feliz, e talvez eu tivesse finalmente encontrado. Com o CBPC, os dias passavam, as semanas passavam, e nós estávamos tão felizes que nem notávamos. Nós esquecíamos de todo o resto.

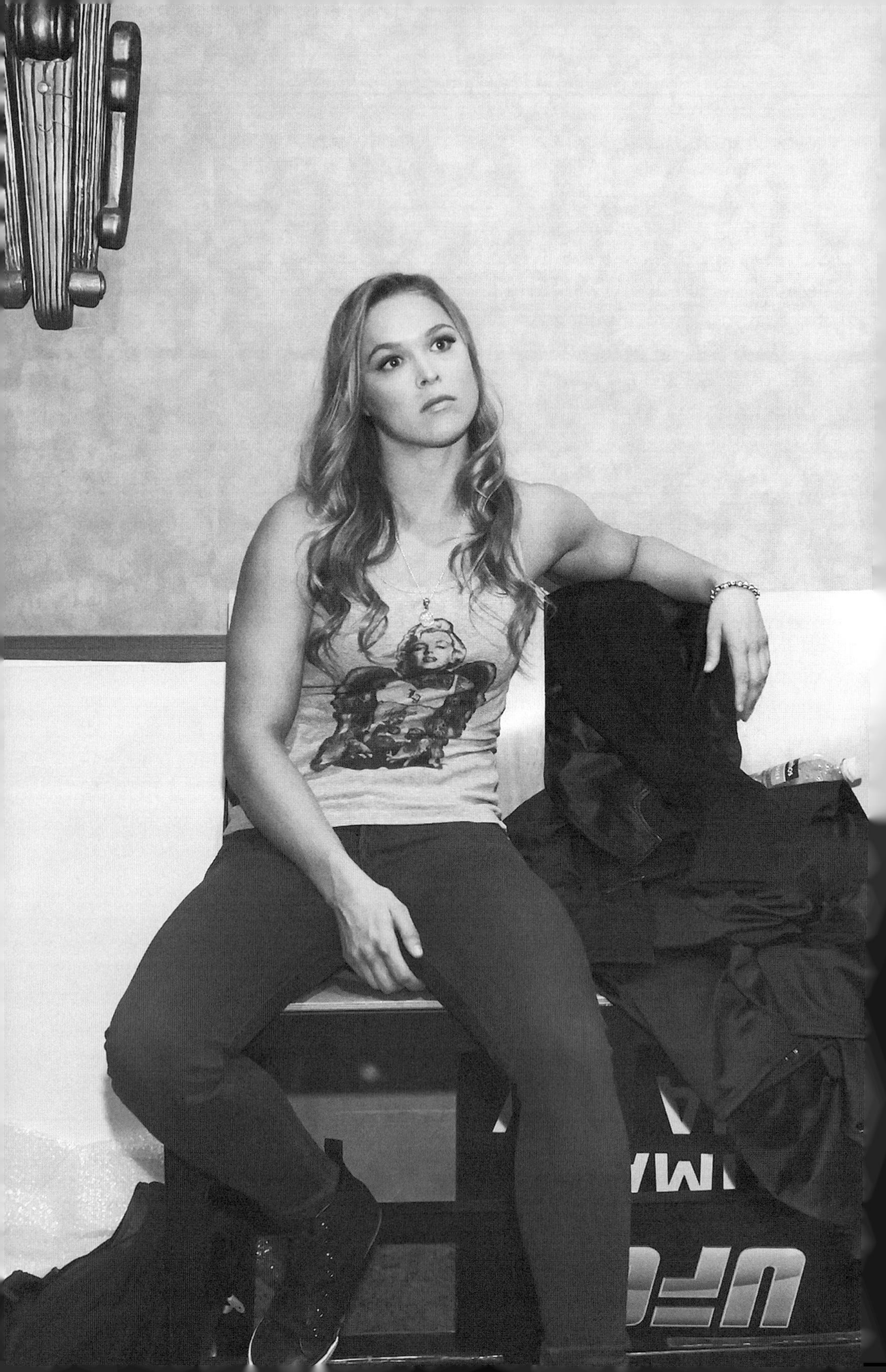

OS RELACIONAMENTOS QUE SÃO DESTRUÍDOS FACILMENTE NUNCA VALERAM MUITO

Eu espero que, se alguém estiver supervisionando uma parte inestimável e importante da minha vida como a minha carreira, ela deveria se importar comigo.

Você precisa de um treinador que realmente se preocupe com você e não apenas com suas próprias estatísticas. Muitas pessoas encontram um treinador que é ótimo em seu trabalho, mas não se importa com eles como pessoa. Quando pessoas que não se importam com você tomam decisões que afetam sua vida, essas decisões geralmente acabam sendo ruins.

Quanto mais tempo você está em um relacionamento, com um treinador ou qualquer outra pessoa, realmente, mais difícil se torna se afastar. Um monte de gente fica no mesmo lugar por muito tempo porque não querem ter aquelas conversas difíceis ou arriscar destruir relacionamentos. Mas se as pessoas a seu redor não estão dispostas a aceitar o que é melhor para você, seu relacionamento com elas não era tão significativo quanto você pensava. Um relacionamento que valha alguma coisa vai aguentar o processo.

Eu decidi que retornaria ao judô, mas em meus termos. Eu tinha dito a todo mundo que eu só estava tirando um ano de folga, e esse ano tinha acabado. Eu não tinha me preocupado com perder meu emprego no Gladstones porque eu ia retornar ao judô. O financiamento como atleta de judô poderia até me permitir treinar MMA.

Por quatro meses, viajei extensivamente como parte do meu retorno ao judô. Durante uma viagem ao Japão, eu estava sentada nos dormitórios de atletas em uma instalação de treinamento quando eu percebi: eu era infeliz e eu seria infeliz fazendo isso todos os dias da minha vida pelos próximos três anos até a Olimpíada. Lembrei-me de quando ganhei a medalha de bronze e como foi passageira a felicidade que a tinha acompanhado. Eu não acreditava que uma medalha de ouro fosse me fazer mais feliz. Eu não queria mais ser infeliz. Eu encurtei minha viagem ao Japão e voltei para casa.

Quando cheguei em casa, escrevi um programa de treinamento louco totalmente original para o MMA ou judô que me permitiria mudar o que eu fazia todos os dias. Era um ciclo de duas semanas, então eu teria certeza de incluir todas as disciplinas, mas eu poderia ter opções para mudar as coisas. Por exemplo, em um determinado período de quatorze dias, eu teria de fazer oito treinos de judô, quatro treinos de boxe, quatro treinos de luta, duas sessões de força e condicionamento e dois exercícios curinga, que poderiam ser qualquer coisa, desde correr em dunas de areia até o surfe. Se eu não quisesse ir ao judô um dia, eu poderia fazer outra coisa. Se eu quisesse surfar, eu poderia ir surfar. Não importava se eu fosse ao judô oito dias seguidos ou em dias alternados, desde que eu fizesse o número necessário de treinos no ciclo. Pela primeira vez na minha vida, como eu treinava dependia de mim.

Depois de ficar um ano fora, eu tinha mudado. Eu tinha passado todo esse tempo apenas vivendo para mim, tentando descobrir as coisas por conta própria. Eu era a única a fazer as escolhas, nem sempre boas escolhas, mas minhas próprias escolhas. E agora, eu escolhia que as coisas não voltassem a ser do jeito que sempre foram.

Em maio de 2010, eu voei para Myrtle Beach para as nacionais seniores de judô. Era a primeira vez que eu competia em um grande torneio desde os Jogos Olímpicos, mas não havia nenhuma dúvida de que eu ia vencer. Todo mundo estava animado com meu retorno, acreditando que marcava meu retorno para os Jogos Olímpicos de 2012.

Little Jimmy e eu estávamos de pé sobre o tatame de aquecimento lado a lado. Ele tinha ajudado a me treinar desde que eu era uma garota de dezesseis anos de idade. Eu o tinha admirado a maioria da minha vida: como ídolo esportivo, como colega de equipe olímpica e como treinador. Agora, aos vinte e três anos, eu queria que Jimmy me treinasse para o MMA.

Eu contei a ele sobre meu plano de transição para o MMA. Ele ficou muito quieto. Eu fui em frente com o pequeno discurso que eu tinha ensaiado:

– O Judô EUA vai se beneficiar muito mais de alguém do judô como eu me tornando campeã mundial no MMA e provando que é uma arte marcial legítima de autodefesa – eu disse. – Isso traria mais atenção para o esporte do judô do que qualquer outra coisa, inclusive eu ganhar uma medalha de ouro olímpica.

Jimmy estreitou os olhos, balançando a cabeça. Eu sabia que estava falando rápido, mas eu não queria que minha voz ou minha confiança vacilassem. Eu lhe disse que não queria voltar para Boston. Eu lhe disse que queria seguir meu próprio programa de treinamento.

– Eu quero fazer judô, mas também quero fazer MMA – eu disse a ele.

Quando terminei, Jimmy olhou para mim, como se estivesse decidindo entre a raiva e o riso histérico.

– O que você quer que eu diga? Que eu apoio sua decisão? Porque não apoio. Você quer que eu diga que vou ajudá-la com esse plano ridículo? Não vou. Você está desperdiçando seu talento. Se você não quer fazer judô, não faça judô. Pare de desperdiçar o tempo de todos. Mas a menos que você se dedique cem por cento ao esporte, você não vai receber financiamento do judô. Eu vou me certificar disso. Boa sorte para você – disse ele em um tom condescendente. – Você vai precisar dela porque esse seu plano não vai funcionar – então ele virou as costas para mim e foi embora. Jimmy tinha se livrado de mim como se eu fosse nada.

Atordoada, eu o assisti ir embora. Então uma pequena bolha de raiva se formou no canto do meu cérebro, mas, antes que pudesse explodir, foi substituída por determinação.

– Você vai lamentar o dia em que tivemos essa conversa. Eu vou ser a atleta que você vai se arrepender de ter perdido para o resto de sua vida – pensei.

Eu estava pronta para deixar Jimmy, mas não o judô, ainda não. Eu viajei para a Tunísia para o Grande Prêmio da Tunísia em maio. Eu venci meu primeiro confronto por *ippon*, mas perdi o segundo. Eu vim para casa, planejando ir a um torneio no Brasil. Eu deixei meu passaporte no consulado brasileiro para obter meu visto, mas, enquanto eu me afastava, percebi que já estava com medo de ir para o torneio. Quando cheguei em casa, eu tinha tomado a decisão de cancelar minha viagem.

Minha relação com o judô, como meu relacionamento com Little Jimmy, tinha chegado ao fim.

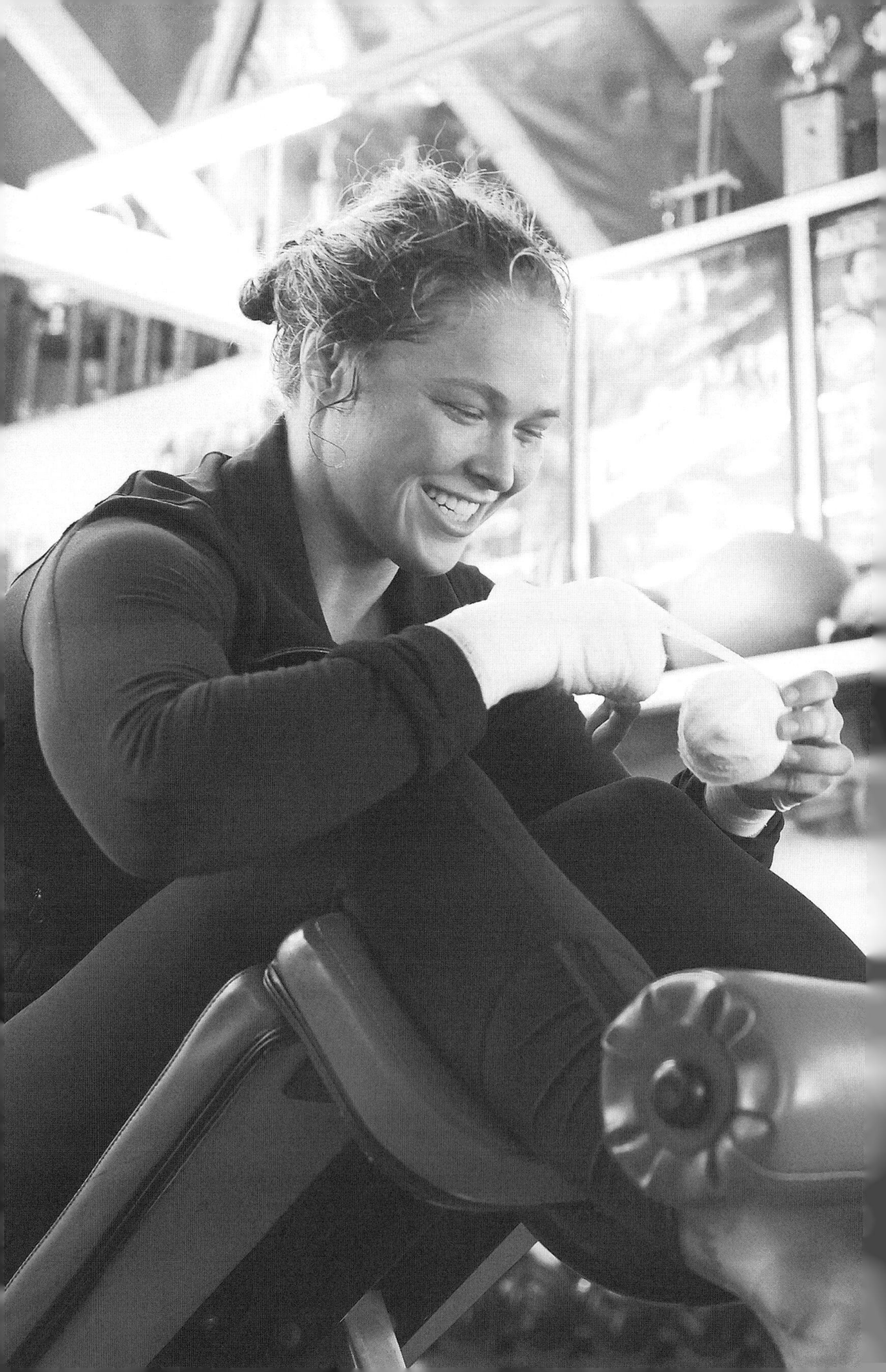

ALGUÉM TEM DE SER O MELHOR DO MUNDO. POR QUE NÃO VOCÊ?

> – Alguém tem de ser o melhor do mundo. Por que não você?
>
> Minha mãe me fazia uma variação desta pergunta todos os dias.
>
> – Por que não você? – Ela disse. – Sério, por que não você? Alguém tem de fazê-lo. Eles estão dando medalhas olímpicas. Eles estão literalmente as dando. Por que você não vai conseguir uma?
>
> Sua pergunta não era retórica. Ela sabia o que era preciso para ser o melhor do mundo. Ela tinha sido campeã do mundo. Ser o melhor do mundo não é fácil, mas é totalmente viável, se você estiver disposto a se esforçar. Minha mãe me ensinou a esperar que eu poderia ser a melhor.

– Porra, Ronda, se você fizesse MMA, você venceria todas essas garotas aí – disse Manny. Estávamos sentados no tatame, fazendo uma pausa durante o treino de luta.

Entre os rapazes na academia, minhas habilidades ganharam respeito. Eu não era apenas boa para uma garota, eu era melhor do que quase qualquer um na academia. Ele estava dizendo em voz alta o que eu sabia desde que eu tinha visto a luta de Gina Carano e Julie Kedzie anos antes. Ver pessoas a minha volta reconhecerem esse fato abriu uma comporta que eu nem sabia que existia.

– Sabe, eu acho que você está certo. – Eu entrei na conversa como se a ideia nunca tivesse passado pela minha cabeça. – Eu acho que posso vencer essas garotas.

– Não há dúvida – disse Manny.

Perguntei a alguns outros caras do treino que estavam por ali. Era unânime: nenhuma garota teria a menor chance contra mim no MMA.

Logo, eu comecei a perguntar:

– Você acha que eu deveria lutar? Você acha que eu realmente deveria fazer isso?

Todo mundo disse:

– Não – todo mundo achava que eu poderia fazê-lo, mas ninguém achava que eu deveria. Todos eles achavam que era um beco sem saída. Eles não achavam que ganhar qualquer coisa no MMA jamais valeria a pena para uma garota. Não havia respeito pelo MMA feminino e não havia uma carreira no MMA feminino.

– Por que você ia querer fazer isso de qualquer forma? – Manny me perguntou. – Você sabe que é a melhor do mundo, e não vai ganhar nada provando isso.

Ele estava certo e errado. Eu sabia que era a melhor do mundo e eu entendia que eu não poderia ganhar a vida sendo a melhor até que o mundo do MMA mudasse radicalmente. Onde nós discordávamos é que eu achava que eu poderia mudar o mundo do MMA, e ele não acreditava que ele poderia ser mudado.

– Alguém pode fazer isso – eu disse. – Você não pode me dizer que não é possível. Quem na porra toda do planeta é mais qualificada do que eu?

Manny deu de ombros.

O próximo passo era conseguir umas lutas. Eu precisava de um empresário. Eu perguntei ao treinador no Hayastan, Gokor Chivichyan, se ele conhecia algum empresário, e ele recomendou Darin Harvey, que alugava um pequeno escritório no Hayastan, onde tentava conseguir lutadores para representar. Darin era só um cara na faixa dos quarenta anos que vinha de uma família rica, fez um pouco de artes marciais como hobby e decidiu que queria entrar no gerenciamento esportivo. Ele alegava estar envolvido no sucesso de lutadores como o ex-campeão peso-pesado do UFC, Bas Rutten. Perguntei a Darin se ele estaria interessado em ser meu empresário e ele disse que sim.

As peças estavam se encaixando, mas ainda havia uma coisa que eu tinha de fazer: contar para minha mãe. Por algumas semanas, eu enrolei em torno do assunto, tentando juntar coragem. Mas eu estava decidida a contar a ela sobre meu plano. Eu queria sua bênção. Eu não queria fugir e fazer algo que ela não aprovasse de novo. Eu tinha me esforçado tanto para consertar nosso relacionamento, eu não queria dar nenhum passo para trás.

Poucos dias depois, eu resolvi que era a hora.

Minha mãe estava sentada no sofá da sala. Eu me posicionei a dois metros de distância, perto da cozinha. Essa era a distância máxima que eu poderia colocar entre nós enquanto mantinha contato visual. Já que eu estava entre a mesa da cozinha e o forno, eu percebi que ela estava entre mim e a única saída do apartamento se as coisas dessem muito errado.

Por alguns segundos, nós apenas nos encaramos. Então eu olhei para o outro lado. Ela não sabia o que eu ia dizer, mas ela sabia que ia desaprovar. Eu fiquei trocando de um pé para o outro, esperando que ela quebrasse o gelo, mas minha mãe não ia facilitar as coisas.

– Mãe – eu disse e parei.

– Não – ela disse.

– Mas eu ainda nem disse nada – eu disse.

– Eu sei, mas é evidente que vai ser algo que eu sou contra – disse ela.

– Como é que ela faz isso? – pensei.

Eu percebi que estava segurando a respiração e inspirei.

– Mãe, eu sei que isso não parece a melhor ideia. Mas você sempre me pergunta sobre meus planos para o futuro. Eu acho que eu descobri, embora eu saiba que você vai ser contra. Eu realmente quero tentar essa coisa de MMA. E se isso não funcionar depois de um ano, eu vou me juntar à Guarda Costeira ou ir para a faculdade ou o que você quiser. Mas eu acho que tenho uma chance real de fazer isso dar certo. E se eu falhar, então vou ficar completamente contente em dizer que você estava certa e vou ser um adulta responsável. Só me dê um ano.

Minha mãe não disse nada. Ela ficou lá por um momento. Seu rosto não estava com raiva; estava ilegível.

– É a ideia mais estúpida que eu já ouvi em toda minha vida – disse ela, repetindo para dar ênfase: – A ideia mais estúpida que eu já ouvi em toda minha vida.

Ela falou com uma voz tranquila que era muito pior do que se ela estivesse gritando comigo.

– E, quando eu digo a ideia mais estúpida, não é pouca coisa, porque você já teve umas ideias realmente burras – acrescentou.

– Mas, mãe, é meu sonho – eu disse. – Eu...
Ela me cortou:
– Nós acompanhamos você em dois Jogos Olímpicos. Eu mantive minha parte do acordo. Eu fiz tudo o que pude para apoiar você. Todos em nossa família fizeram sacrifícios para você por mais de oito anos. Agora, é hora de se acalmar e conseguir um emprego e ser uma adulta. Não é hora de "eu tenho um sonho de fazer MMA". Eu não vou ser um desses pais que tem um filho de trinta anos de idade morando em sua casa e comendo sua comida, porque você tem um sonho. Eu tenho um sonho também. Meu sonho é me aposentar um dia, e eu sou uma mulher velha. Eu não vou sustentar um adulto saudável. É uma ideia estúpida. Você deveria ir para a faculdade e conseguir um emprego real e parar com esse monte de babaquice.

Ela fez uma pausa para respirar. Eu abri minha boca para responder, mas ela não tinha terminado:

– Sem mencionar o fato de que isso é excepcionalmente estúpido porque realmente não existe isso de MMA feminino profissional – disse ela. – Sim, eu sei que existem caras que ganham a vida como lutadores profissionais, mas todos eles estão no UFC e, pelo que sei, eles não têm mulheres lutando no UFC, nem ouvi falar de quaisquer planos para terem mulheres lutando no UFC.

– Eu não estou pedindo apoio financeiro – eu disse. – Eu só quero sua bênção para tentar fazer isso.

– Bem, você não vai consegui-la – minha mãe disse. – Mas eu tenho certeza de que você vai atrás desta fantasia ridícula de qualquer maneira, porque você já provou que não dá a mínima para a minha aprovação.

Eu não falei com minha mãe por duas semanas. Ela me deixou algumas mensagens, mas eu não atendia suas ligações.

Eu verifiquei minha caixa postal.

– Ronda, é sua mãe. Eu sei que você intencionalmente não está atendendo minhas chamadas. Se você espera que eu tenha mudado de ideia e já não ache que essa coisa de MMA seja uma ideia estúpida, eu não mudei. Ligue de volta de qualquer maneira.

Esperar que ela mudasse não ia funcionar. Eu a convidei para jantar com Darin e Leo Frincu, meu treinador de força e condicionamento, para provar a ela que minhas ambições no MMA eram mais do que um sonho fantástico.

Nós nos encontramos no Enterprise Fish Company. Darin, Leo e eu sentamos a mesa esperando.

– É realmente uma honra conhecê-la – disse Darin quando mamãe chegou. – Ronda falou tantas coisas boas sobre você.

– Eu imagino.

Darin me deu um sorriso que dizia: – Não se preocupe, eu estou apenas me aquecendo. – Eu dei a ele um olhar que dizia: – Você não conhece minha mãe.

– Ronda tem potencial para ser uma estrela – Darin continuou. Mamãe revirou os olhos. – Você não acredita em mim? – ele perguntou.

– Eu sou cética – disse ela, com a voz firme.

A garçonete veio anotar nosso pedido. A conversa na mesa parou abruptamente. Enquanto minha mãe olhava para o cardápio, eu lancei a Leo um olhar suplicante do outro lado da mesa.

– Ronda é uma atleta incrível – Leo começou assim que nossa atendente tinha se afastado. – Ela é uma das melhores atletas com quem eu já trabalhei, e nós recém começamos. Ela tem um potencial incrível. Eu sei o que é preciso para ser o melhor em um esporte – acrescentou. – Eu fui campeão mundial de luta livre.

– Você foi? – um lampejo de respeito atravessou o rosto de minha mãe.

– Sim, 1994, competi pela Romênia.

Minha mãe concordou com a cabeça.

– Ela nem atingiu seu pico – disse Leo. – Ela ainda é jovem. Ronda está apenas entrando em seu auge. Ela pode ser a melhor do mundo.

– Eu não discordo de você – minha mãe disse. – Mas minha pergunta é: sim, e depois? Pelo que sei, não existe mercado para mulheres lutadoras de MMA. Estou errada?

Leo hesitou. Darin começou:

– Ainda não, mas vamos mudar isso – disse Darin. – Ronda vai ser grande. Vamos conseguir umas lutas para ela, e aí, a partir daí, as peças vão se encaixar. Eu tenho uma ótima sensação. Tem tanta energia ao redor dela.

– Eu trabalho com estatística, então eu opero com base em fatos e dados, em vez de energia. Eu espero que vocês entendam por que eu estou cética – disse minha mãe.

– Completamente – Darin assentiu com a cabeça enfaticamente demais.

A garçonete trouxe nossos pratos. Mamãe alvejou Darin sobre suas qualificações, seus lutadores, sua experiência.

Ele não defendeu bem o próprio caso e minha mãe cantarolava com desdém enquanto ele sangrava. Ele tentou soltar uns nomes de estrelas da tevê e alguns outros nomes menores. Ele estava afundando rápido.

– Mas essas pessoas não são lutadores – minha mãe apontou.

– Hum, bem, não.

– Então você entende porque estou cética? – ela perguntou mais uma vez.

— Entendo – Darin disparou. – Mas nós temos um plano. Temos tudo mapeado. Isso não vai acontecer da noite para o dia. Mas eu acho que, em quatro anos, se ela tiver o tipo certo de apoio...

Ele fez uma pausa e olhou para minha mãe, aparentemente esperando que ela se manifestasse e oferecesse esse apoio. Minha mãe olhou para ele com uma combinação de aversão e descrença.

— Ah, espere, você está dizendo que devemos apoiá-la financeiramente? – Minha mãe perguntou com uma risada.

— Eu posso me sustentar – eu interrompi.

— Eu estou colocando muito dinheiro em sua carreira – disse Darin.

— Isso é ótimo – minha mãe disse, condescendente.

Eu queria deslizar por debaixo da mesa e correr para o mais longe do restaurante possível.

— Eu não estou discutindo a capacidade de Ronda como atleta – minha mãe disse. – Eu estou questionando o "ela vai ser uma estrela e ganhar muito dinheiro", quando, pelo que eu sei, não há uma demanda real por lutadoras mulheres de MMA.

Darin ficou em silêncio.

— Então você entende porque eu estou cética? – minha mãe perguntou mais uma vez.

Darin assentiu.

— E o que você ganha com tudo isso? – minha mãe perguntou a ele.

— Eu só quero ver Ronda ter sucesso – disse ele.

— Você tem um contrato?

— Temos um acordo – disse ele. – Mas se Ronda não ficar feliz com o trabalho que eu estiver fazendo, eu caio fora.

Minha mãe estreitou os olhos.

— Não são negócios – disse Darin. – Ronda é como família para mim.

— Negócios são sempre negócios – minha mãe disse, então virou-se para mim. – E eu descobri que as únicas pessoas que são como família são sua família real. Olhe, se isso é algo que você realmente quer fazer, você pode fazer isso, mas você vai fazer isso sozinha. Vou lhe dar um ano. É isso aí. Um ano.

A alegria cresceu dentro de mim. Eu fiz uma dança feliz na minha cabeça. Era o mais próximo que eu chegaria de sua aprovação. Não era completa aceitação, mas serviria.

Quando acabamos de comer, Darin fez um estardalhaço pela conta.

— Bem, Leo, foi um prazer conhecer você – minha mãe disse. – Um ano – ela disse para mim.

Ela deu a Darin um olhar e não disse nada.

Ela me ligou mais tarde naquela noite.

– Oi mãe, o que foi?

– Um ano – disse ela, pulando qualquer saudação. – E eu não confio no tal de Darin.

– Isso realmente está acontecendo – pensei.

Este era meu sonho, e minha mãe estava me dando uma chance de ir atrás dele, mesmo se ela realmente não acreditasse nele. Estava tudo bem para mim.

Se as pessoas não acreditam em você quando você diz algo, então você tem de provar isso. Eu prometi a ela que provaria que ela estava errada.

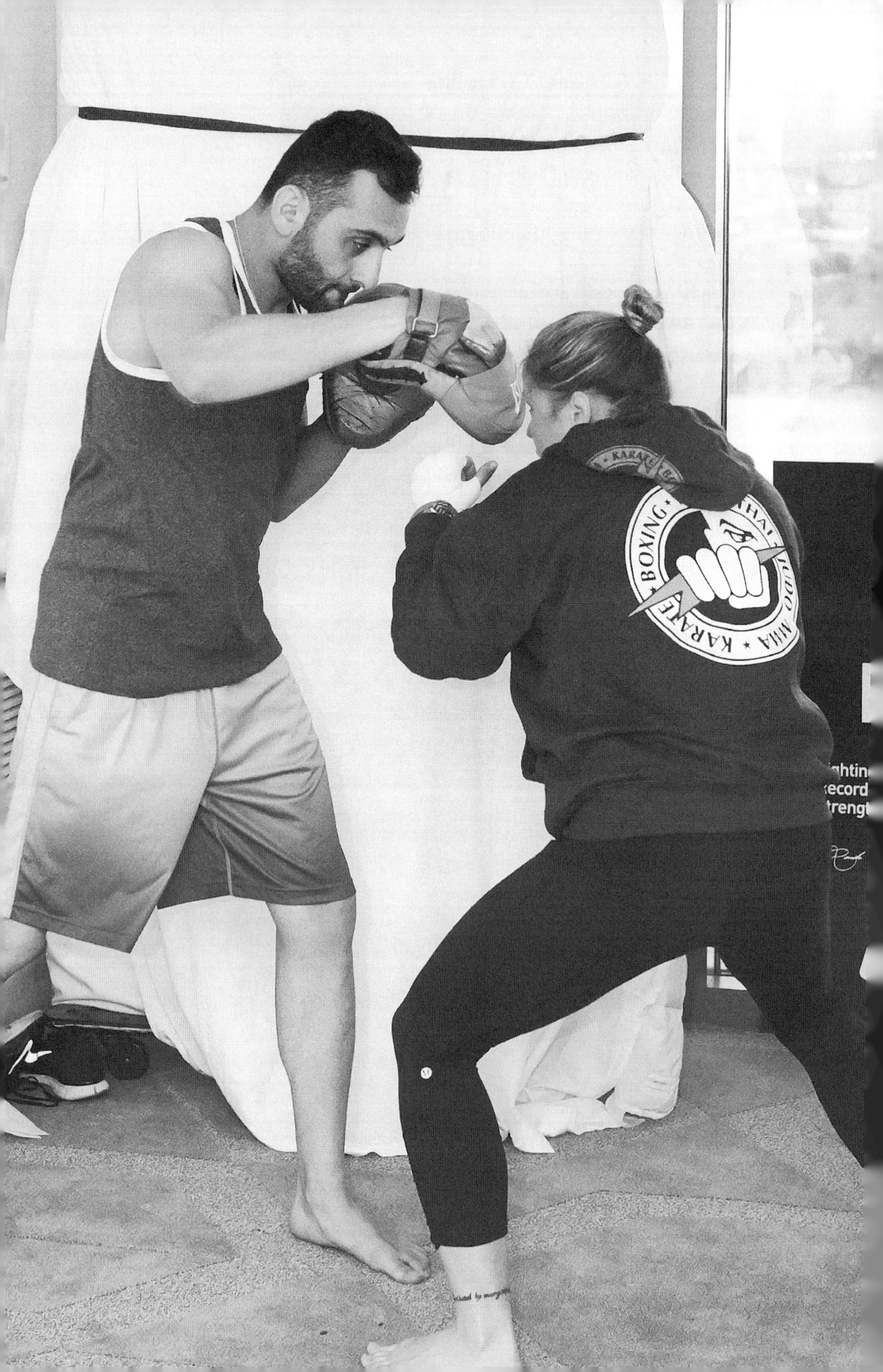
BOXING
THAI
JUDO
MMA
KARATE

ENCONTRAR UM TREINADOR É COMO ENCONTRAR UM NAMORADO

Quando eu procuro por um treinador, eu dou uma olhada por aí. É muito parecido com o namoro. Às vezes você pode conhecer um grande cara, mas ele não é o cara certo para você. Quando você encontra o treinador certo, a ficha cai. Parece a coisa certa a fazer. Se você não tiver essa sensação, você não encontrou o treinador certo.

Lutadores tem de procurar por um treinador com potencial, da mesma forma que os treinadores têm de procurar por lutadores com potencial. Afinal, é um relacionamento que você constrói ao longo do tempo.

Eu acredito que é muito importante manter um aconselhamento consistente ao longo de uma carreira em vez de ficar quicando por aí. Com o tempo, vocês desenvolvem um relacionamento e uma maneira de se comunicar. O aconselhamento se trata de comunicação e ser capaz de passar informações de uma pessoa a outra rapidamente. Se você conseguir encontrar todas essas coisas em uma só pessoa, vocês terão uma vida longa e feliz juntos.

Quando eu fiz a transição para o MMA, eu sabia que podia render qualquer pessoa no planeta. Acertá-la era outra história. Eu tenho certeza que é assim com qualquer mudança de carreira. Você traz as habilidades que você tem, mas você também precisa desenvolver novas. Para melhorar, eu tive de encontrar um treinador de golpes. Eu fui a duas diferentes academias, mas eu não estava me conectando com ninguém.

Eu me lembrei do conselho que minha mãe tinha me dado quando eu estava procurando pelo treinador de judô que poderia me levar para o próximo nível:

– Não existe um treinador melhor, existe um treinador melhor para você.

No início de 2010, alguns dos caras com quem eu treinava no Hayastan também malhavam no Glendale Fighting Club (GFC), que pertencia a Edmond Tarverdyan. Edmond era mais jovem do que a maioria dos treinadores, não tinha nem trinta, mas ele vinha dirigindo sua própria academia e formando lutadores desde que ele tinha dezesseis anos. Os caras do Hayastan falavam bem de Edmond como treinador de golpes, então eu fui até lá para conhecer o lugar.

Quando fui pela primeira vez ao GFC, estava cheio de caras falando em armênio que se viraram e olharam para mim quando eu entrei, como se eu tivesse aterrissado de um planeta alienígena. Eu não conseguia entender o que eles estavam dizendo, mas eu tinha certeza de que eu sabia o que eles estavam pensando:

– Quem diabos é essa garota, e o que ela está fazendo em nossa academia?

Eles sabiam que Edmond "não treinava garotas", que ele "nunca treinaria uma garota".

Manny me apresentou de qualquer maneira. Ou eu suponho que é o que ele fez porque a conversa entre ele e Edmond foi:

– (Algo em armênio), Ronda. (Mais armênio).

Edmond nem olhou na minha direção.

Havia entre dez e quinze caras no clube a qualquer hora: socando o saco de pancadas, fazendo exercícios, andando de bicicleta, treinando luvas no ringue com Edmond e lutando. Então lá estava eu, uma garota loira sem ideia nenhuma do que estava fazendo no que se tratava de golpes. Manny começou a malhar, e eu estava sozinha, de pé lá, ouvindo o zumbido da bicicleta, o barulho de luvas sendo atingidas e música armênia que vinha dos alto-falantes. Ninguém falou comigo, nem em armênio, nem em inglês.

Coloquei minhas luvas e comecei a bater no pesado saco de pancadas. Eu sabia que minha técnica era uma porcaria, e ninguém se deu o trabalho de me corrigir. Eu me sentia estúpida; parecia estúpida; mas eu comecei a trabalhar. Enquanto eu estava malhando, eu observava Edmond dando instruções a Manny dentro do ringue. Mesmo que Edmond estivesse dando instruções do outro lado da academia em uma língua estrangeira, eu o entendia melhor do que jamais tinha entendido um treinador. Eu observei as correções que ele deu a Manny e comecei a fazer as mesmas correções eu mesma.

Voltei no dia seguinte. E no próximo. E no próximo. O GFC se tornou a parte do meu dia ao redor da qual tudo girava.

Eu cheguei à academia entre oito e trinta e nove horas, que é cedo para os armênios. As portas estavam trancadas. Eu não tinha a chave.

Liguei para Manny, que me disse para ligar para Roman, que me disse para ligar para Edmond e me deu o número de Edmond.

– Oi, alguém vem abrir a academia? – Eu perguntei quando Edmond atendeu.

– Sim, alguém vai – disse Edmond, exasperado. – Sevak vai chegar logo.

Eu me sentei sobre minha bolsa na porta de trás da academia e esperei. O carro de Sevak entrou no estacionamento do GFC. Eu me levantei e saltei de um pé para o outro.

– Bom dia – eu disse alegremente enquanto ele abria as portas.

Sevak segurou a porta para mim. Com vinte e um, ele era dois anos mais jovem do que eu, mas vinha treinando com Edmond desde que tinha quatorze e vinha ensinando no GFC há dois anos. Ele basicamente seguia o exemplo de Edmond quando se tratava de lidar comigo, mas ele pelo menos reconhecia minha existência.

Sevak acendeu as luzes, então sentou-se atrás da mesa. A academia estava impecável, resultado da obsessão – quase como um TOC – de Edmond com limpeza. Passei pela porta, o ringue de boxe a minha direita, um grande mural de Muhammad Ali e Edmond em posições de boxe pintadas por trás dele com as palavras "Nada é impossível" em grandes letras vermelhas.

Enfaixei minhas mãos, sacudindo a cabeça com o trabalho amador que eu fiz com as faixas. Fiz o melhor que pude, então passei ao trabalho, acertando o saco de pancadas. Lentamente, o lugar ganhou vida conforme os lutadores começaram a aparecer.

Edmond apareceu entre dez e onze horas da manhã. Ele disse algo para Sevak em armênio e gritou chamando quem estivesse em primeiro lugar para treinar, pulou no ringue e começou a trabalhar.

Com sua primeira sessão de treino do dia terminada, Edmond escorregou para fora do ringue e foi pegar algo de sua bolsa. Eu fui até ele.

– Edmond, você treina luvas comigo? – perguntei pela enésima vez.

– Não, estou ocupado – disse Edmond, nem mesmo olhando para cima.

– Talvez você pudesse me dar um exercício – eu disse. – Eu gostei muito do trabalho de pés que você me deu dois dias atrás.

– Vá acertar o saco de pancadas – disse Edmond, dando-me um aceno de desprezo.

Fui até o pesado saco de pancadas e comecei a acertá-lo. Eu me sentia uma idiota. Eu ouvi dois caras do outro lado da sala rindo e senti minha nuca ficar vermelha. Eu sabia que meu jeito era uma piada. Eu acertei o saco com mais força e continuei a acertar o saco. Eu queria que Edmond visse que eu estava fazendo o que ele me disse para fazer. Eu observava Edmond por dicas enquanto eu malhava, mas era difícil fazer as duas coisas ao mesmo tempo.

Quando Edmond entrou de novo no ringue para treinar o próximo cara, um boxeador que eu reconheci chamado Art Hovhannisyan, fiz uma pausa na minha sessão de exercícios e fiquei pulando para a frente e para trás em um dos pneus que ficavam de frente para o ringue.

Edmond e o lutador se moviam ao redor do ringue. *Bam. Bam. Bam.* O som de Art acertando as luvas ecoava por toda a academia. *Bam. Bam.* Edmond deslizou para a esquerda. Eu observei Art quando ele começou outra série de golpes. *Bam. Bam. Bam.* Edmond se movia de um lado para o outro. Art começou de novo quando Edmond o deteve. Edmond começou a falar rápido em armênio enquanto Art o ouvia, assentindo que entendia. Então Edmond socou o ar algumas vezes, ainda esperando resposta. Art respondeu em armênio e Edmond balançou a cabeça como se quisesse dizer: – Não, está errado. – Ele fez o movimento novamente, após o qual Art disse algo mais em armênio e Edmond assentiu com a cabeça enfaticamente. Então os dois começaram novamente no ringue. *BAM. BAM. BAM.* O som dos socos acertando as luvas estava perceptivelmente mais alto. Art fez de novo. *BAM. BAM.*

– *Shat lav*! – gritou Edmond, que eu imaginava querer dizer – Sim, sim, é isso!

Eu fiz uns movimentos fracos no ar, guardando a combinação que eu tinha acabado de ver na memória para experimentar no saco depois.

Eu estava aprendendo a entender a linguagem corporal muito bem. Edmond podia se recusar a me dar aulas particulares, mas eu estava aprendendo de forma mais simples ao observá-lo com outros lutadores do que eu tinha aprendido com todos os outros treinadores de golpes que falavam inglês com os quais eu tinha trabalhado. Voltei minha atenção à sessão de treinamento no ringue. Fixei meu olhar em Edmond, estreitando os olhos como se, se eu apenas me concentrasse o suficiente, eu pudesse fazê-lo trabalhar comigo por força de vontade.

Isso continuou por uns bons três meses. Todos os dias, eu continuava vindo, e Edmond me deixava entrar de graça. Não ter grana me deixava ainda mais motivada. Eu estava determinada a trabalhar mais do que qualquer um. Eu comecei a ir à academia de Alberto Crane no Valley para treinar de manhã e praticar MMA antes de ir para Glendale. Eu saía do treino um pouco mais cedo para que eu pudesse chegar ao GFC.

Mesmo assim, eu ainda era a primeira pessoa a chegar à academia de manhã, o que significava ligações diárias para Edmond perguntando se alguém vinha abrir a academia.

Isso aconteceu tantas vezes que Edmond ficou irritado comigo e me deu uma chave. Ele não me treinava, mas eu tinha a chave! Foi aí que eu percebi que irritar Edmond era a melhor maneira de conseguir o que eu queria. Eu decidi que eu simplesmente iria irritá-lo até que ele cedesse.

Eu observava Edmond treinar todo mundo e continuava a pedir-lhe para treinar luvas comigo. Eu perguntava todos os dias e, todos os dias, ele dizia não.

Na manhã de 16 de julho de 2010, eu abri a academia do GFC. Eu ia ao clube de Edmond há quatro meses e Edmond ainda praticamente fingia que eu não estava lá. Os lutadores começaram a aparecer para malhar, e o ginásio ganhava vida. Eu estava sentada atrás da recepção enfaixando minhas mãos quando Edmond entrou com Art, que eu não sabia que se pesaria para sua próxima luta mais tarde naquele dia. Art pulou no aparelho elíptico e começou a malhar sem dizer uma palavra.

– Edmond, você pode treinar luvas comigo hoje? – Perguntei.

Edmond nem sequer olhou para mim. Ele apenas disse:

– Não. Eu não quero suar nesta camisa – e continuou andando.

Meu queixo caiu. A raiva me atravessou e eu pensei:

– O quê? Você não quer suar nessa camisa por mim? Do jeito que eu suo por você todos os dias tentando impressioná-lo? Do jeito que eu suava na academia em que eu treinava antes de vir para cá para lhe implorar por um pouco de seu tempo? Por falar nisso, estamos em uma academia. Ah, e você pode trocar essa maldita camisa – eu não disse tudo isso mas, de repente, toda minha loucura saiu. – QUE MERDA DO CARALHO! – eu gritei no meio da academia. O lugar inteiro ficou em silêncio.

Edmond girou em descrença total. Seu tom foi frio:

– Não se atreva a me xingar na minha academia.

Furiosa, peguei minhas bolsas e fui embora. Eu estava segurando as lágrimas.

Eu nunca ia ganhar o respeito de Edmond com trabalho duro. Eu desisti. Eu estava exausta de treinar em um lugar onde eu não era aceita. Eu ia ter de descobrir como treinar sozinha.

Eu saí dirigindo. Mas, a menos de um quilômetro de distância, percebi que tinha esquecido minhas luvas na academia. Eu não tinha condições de comprar outro par.

– Porra! – pensei.

Meu telefone tocou. Era Edmond. Eu hesitei antes de responder, então abri meu telefone.

– Alô?

– Ronda, é Edmond. Volte aqui e me leve ao banco. Vamos conversar.

Eu fiz um retorno ilegal e voltei para a academia. Eu não tinha certeza do que esperar mas, pelo menos, isso significava que eu poderia pegar minhas luvas.

O que eu não tinha me dado conta era como Edmond reagiria ao estado do meu carro. Sabe aqueles comerciais de desodorizador nos quais eles enchem um carro com lixo, colocam ele no sol e então trazem as pessoas de olhos vendados para mostrar como seus produtos funcionam bem? Meu carro era meio como aquele, sem o aroma fresco. Imagine um cesto de roupa suja transbordando de roupas de ginástica sujas. Então misture isso com um canil. Agora imagine se esse mesmo carro tivesse pequenos brinquedos de plástico baratos colados por toda a parte do interior, em parte para lhe dar um pouco de caráter e, em parte, para distrair do deserto zumbi no meu banco de trás. Eu não lavava meu carro há mais de um ano. Só uma janela funcionava e nada de ar-condicionado. Era verão no Valley, e a temperatura em Glendale naquele dia era de quase quarenta graus.

Eu encostei no estacionamento da academia me sentindo apreensiva. Edmond saiu mas, quando ele teve um vislumbre do meu carro, um olhar de nojo atravessou seu rosto e ele hesitou antes de alcançar a maçaneta. De alguma forma, ele conseguiu entrar no carro sem tocar em nenhuma superfície: era como se ele estivesse apenas pairando sobre o assento.

– Vá em frente, então vire à esquerda – disse Edmond com relutância.

Eu balancei a cabeça. Eu tinha dito tudo o que eu tinha a dizer antes na academia.

– Quando você veio até mim, minha cabeça estava em Art – Edmond explicou com seu forte sotaque armênio. – Eu só disse que não queria suar porque eu queria ajudá-lo a atingir o peso. Eu não estava pensando nas minhas palavras.

Edmond explicou que Art estivera doente e bebeu água e estava muito mais pesado do que deveria. Art tinha vindo à academia para tentar suar os quilos extras em um esforço para atingir o peso. Se alguém ia suar, Edmond queria que fosse Art. Edmond acrescentou que não se tratava de sua camisa, mas que essa era a camisa que ele ia usar para a pesagem e ele não tinha uma muda de roupa.

– Eu não quis dizer aquilo do jeito que eu disse – disse Edmond.

Foi um pedido de desculpas típico de Edmond. Ele não podia simplesmente dizer que estava arrependido por me descartar. Na verdade, isso não era um pedido de desculpas. Isso não era sequer Edmond me dizendo que ele não queria que eu fosse embora. Isso era Edmond *me dizendo que ele estava certo* em não me treinar naquele dia.

Chegamos ao banco. Edmond saiu do carro enquanto eu olhava para a frente. Ele deu alguns passos, então voltou e se inclinou na janela aberta do lado do passageiro.

– Não me deixe, está bem? – ele disse. – Eu já volto. Não vá embora. Está bem?

Ele parou, sem saber se eu ia dar no pé ou não. Eu não pude evitar um sorriso.

– Eu estarei aqui.

Poucos minutos depois, Edmond surgiu e voltou ao carro.

– Olhe, Ronda, eu vi que você tem praticado – disse Edmond. – Eu vejo que você está dando muito duro.

Eu balancei a cabeça.

– Talvez eu realmente não tenha trabalhado com você – ele continuou.

– É. – juntei toda minha força interior para não dar uma resposta sarcástica.

– Mas eu vou dispor de mais tempo para treinar com você – disse ele.

– É? – eu disse. Era a única palavra que eu podia deixar sair enquanto segurava o que eu realmente queria dizer, que era: – Não vai ser muito difícil considerando que você não dispôs de tempo nenhum até agora.

– Talvez treinar luvas – disse ele.

– Seria ótimo – eu respondi.

– Você tem uma luta chegando? – perguntou Edmond.

– Minha estreia amadora é no mês que vem.

– Está bem, eu vou me certificar de que você esteja pronta para isso – ele me disse.

Voltamos à academia. Edmond abriu a porta e saltou para fora do carro, colocando a maior distância possível entre ele e meu desastre de carro.

– Está bem, vejo você na segunda-feira – disse Edmond.

– Segunda-feira – eu concordei.

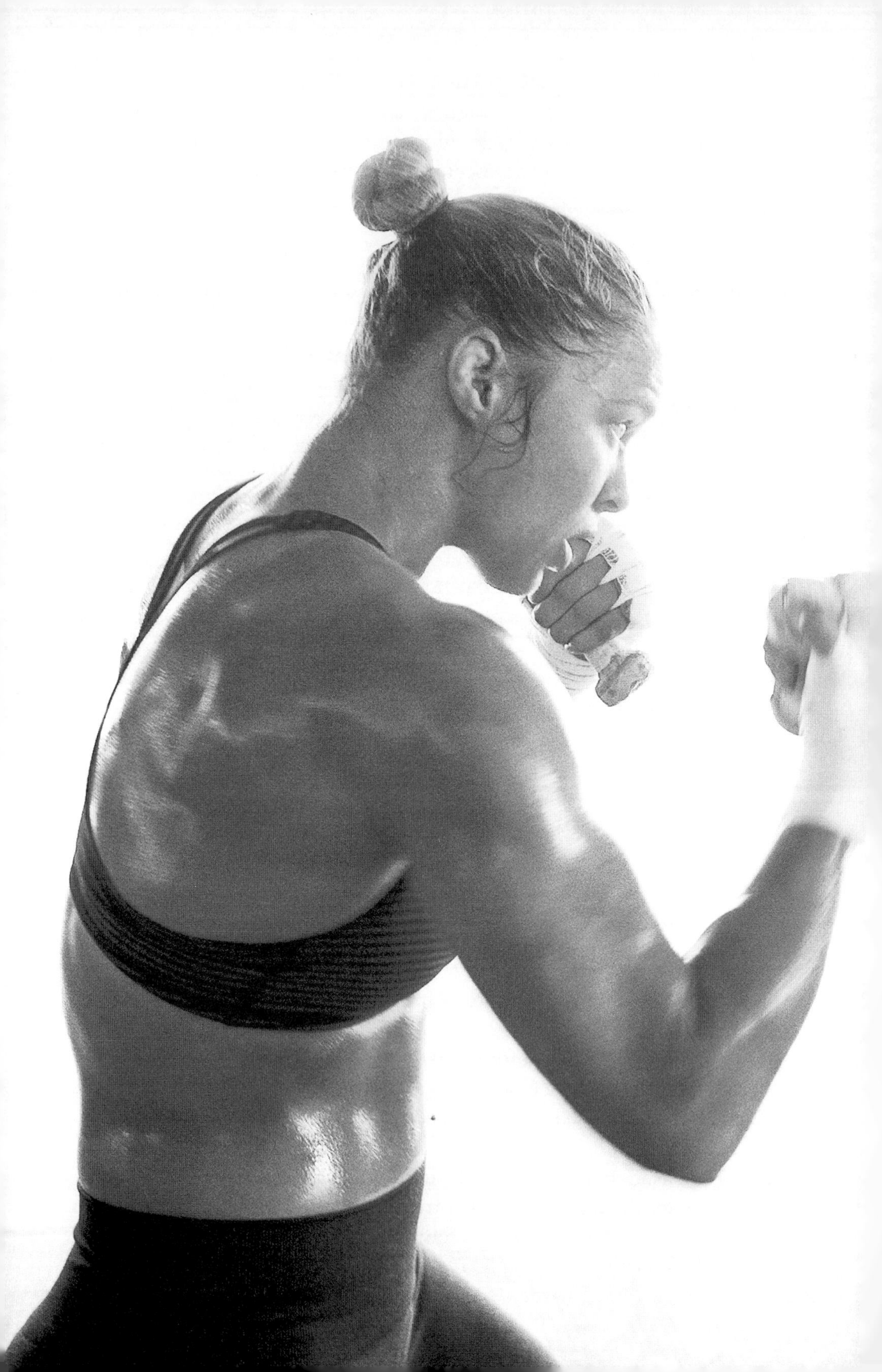

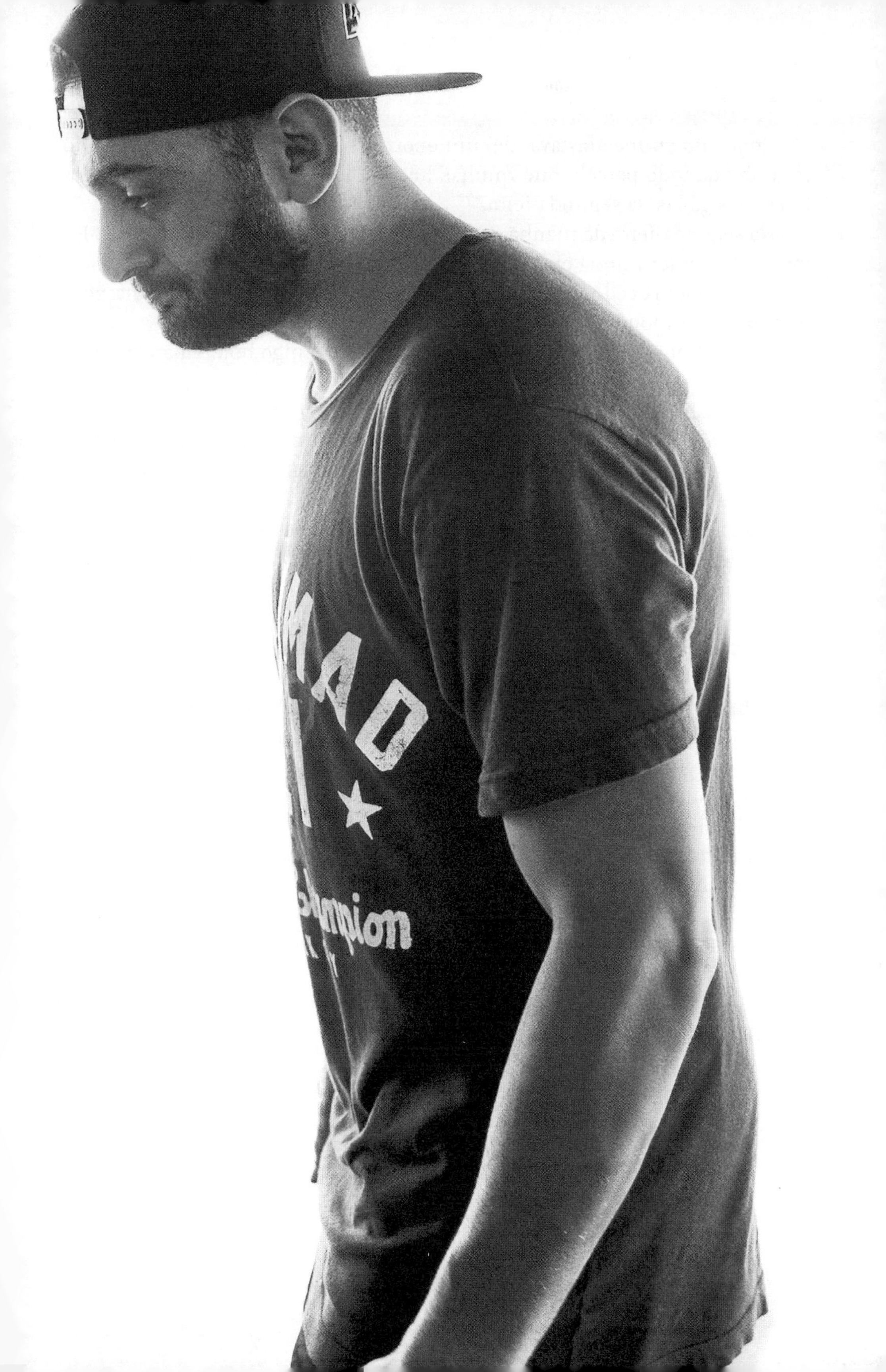

Enquanto eu me afastava, dei um enorme sorriso. Eu estava no meio do caminho quando percebi que minhas luvas ainda estavam na academia. Eu teria de pegá-las na segunda-feira.

Na segunda-feira de manhã, eu sorri o caminho todo para a academia. Eu mal podia conter minha emoção. Este era o dia.

Eu cheguei lá cedo, antes mesmo de Sevak, e entrei. Cerca de uma hora mais tarde, Edmond entrou pela porta.

– Oi, Edmond, você disse que treinaria luvas comigo hoje – não era uma pergunta.

– Sim, sim – disse ele. – Depois de eu treinar alguns caras.

Uma sessão de treino com Edmond poderia ser de uma hora, se ele realmente quisesse trabalhar com a pessoa, ou ele poderia só treinar luvas por menos de um round (um round de boxe profissional é de três minutos) e então seguia em frente. Depende do estado de espírito de Edmond e se ele gosta ou não de você. Eu não sabia quantos caras ele planejava treinar primeiro e eu não me importava. Eu não ia embora da academia até Edmond treinar luvas comigo.

Durante a hora seguinte, eu esperei na volta, aquecendo e saltando. Eu queria estar flexível para que eu estivesse pronta para saltar no ringue assim que Edmond dissesse: – Está bem, Ronda, agora – aí ele chamou meu nome.

Tentei não parecer animada demais quando entrei no ringue. Eu queria que ele entendesse que eu era séria e focada. Eu não disse uma palavra. Eu tinha aprendido com Big Jim que os treinadores realmente gostam quando você cala a boca e faça o que eles disserem.

Ele trabalhou comigo por alguns minutos em trabalho de pés básico. Então ele me disse para dar um soco de esquerda.

Eu dei um. Eu estava tentando ficar relaxada porque, se você fica duro, você não consegue socar porra nenhuma, mas eu estava muito dura, porque eu estava toda empolgada e meu soco foi horrível. Ele me fez dar mais uns socos e então, assim que eu senti que estava me soltando e fazendo um bom trabalho, Edmond disse:

– Está bem, terminamos.

Nós estávamos no ringue há menos de vinte minutos.

Anos mais tarde, ouvi Edmond dizer em uma entrevista que aquela manhã em que eu gritei com ele foi um ponto de mudança, porque ele viu que eu tinha a coragem de dizer alguma coisa. Naquele momento, ele viu o quanto eu queria treinar e isso o fez perceber que eu valia a pena treinar. Naquele momento, eu encontrei meu treinador.

VOCÊ SERÁ TESTADO

> Eu perdi torneios. Eu perdi amizades. Eu perdi meu pai. Eu sei que posso dar um jeito quando as coisas ficam ruins. Eu posso dar a volta por cima quando as coisas estão na pior. Eu não tenho medo de perder todo meu dinheiro ou perder minha carreira, porque eu sei que sou capaz de morar no meu carro e me levantar. Uma vez que você tenha conquistado as piores coisas que poderiam acontecer, não há necessidade de temer o desconhecido. Você se torna destemido.

Minha carreira no MMA estava deslanchando, mas eu precisava de um outro emprego para me sustentar até que a luta começasse a pagar as contas. Eu me esforcei para encontrar trabalho. Minha irmã Maria ligou para um amigo da escola e me arrumou um emprego trabalhando no turno da noite no 24 Hour Fitness. O trabalho era uma droga, mas cada vez que o ressentimento brotava, eu imaginava o banco de trás de meu Honda como meu quarto.

Algumas semanas depois, consegui um segundo trabalho ensinando judô em um clube no Westside de Los Angeles. Peguei um terceiro emprego trabalhando como assistente veterinária em uma clínica de reabilitação animal. Eram empregos aos pedaços, mas eram o suficiente para pagar (a maioria das) minhas contas. Além disso, eu estava tão apaixonada pelo CBPC que, desde que ele estivesse comigo, nada mais no mundo importava.

Mas você só pode viver em uma bolha por um tempo antes que ela exploda.

Após cerca de um ano quase inseparáveis, o CBPC me ligou quando eu estava saindo para o treino.

– Eu preciso ver você – ele pediu.

Quando cheguei à sua casa, ele estava sentado na cama, abaixado. Roxie estava encolhida no canto do quarto, mais assustada do que eu jamais tinha visto. Larguei minha bolsa ao lado da porta do quarto.

– Eu bebi – disse ele.

Eu não sabia o que aquilo significava.

– Não é o fim do mundo. Você bebeu hoje. É um dia perdido. Vamos seguir em frente. Só fale comigo sobre tudo o que está acontecendo com você.

Ele tinha bebido uma garrafa de mais de um litro de cerveja de alto teor alcoólico antes de eu chegar e ele pegou um fardo de seis latas de cerveja que ele estava bebendo enquanto estávamos sentados ali.

– Ele vai beber hoje – eu pensei comigo mesma. – É só deixar ele se livrar disso e vamos seguir em frente amanhã.

Algumas horas se passaram. Ele ficou diferente. Suas pupilas estavam tão dilatadas que seus olhos pareciam negros. Eu não conseguia fazê-lo se concentrar em mim.

– Eu tenho de dar uma saída – ele me disse. Sua voz estava monótona.

– O que há com você?

Como atendente de bar, eu estava acostumada a ver pessoas que tinham bebido demais, mas isso era diferente de tudo o que eu já tinha visto. Ele estava começando a me assustar.

– Eu tenho de dar uma saída – disse ele novamente.

– Fale comigo. Eu estou bem aqui – mas ele estava com a cabeça em outro lugar. Ele ficava olhando para o nada, então ele se levantou para sair.

– Você não vai sair deste quarto – eu não levantei minha voz, mas eu estava bloqueando a porta.

Olhando através de mim, ele tentou me empurrar para o lado como se eu fosse uma cadeira que estivesse em seu caminho. Eu coloquei minhas mãos em seu peito e o empurrei para a cama. Ele tentou se levantar. Eu o empurrei novamente e ele bateu com a cabeça contra a parede. Meu estômago afundou. Eu pensei que o tinha machucado. Mas ele se recuperou, imperturbável, e então tentou se levantar novamente. Eu o empurrei mais uma vez, mais suavemente desta vez. Ele não lutou. Ele apenas ficou lá por alguns segundos, aí tentou de novo, como se tivesse esquecido o que havia precedido. Devemos ter dançado essa estranha dança uma dúzia de vezes. Cada vez que ele tentava se levantar, meus músculos se contraíam, preparando-se para mais uma rodada. E cada vez meu coração afundava mais. O CBPC estava se afastando para mais longe de mim, e eu não conseguia puxá-lo de volta. Finalmente, ele se sentou na cama.

Eu corri para a cozinha, encontrei as chaves no balcão e as escondi em um armário antes de correr de volta para o quarto, caso eu tivesse que interceptá-lo novamente.

Sentei-me ao lado dele, sentindo-me exausta e triste. Um pouco depois, ele se levantou como se estivesse indo para o banheiro, então fez uma curva acentuada para a porta da frente.

Eu o desviei e, pela próxima hora, sentei-me guardando a porta, bloqueando a única saída do apartamento.

– Me desculpe – disse ele finalmente. – Me desculpe. Vamos nos deitar. Vamos só nos deitar.

Eu estava esgotada. Já eram mais de três da manhã e eu estava cuidando dele há horas. Fomos para a cama em silêncio. Olhei em seus olhos e ele parecia novamente presente. Parecia que ele finalmente ia ficar sóbrio. Deitamos ali juntos, e ele me segurou em seus braços tatuados. Lentamente, eu relaxei e, finalmente, adormeci.

Eu acordei de manhã, sozinha. O conteúdo da minha bolsa estava espalhado por todo o chão do quarto. O CBPC tinha ido embora com meu carro.

Liguei para o celular, mas ele não atendeu.

Eu liguei para todo mundo em que eu consegui pensar. Liguei para seu amigo Mike. Liguei para seu amigo Luke. Liguei para seu amigo Jack. Liguei para sua mãe. Liguei para minha mãe. Todos disseram a mesma coisa: chame a polícia e declare o roubo do carro. Eles vão procurar pelo carro e vão encontrá-lo.

Eu me sentia mal e minhas mãos tremiam quando eu liguei para a polícia. O atendente não fez muito para me tranquilizar.

– Se você declarar o roubo desse carro e ele tentar resistir, então você sabe, eles têm licença para atirar nele – disse ele. – Você quer que isso aconteça?

– Não! – eu disse chocada. – Eu não quero que vocês atirem no meu namorado!

Eles enviaram uma viatura para o apartamento. Havia dois policiais e um era uma cabeça mais alto do que o outro. Eu os convidei para entrar. Eles foram muito gentis. O alto me deu um sorriso forçado, então seu parceiro pegou um bloco de notas e o abriu. Eu contei a eles minha história, e a expressão de reconhecimento em seus rostos deixou claro que já tinham ouvido tudo isso antes.

– Vocês vão mesmo atirar nele? – perguntei.

Os policiais pareciam um pouco confusos.

– Não – disse o baixinho. – Nós vamos andar por aí e verificar uns hotéis diferentes, olhar nos estacionamentos. Vamos tentar encontrá-lo para você.

Seu parceiro me deu um olhar simpático.

– Este é o número onde você pode nos encontrar – disse ele, entregando-me um cartão. Então eles partiram para procurá-lo.

Sentei-me no chão da sala do CBPC, encostada na parede, e mal me movia. Sua cachorra, Roxie, estava nos meus pés.

– Em que merda que você se meteu? – eu perguntei a mim mesma em voz alta.

Eu não fazia ideia do que fazer. Eu ficava verificando o telefone, virando e revirando ele em minhas mãos. Querendo que ele tocasse. Então ele tocou. Era sua mãe. Havíamos nos conhecido de passagem, mas não éramos próximas.

– O que aconteceu exatamente? – ela perguntou.

Contei os acontecimentos da noite anterior.

– Você deixou um viciado beber? – ela disse em tom acusatório. – Como você pôde fazer isso?

– Eu... eu... eu pensei que ele tinha um problema com heroína, não álcool – gaguejei.

– Inacreditável. É tudo conectado – disse ela. – Eu sei que você não quer ouvir isso, mas isso é culpa sua. Você o encorajou. Avise se souber de alguma coisa – ela disse e desligou. Quinze minutos depois, ela ligou novamente. Eu deixei ir direto para a caixa postal.

Passou uma hora e eu ouvi alguém na porta. Eu dei um pulo. Roxie começou a latir feito louca. A porta se abriu. Era sua mãe.

– Nada? – ela perguntou. Ela parecia menos zangada comigo.

Eu balancei a cabeça.

– É por isso que você não deve se envolver com um viciado – disse ela.

Ela pegou o celular e começou a fazer telefonemas. Eu sentei na cozinha, em estado de choque. Ela entrou no quarto e começou a jogar roupas em uma sacola. Seu telefone tocou. Nós duas demos um pulo.

– Não é ele – ela me disse, olhando para o identificador de chamadas.

No fim daquela tarde, o CBPC simplesmente voltou para casa. Uma onda de alívio tomou conta de mim. Ele parecia uma merda, mas estava bem. Ele se jogou na cama e começou a chorar.

– Me desculpe – ele disse entre soluços. Eu nunca o tinha visto chorar antes. Ele confessou ter levado meu carro para o centro para conseguir heroína. Ele só conseguiu encontrar crack. Assim, ele passou a manhã usando crack e então apenas andando por aí. Quando começou a passar o efeito, a ficha caiu de uma vez só. Ele estava no fundo. Mais no fundo do que eu já o tinha visto. Ele não conseguia nem me olhar nos olhos.

A situação era tão foda que eu nem sabia como processá-la. Sua mãe assumiu o controle com um incrível nível de organização; ela já tinha trilhado esse caminho antes.

– Entre no carro – disse ela, com firmeza. – Você vai voltar para a reabilitação.

Ele se levantou lentamente, mas não discutiu. Ela o levou para o carro, um sedã de luxo. Eu os segui, com Roxie logo atrás de mim. O CBPC entrou na parte de trás e eu me sentei ao lado dele. Roxie se deitou a seus pés. Foram quarenta e cinco minutos de carro até o centro de reabilitação, e ele ficou em silêncio todo o caminho até lá.

– Me desculpe – ele disse quando descemos do carro.

Eu tentei forçar o tipo de sorriso que diz a uma pessoa que vai ficar tudo bem, mas eu não consegui levantar os cantos da boca.

O CBPC assinou os papéis de admissão com a mão trêmula.

– Me desculpe – disse ele novamente. – Me desculpe mesmo.

Sua mãe e eu entramos no carro. Eu precisava voltar para a casa dele para pegar meu carro. Ela parecia cansada e preocupada. Nós entramos na autoestrada.

– Eu não consigo acreditar que você deixou ele beber – disse ela novamente.

Eu não disse nada.

– Meu Deus, quem é que deixa um viciado beber? – ela nem olhava na minha direção. Ela ficou em silêncio pelas próximas milhas.

– Eu sabia, quando ele conheceu você, que ele estaria de volta aqui, mas eu ainda não consigo acreditar que aqui estamos novamente – ela não estava falando comigo neste momento. Ela estava segurando o volante com tanta força que os nós dos dedos estavam brancos. Olhei para Roxie, que ainda estava deitada no chão, no banco traseiro.

Continuamos andando.

– Você precisa deixá-lo – sua mãe disse para mim, quebrando o silêncio. – Ele não faz bem para você, e você não faz bem para ele. Você não pode ficar com alguém que sai por aí fazendo esse tipo de merda.

Ela continuou assim, em surtos, todo o caminho para casa. Ela não tirou os olhos da estrada, e eu não disse uma palavra.

Ela me deixou em casa e foi embora sem dizer adeus. Eu fiquei lá com Roxie, que olhava para mim parecendo assustada e solitária. Eu percebi que me sentia da mesma maneira. Eu me abaixei e cocei sua nuca.

— Vamos lá, garota — eu disse. Ela me seguiu até meu carro. Eu abri a porta traseira e joguei minha bolsa no chão. Tentei colocar Roxie no carro, mas ela ficou louca, se afastou e correu pela rua. Bati a porta e corri atrás dela, pegando-a no meio do quarteirão. Segurando firmemente sua coleira, eu a levei de volta para o carro e fui abrir a porta. Ela estava trancada. Eu tive de rir. Eu não poderia imaginar que o dia poderia ficar pior. Eu liguei para o serviço de carros e então me sentei no meio-fio para esperar. Roxie não sossegava, e eu puxei com força sua coleira.

— Roxie, acalme-se — eu disse com firmeza.

Um cara que eu nunca tinha visto antes atravessou a rua na minha direção.

— Como você se sentiria se alguém puxasse você desse jeito? — ele me perguntou.

— Filho da puta, você não faz ideia do que está acontecendo hoje. Não brinque comigo! — Eu disparei. Ele olhou para mim como se eu fosse louca e então se afastou.

Demorou mais de uma hora para o serviço vir.

Quando chegou, já era tarde demais para pegar Mochi na creche para cães. Eu não sabia como eu ia conseguir pagar dois pernoites. Quando eu finalmente cheguei em casa, meu apartamento estava frio. O dinheiro era curto, e eu tinha decidido que, enquanto eletricidade e água eram serviços necessários, gás para o aquecimento não era.

Meu quarto estava escuro e eu simplesmente fui direto para a cama. Eu não tinha lençóis (que custam dinheiro que eu não tinha), apenas um saco de dormir. Estava tão frio. Roxie subiu na cama. Eu a cobri com meu saco de dormir e passei meus braços em torno dela. Nós dormimos de conchinha a noite toda por conforto e calor. Lágrimas rolavam pelo meu rosto.

Enquanto o CBPC estava na reabilitação, ele me escrevia longas cartas manuscritas cheias de pedidos de desculpas e declarações de amor. Eu me deitava na cama sem lençóis e as lia e ficava de conchinha com sua cachorra, e chorava e pensava:

— Ele me ama, isso é tudo o que importa.

Eu sentia muitas saudades dele. Eu tinha ficado com ele todos os dias há meses. Eu tinha começado a ativamente perseguir meu sonho no MMA, e ele era o único que eu sentia que realmente acreditava em mim. Eu o queria de volta.

Eu fui vê-lo no dia de visitas cerca de duas semanas depois de ter estado lá. Ele parecia um milhão de vezes melhor do que quando o deixáramos. O brilho estava de volta em seus olhos. Nós nos sentamos em um pequeno sofá na área de visitas de mãos dadas, então ele me levou a um passeio pelo lugar bem cuidado. Ele estava envergonhado por eu vê-lo ali, mas feliz que eu tinha vindo. Eu fiquei lá por uma hora e então era hora de sair. Quando saí pela porta, percebi que não estava pronta para ir. Eu não estava pronta para deixá-lo.

Algumas horas mais tarde, eu encostei no estacionamento do 24 Hour Fitness em North Torrance. Fiquei sentada no carro, tentando reunir forças para entrar. Já havia sido um dia emocionalmente desgastante, e de todos os empregos em que eu estava trabalhando, este era o menos favorito e o mais ingrato. Fechei os olhos.

– Espere – eu disse a mim mesma, começando o discurso motivacional interno que eu fazia sempre que eu precisasse de ânimo. – Vou ser super bem sucedida um dia e eu vou escrever um livro. Vai ser uma autobiografia poderosa. E é assim que sempre acontece no livro. Esta é apenas a parte do livro onde a personagem está passando por tempos difíceis. Esta é a parte chata da história. Basta passar por mais algumas páginas, e ela vai ter um fim incrível.

Eu respirei fundo, saí do carro e entrei na academia. Eu me sentei atrás do balcão e passei as várias horas seguintes sacudindo a cabeça para trás enquanto eu tentava não cochilar.

– Eu espero que você morra – Eileen cuspiu em mim, me tirando do semissono.

– Hum? – Eu balancei a cabeça ligeiramente, trazendo a mim mesma de volta ao momento.

– Eu espero que você morra – Eileen repetiu.

Coloquei meu melhor sorriso de atendimento ao cliente.

– Esta é apenas a parte chata do livro – lembrei a mim mesma. – E você – eu pensei, voltando minha atenção para Eileen – será uma das vilãs.

A última pessoa com quem eu queria lidar era Eileen, uma senhora alcoólatra que morava em seu carro. Ela cheirava a bebida e seu cabelo loiro sujo parecia que raramente via um pente. Ela tinha olheiras sob os olhos e uma séria de espinhas ao longo da mandíbula. Ela fez uma careta para mim e, embora ela provavelmente tivesse trinta e poucos anos, ela parecia mais perto dos cinquenta.

Eu tinha menos de uma hora até poder bater o ponto. O ar condicionado ligava a todo vapor às cinco da manhã todos os dias e eu estava congelando. Eu só queria que meu turno acabasse.

Eileen me desejava a morte todas as semanas quando ela colocava a ponta de seu dedo, onde o dedo e a unha se encontram, no leitor e, é claro, sua impressão digital não registrava. *Tique. Tique. Tique.* Eu ouvia a batida raivosa de sua unha no vidro do leitor.

Eileen olhava para mim.

– Não está funcionando! Não está funcionando! – ela gritava. – Só me deixe entrar.

Ela sempre brigava comigo. Ela gritava que eu era estúpida e eu calmamente explicava que ela tinha de posicionar a almofada do dedo, mas esta manhã eu simplesmente não conseguiria suportar guiá-la pelo processo novamente.

Ela continuou tocando com o dedo no leitor. Finalmente, por acaso, ela acertou e a máquina registrou sua impressão digital.

– Está tudo certo – eu disse com um tom excessivamente alegre. – Tenha um ótimo treino.

Eileen apressou-se para a área de treino.

Quando o relógio mudou de 5:59 para 6:00 da manhã, peguei minhas chaves e fui para o carro no ar frio de novembro.

– Droga! – o indicador de combustível marcava no vazio. Fiquei surpresa, de alguma forma, eu sempre ficava surpresa, mas o tanque vazio era estratégico. A gasolina mais barata de Los Angeles ficava à direita da entrada da autoestrada 405 perto do 24 Hour Fitness. Eu programava de modo que meu tanque estivesse no ponto mais vazio quando eu tivesse meu turno.

– Vai ficar tudo bem – eu disse a mim mesma, era apenas uma curta distância de carro.

Mas todo o caminho até lá eu me inclinava para a frente, rezando que a menor quantidade de impulso fosse suficiente para empurrar meu pequeno Honda até o posto ARCO.

Enquanto eu estava lá enchendo o tanque, eu estava tão cansada e com frio que minhas mãos tremiam enquanto eu colocava a gasolina no carro.

Eu coloquei todo meu salário mínimo no tanque e meu coração afundou. Eu não ia levar um único centavo para casa depois de ter trabalhado toda a noite. Eu queria me enrolar e dormir ali mesmo no estacionamento do posto de gasolina.

– Continue indo em frente – eu disse a mim mesma. – Em vinte minutos eu estarei em casa e na cama.

Eu fazia o treino de força e condicionamento às segundas-feiras e eu tinha de treinar em duas horas. Mas, se eu chegasse em casa às seis e meia, eu poderia dormir por três horas antes de eu ter de malhar. Eu entrei no carro e liguei o aquecimento a todo vapor.

Entrei na autoestrada, pronta para chegar em casa. Engarrafamento. Para-choque com para-choque até onde eu conseguia ver. Eu esqueci que era fim de semana de feriadão. Todos os que tinham tentado evitar o tráfego de retorno a Los Angeles no domingo estavam voltando para casa na madrugada de segunda-feira.

O tráfego estava lento. A calefação estava ligada. Eu estava tão cansada. Meu carro era tão confortável.

BUM!

Acordei quando meu rosto atingiu o volante. Abri os olhos. O acidente não me deixou inconsciente. Ele me acordou.

Eu tinha batido na traseira de uma Toyota Solara prata.

Eu encostei. Quando toquei em meu rosto, minha mão ficou coberta de sangue. Eu estava no limite da histeria. Minha respiração era rápida. Lágrimas estavam queimando meus olhos. Eu não conseguia pensar. Eu não sabia o que fazer. Eu liguei para minha mãe.

– Eu acabei de ter um acidente na autoestrada e não sei para quem ligar. Será que eu ligo para a polícia?

Ela me disse enfaticamente que sim.

Os carros passavam rastejando e eu podia ver os passageiros olhando para mim. Nenhum dos dois carros foi muito danificado, mas o acidente teria de passar pelo seguro. Comecei a me preocupar novamente com o dinheiro. Minha taxa de seguro aumentaria e eu estava com medo de que eu não teria o suficiente para o aluguel.

A mulher no Toyota veio até mim, e vi como ficou pálida quando me viu. Ela ficava me perguntando:

– Você está bem?

Os paramédicos chegaram. O cara me olhou e disse:

– Você quebrou o nariz e talvez tenha uma leve concussão. Que droga. Vá para casa.

Ele pode ter usado uma terminologia mais médica, mas essa foi a essência.

Quando eu adormeci ao volante, eu quebrei o nariz na direção e desviei o septo; agora meu nariz é um pouco deformado. É uma das razões por que quando eu levo um soco no rosto, meu nariz fica achatado. Se você olhar para o meu nariz, você pode ver que ele é torto.

Já que ambos os carros estavam dirigíveis, o policial rodoviário disse que estávamos livres para ir. Os paramédicos foram embora. O policial foi embora. A motorista do Solara foi embora. Eu me sentei em meu carro na autoestrada por mais alguns segundos. Eu não sei o que eu estava esperando. Eu só estava esperando. Eu queria fechar meus olhos novamente e acordar e estar em outro lugar. Acordar na minha cama, descansada pela primeira vez em Deus sabe quanto tempo. E não estar machucada pela primeira vez em Deus sabe quanto tempo. E, certamente, não parecer como se tivesse sido atingida no rosto com um taco de beisebol.

Eu me sentia abatida. Meu rosto doía. Estava abalada desde o acidente. Eu me sentia oscilando no limite, lutando para encontrar onde dava pé. Tudo parecia estar desmoronando.

Esta é a parte em que eu gostaria de poder dizer que eu cheguei lá no fundo e gritei. Aquele tipo de grito primitivo de limpar a alma do tipo: – É só isso? – Em que o sol começou a surgir no horizonte, e eu vi a beleza e o significado da natureza. Em que talvez um pássaro voou acima como um sinal. Então eu poderia dizer que eu soube naquele momento que tudo ficaria bem. Isso não aconteceu.

Em vez disso, eu chorei, soluçando de sacudir o corpo. O sal das lágrimas e o gosto de ferro do sangue acumulado na parte de trás da garganta. No espelho retrovisor, eu pude ver a bagunça de sangue coagulado e muco gosmento, riscados por lágrimas. Eu nem sequer me importei o suficiente para limpar.

– Eu estou tão cansada – eu disse em voz alta, sentindo o sangue escorrendo pelo rosto. Os carros continuavam passando por mim e eu os deixei passar.

Com as mãos trêmulas, liguei para minha mãe novamente.

– Alô...

Ao ouvir sua voz, eu me engasguei ainda mais e, quase hiperventilando e para sua confusão, as palavras explodiram:

– Eu odeio essa parte do livro.

Eu estava sendo testada e, embora eu soubesse em meu coração que eu ia passar no teste, naquele momento, parecia que eu estava fracassando.

CAMPEÕES SEMPRE FAZEM MAIS

Toda vez que eu entro na gaiola, estou absolutamente confiante de que vou vencer. Não só eu sou uma lutadora superior. Não só eu quero isso mais. Mas eu dei mais duro do que ela jamais o fará. Isso é o que realmente me diferencia.

Quando eu estava crescendo, mamãe talhou em mim como os campeões dão muito mais duro do que qualquer outra pessoa. Quando eu reclamava sobre ir treinar ou quando eu apertava a soneca no despertador em vez de me levantar para ir correr, minha mãe dizia casualmente:

— Eu aposto que (quem quer que fosse minha arquirrival na época) está treinando agora.

Ela me fazia ficar depois dos treinos e praticar exercícios. Sempre que eu mencionava que a mãe de mais ninguém os fazia ficar, ela simplesmente me informava:

— Os campeões sempre fazem mais.

Exasperada, eu choramingava:

— Mãe, eu já estou aqui há quinze minutos mais. Todo mundo já foi embora. Eu já fiz muito mais.

Ela simplesmente me dizia:

— Os campeões fazem mais do que as pessoas que pensam que fizeram mais.

As terças-feiras eram o dia mais difícil da semana.

Eu trabalhava no turno da noite no 24 Hour Fitness aos sábados e domingos, por isso, nas manhãs de segunda-feira, dependendo do quanto eu estivesse cansada, eu ia para meu apartamento para dormir por algumas horas ou eu ia direto para o treino de força e condicionamento com Leo. Leo ficava em Sherman Oaks, que é completamente do outro lado de Los Angeles saindo do 24 Hour Fitness ou da minha casa. Eu malhava com Leo, fazendo musculação e circuitos, e então tomava banho na academia (que tinha condicionador de graça!). Depois, ele me deixava dormir no sofá na sua casa por algumas horas antes de nós irmos para o treino de luta livre. Eu adorava esse tempo sozinha em que eu não tinha de ir de um lugar para outro e podia descansar. Nós íamos juntos lutar no SK Golden Boys, que era uma academia de luta livre improvisada em uma garagem em que Martin Berberyan coordenava o treino. O nível de competição compensava pela infraestrutura mal arranjada. Eu lutava contra todos os caras e, quando eu não ficava à frente, eu pelo menos fazia jus. A garagem foi construída para guardar carros, não para treino de luta, por isso era mal ventilada e bastante quente. Era úmida e cheirava a suor. Eu tomava banho lá, no banheiro complementar mas, no momento em que eu saía do chuveiro, o calor era tão avassalador que eu imediatamente começava a suar novamente. Voltávamos para o Leo depois das oito da noite e eu levava mais uma hora de carro para a casa do CBPC, onde eu passava quase todas as noites. Ele não estava trabalhando, então ele cuidava de Mochi para mim. Depois de turnos noturnos seguidos e um treino duplo, eu desmoronava na cama.

Às terças-feiras, o CBPC e eu acordávamos às sete e meia da manhã e então íamos ao Coffee Bean no centro de negócios de Santa Monica. Eu adorava esperar na fila envolta em seus braços.

Então Mochi e eu íamos para Glendale para treinar. Eu pegava a 405 norte para a 134, feliz por estar indo contra o tráfego. O ar-condicionado do meu carro ainda estava quebrado e só uma janela funcionava. Eu tinha dois cestos de roupas no banco de trás, um contendo roupas limpas, o outro, sujas. Mochi gostava de puxar as sujas para fora e rolar nelas. O cheiro de roupa suja, suor e baba de cachorro era avassalador. Eu tinha certeza de que um novo superpatógeno estava sendo criado em meu banco de trás e, quando Mochi apareceu com um problema de pele, considerei isso como prova.

Eu chegava ao GFC por volta das nove da manhã, antes de Sevak, e entrava. Mochi deveria ficar no chão de concreto ao lado da porta, mas ela se recusava a ouvir e subia no canto do ringue. Eu aquecia até que Edmond vinha. Quando ele entrava e via a cachorra no ringue, ele não conseguia esconder seu desgosto, mas foi somente meses depois que ele educadamente me pediu que parasse de trazer a cachorra para a academia.

– O que devo fazer hoje? – perguntei a Edmond.

Então eu fazia o exercício que Edmond me mandava fazer.

Acertar os sacos de pancada, o pequeno saco rápido, o saco pesado e enorme, o saco teto solo. Praticar no ar. Pular corda. Saltar sobre o pneu. Malhar com a bola medicinal. Fazer exercícios. Passar por baixo das cordas, trabalhando agilidade. Havia centenas de coisas diferentes que eu fazia.

Eu fazia tudo o que Edmond me mandava fazer até que ele percebesse que tinha esquecido que eu ainda estava lá fazendo, muito mais tempo do que ele pretendia que eu fizesse. Eu nunca diminuía o nível de intensidade que eu despendia. Então Edmond me mandava fazer outra coisa.

Eu passava três horas por dia no GFC e, ocasionalmente, se ele estivesse em um estado de espírito generoso, Edmond treinava luvas comigo, nem mesmo por vinte minutos. Mas nesses dias, eu tirava o máximo de cada segundo.

Sempre que ele chamava meu nome, eu dava um pulo, me abaixava sob as cordas e entrava no ringue, onde ele me mandava dar um soco de esquerda. Um soco rápido e forte, não o tipo de soco potente com o qual você pode dar um nocaute com um golpe. Durante meses, cada sessão foi soco, soco, soco. Às vezes, era um soco duplo. Isso foi tudo o que Edmond me deixou fazer no ringue por muito tempo.

Nós trabalhamos em como dar socos e como combiná-los. Edmond me atingiu com milhares de socos e me mostrou como bloquear. Se eu parecesse cansada, ele me batia mais forte. Uma vez ele me bateu com tanta força no corpo que fiquei sem ar. Eu fui me ajoelhar, para recuperar o fôlego; ele me agarrou com uma mão e me puxou para cima.

– Você não vai se ajoelhar – disse ele. – Se você se ajoelhar, eu vou bater mais em você. Você não tem a opção de ser atingida ou não ser atingida. Você tem uma escolha. Você pode se levantar e ser atingida ou eu posso atingi-la aí embaixo. – Essa foi a última vez que me ajoelhei.

Ele continuou dando socos. Eu desci minhas mãos, como se dissesse: – Me bata no rosto. Eu consigo levar um soco.

Edmond me olhou nos olhos e me socou direto no corpo. Eu me esforcei para não me contorcer.

– Eu não sou burro – disse Edmond. – Você me dá sua cabeça e espera que eu bata na cabeça. Não, eu vou bater em seu corpo.

Eu aprendi a nunca esperar que meus adversários fizessem só o que eu queria. Eu teria de obrigá-los a fazer o que eu queria.

Eu tinha de sair correndo do GFC para chegar a tempo na clínica de reabilitação animal na qual eu era assistente veterinária. Eu entrava no carro, coberta de suor de três horas, para atravessar Los Angeles quando o sol estava em seu ponto mais alto na minha sauna de carro. Com Mochi acomodada atrás, eu fazia o percurso de quarenta e cinco minutos até em casa ouvindo música indie dance a todo volume e cantando no carro.

Eu fazia uma parada no meu apartamento e corria para o chuveiro. A pressão da água era tão patética que só umas gotas saíam. O CBPC morava na mesma rua da clínica, uma viagem de quinze minutos da minha casa, e eu passava lá para deixar Mochi.

– Se comporte – eu dizia, deixando minha cachorra para trás para ir cuidar dos cães de outras pessoas. Eu dava um grande beijo no CBPC, e ele me dava um tapa na bunda enquanto eu corria porta afora para o trabalho.

Passava as próximas horas içando os cães para dentro e fora das piscinas onde eles caminhavam em uma esteira subaquática e segurando-os para fisioterapia e acupuntura. Eu assisti a animais feridos se recuperarem e a animais velhos piorarem; eu tentava manter uma distância emocional, mas sempre fracassava. Entre os compromissos, eu conversava com os clientes sobre como eu estava treinando para entrar no MMA, até que meus chefes se cansaram de ouvir me perguntarem como minha luta estava indo e me proibiram de falar sobre qualquer coisa além de cães enquanto eu estava no trabalho.

Eu fazia uma pausa para o almoço no fim da tarde e ia até a casa do CBPC, onde ele já tinha toda minha comida de treinamento preparada – legumes e frango grelhado com meu molho preferido do Versailles, um restaurante cubano – e esperando por mim. Eu devorava a comida, deixando-nos alguns minutos para desfrutar da companhia um do outro antes de eu correr de volta ao trabalho. Eu terminava meu turno, mas meu dia ainda não tinha terminado.

Depois de trinta minutos presa no fim da fila do tráfego da hora do rush, eu ensinava judô para adultos no Westside de Los Angeles. Eu repassava os movimentos, mas sentia um estranho distanciamento do esporte. Eu ficava por ali para fazer a aula de jiu-jítsu brasileiro depois. De volta à casa do CBPC, ele fazia um prato de atum – atum, maionese, queijo parmesão e vinagre balsâmico – que eu amava e que comíamos com pão torrado ou nachos.

Antes de ir para cama, eu tirava outra camada de roupa suada para tomar banho. Meu corpo estava emagrecendo visivelmente e meus músculos firmando. Eu estava coberta de hematomas e queimaduras do tatame e arranhões de cachorro. Dolorida era apenas um estado de ser. Não era como se eu não estivesse dolorida e então estivesse. Eu estava dolorida do mesmo jeito que sou loira.

Eu entrava no chuveiro, deixando a água derramar sobre mim. Então eu adotava minha posição de combate e lutava contra o ar no chuveiro, dando socos nas gotas de água.

Eu me enxugava e caía na cama.

Os dias eram apenas dor, suor, o fedor do meu carro e cabelo molhado constante. Eu não me importava. Eu estava no meio do turbilhão e eu entendia que, para ser bem sucedida, isso era o que eu precisava fazer. Eu precisava treinar mais do que qualquer outra pessoa no planeta. Eu precisava ser mais inteligente e mais forte e ir mais longe. Eu precisava estar na academia quando as outras pessoas estavam apenas pensando em ir para a academia. Eu precisava ir além do que qualquer outra pessoa considerasse razoável e então ir além disso. Todos os dias eu fazia isso, eu ficava um dia mais perto de alcançar meu objetivo.

À noite, eu dormia profundamente, com a certeza absoluta de que eu não poderia ter feito mais.

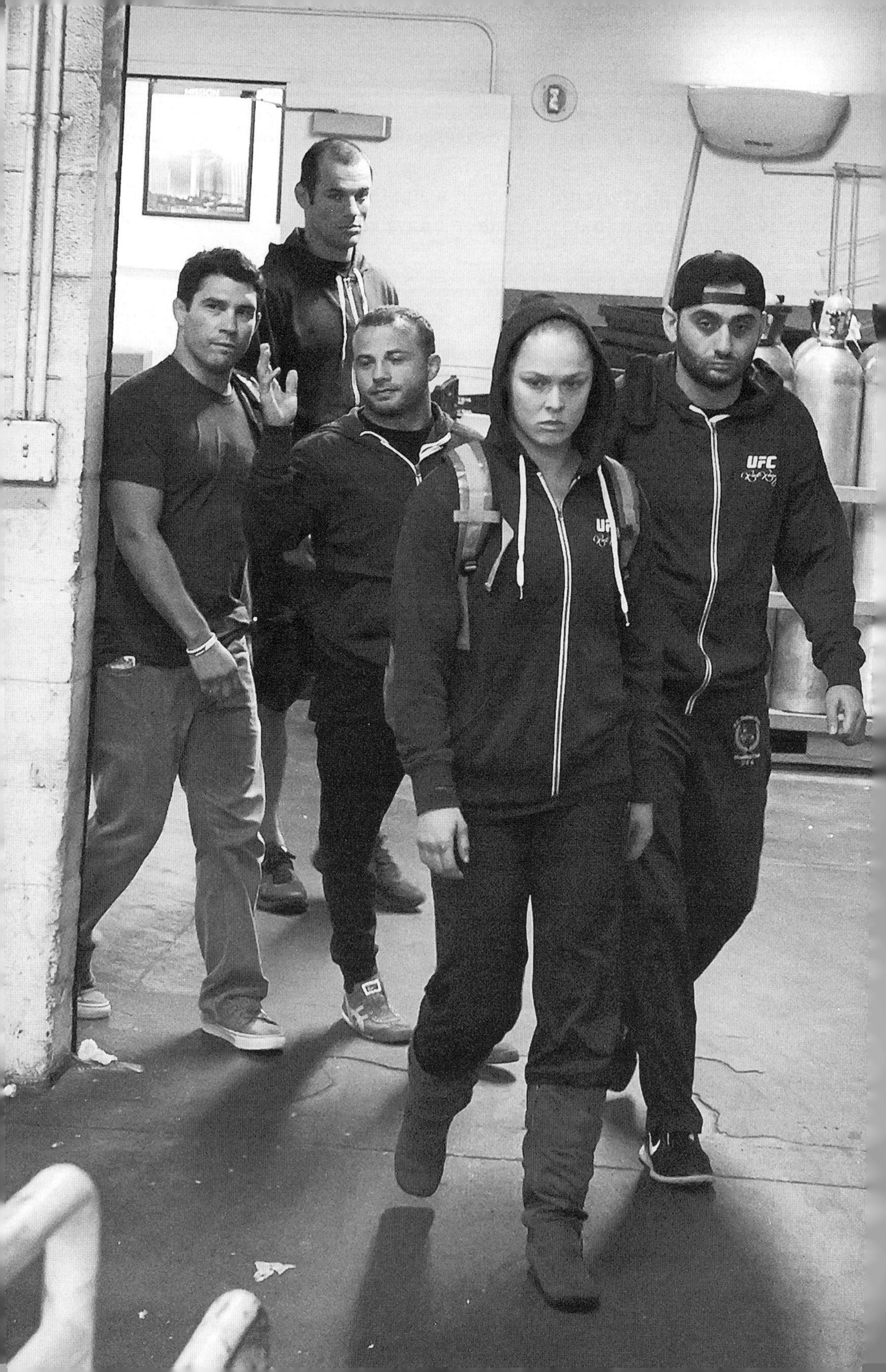
UFC
UFC

PLANEJE A PRIMEIRA TROCA

> As pessoas me perguntam o tempo todo qual é meu plano para uma adversária. Eu nunca tenho um plano restrito. Eu planejo a primeira troca, então eu improviso com base em tudo o que se segue. Então eu esboço diferentes possíveis cenários. Se ela atacar, eu vou derrubá-la para a frente. Se ela fugir, eu vou derrubá-la para trás.
>
> Você tem de permanecer flexível. Você tem de estar pronto para qualquer coisa. Mas eu sempre planejo a primeira troca. Ao fazer o primeiro movimento, eu controlo a primeira ação, que causa todas as reações.

Eu passei de não ter ninguém disposto a me treinar para não ter ninguém disposto a lutar comigo.

No início da minha carreira no MMA, a parte mais difícil era conseguir lutas. Darin me telefonava e dizia que ele tinha uma luta acertada. Então, alguns dias depois, ele ligava novamente para me dizer que o treinador da garota disse que ela não estava pronta, ou que eu não era a adversária certa.

Nas primeiras vezes, eu fiquei decepcionada. Na quinta vez que aconteceu, eu fiquei irritada. Essas garotas supostamente queriam ser lutadoras, mas elas não estavam dispostas a pegar uma luta que elas não tinham certeza absoluta de que poderiam ganhar. Parecia que ninguém nunca ia pegar uma luta contra mim.

Eu descontava minha frustração no saco de pancadas e o acertava furiosamente, de novo e de novo e de novo.

Eu queria lutar.

Eu queria ganhar.

Eu queria bater em alguém.

Eu dizia para mim mesma que era apenas uma questão de tempo e que, quando chegasse a hora, eu estaria pronta. Essas garotas teriam de me enfrentar um dia, e eu as faria se arrependerem por me darem tempo de melhorar.

Darin ligou novamente. Ele tinha uma luta em potencial alinhavada.

— Só tem uma coisa — disse ele. — Ela só vai pegar a luta a sessenta e oito quilos.

Eu agora tinha cerca de sessenta e cinco quilos e oitocentos gramas.

— Diga a ela que aceitamos — eu disse.

Havia duas semanas até a luta. Minha excitação crescia a cada dia conforme a luta se aproximava, mas eu estava com medo de ficar esperançosa depois de ser decepcionada tantas vezes.

No dia antes da luta, Edmond treinou luvas comigo no GFC. Ele não ficou animado em me treinar, mas manteve sua palavra de me ajudar a me preparar.

— Melhorando — disse Edmond.

Eu concordei com a cabeça.

— Pronta? — ele perguntou.

— Eu nasci assim — eu disse, socando as luvas.

Ele olhou para mim um pouco confuso, perdido na tradução. Seu inglês tinha melhorado dramaticamente desde que ele começou a trabalhar comigo, mas como meus socos, ele ainda tinha um longo caminho a percorrer.

— Não chegue socando — disse Edmond. — Faça judô. Use o judô para vencer essa garota.

Senti uma onda de adrenalina.

— Você acha que eu vou ganhar? — perguntei. Eu sabia que ia ganhar, mas dava um sentimento de orgulho saber que Edmond acreditava em mim.

— Lutando com garotas? Não é tão difícil — disse Edmond com um encolher de ombros.

Edmond foi evasivo quanto a ser meu *corner*. Darin disse que ia ligar para ele.

Darin e eu saímos de Los Angeles no fim da manhã do dia 6 de agosto de 2010, fazendo a viagem de uma hora até Oxnard. Edmond tinha concordado em vir, mas ia sozinho mais tarde.

Enquanto dirigíamos, Darin tentou jogar conversa fora, mas preferia silêncio antes de lutar. Eu fui me preparando mentalmente para lutar o caminho todo.

Paramos no estacionamento da academia onde a luta ia acontecer. Era uma academia completamente aleatória em Oxnard. Como era uma luta amadora, a pesagem foi no mesmo dia da luta. Nós nos registramos e ficamos esperando. Minha adversária ainda tinha de chegar.

– Só esteja pronta – eu disse a mim mesma.

Então Hayden Munoz entrou na acadmeia. Há pouquíssima cerimônia em uma pesagem amadora, então eles simplesmente fizeram a gente subir na balança. Ela foi primeiro.

– Sessenta e nove quilos e oitocentos gramas – o oficial executando a pesagem declarou.

Todo mundo olhou para mim. Agora, era minha vez. Eu poderia lutar com ela ou ela teria de desistir. Eu esperava que ela ficasse decepcionada, mas eu pude ver o alívio em seus olhos. Ia durar pouco.

– Eu vou lutar de qualquer maneira – eu disse.

Eu nunca tinha estado mais pronta para algo em toda minha vida. Eu troquei de roupa no vestiário da academia e fui até a área de aquecimento, que era apenas uma parte separada do piso com uns colchonetes. Outros lutadores estavam começando a se aquecer, se alongando, treinando lutas levemente. Eu me deitei e fechei os olhos. As pessoas começaram a aparecer, a maioria delas amigos ou familiares dos lutadores. Gokor veio até onde eu estava descansando; ele tinha concordado em ser um dos meus *corners*. Edmond não estava à vista.

Alguns caras do Hayastan estavam por ali. Fiquei lisonjeada. Minha mãe, Jennifer e meu antigo treinador Blinky chegaram. Minha mãe fez com que eu visse que ela estava lá, mas manteve distância, sabendo que é o que eu gosto em dia de luta. Edmond ainda não estava lá. Eu aceitei o fato de que ele poderia não vir. Eu não precisava dele lá. A garota poderia ter vinte quilos a mais do que eu, e eu ainda assim ia vencê-la. Então, cerca de uma hora antes da luta, Edmond entrou na academia.

Senti uma onda de felicidade. Edmond se importava o suficiente comigo como lutadora para vir e ser meu *corner*. Ele relutou a treinar luvas comigo e ficou pouco animado em me treinar, mas ele viu algo em mim que o deixou pelo menos disposto a tirar um tempo de seu dia para estar lá por mim.

– Você aqueceu? – perguntou.

Eu dei de ombros. Eu não precisava aquecer. Eu estaria pronta para começar a qualquer momento.

Ele me levou para o canto da área de aquecimento, onde ele enfaixou minhas mãos, e então me fez dar uns socos.

A energia pulsava através do meu corpo. Eu estava animada e calma.

— Relaxe – disse Edmond.

Eu queria fazer mais.

— Olhe, esta garota faz *kickboxing* – disse Edmond. – Ela vai tentar chutá-la imediatamente. Entre, pegue a perna e derrube-a. Use seu judô, nada mais. Apenas seu judô.

Eu concordei com a cabeça.

— Munoz, Rousey, vocês são as próximas – os organizadores da luta chamaram.

Eu entrei na gaiola. Foi como se um interruptor fosse ligado, como se não existisse o mundo inteiro fora da barreira de tela. Eu me fixei em minha adversária.

Eu bati os pés no chão, então pulei, aí espalmei os ombros. O árbitro olhou para Hayden.

— Pronta? – Perguntou. Ela assentiu com a cabeça. Ele olhou em minha direção.

— Pronta? – Ele perguntou de novo. Eu assenti com a cabeça.

— *Lutem.*

Nós nos aproximamos no centro da gaiola. Ela chutou. Eu agarrei a perna dela e a joguei no chão. Eu me joguei em cima dela e peguei seu braço. Ela lutou para fugir, mas nunca teve a chance. Eu agarrei o braço dela e dobrei. Ela bateu com a mão. A luta toda durou vinte e três segundos.

O árbitro mandou parar, e de repente o mundo inteiro voltou à vista. Só que, desta vez, era um mundo melhor. A multidão estava aplaudindo, gritando e assobiando, e eles estavam torcendo por mim. Eu levantei meu punho no ar, fazendo uma volta da vitória ao redor da gaiola.

Eu senti um nível de alegria que eu nunca tinha experimentado antes. Não era apenas a vitória; a alegria vinha de um lugar muito mais profundo, de uma compreensão de que este era apenas o começo.

No caminho de casa, eu ouvi "Don't Slow Down", de Matt e Kim, a todo volume.

Minhas próximas duas lutas amadoras foram parte de um show amador bem produzido chamado Tuff-N-Uff. Elas aconteceram no Hotel Orleans em Las Vegas, a cerca de uma milha da Strip. Minhas lutas estavam até então longe do radar e eu nem sequer aparecia no folheto promocional do evento. Eu olhei para ele e pensei:

— Um dia, meu nome estará lá.

Nenhuma das lutas durou um minuto.

Cinco meses após minha estreia amadora, marcando 3-0, anunciei minha decisão de virar profissional. Com minha carreira amadora no passado, eu estava um passo mais perto de alcançar meu objetivo de ser a campeã mundial. A próxima etapa da viagem estava prestes a começar.

Muitas vezes me perguntam se eu imaginava alcançar tudo o que eu consegui desde que eu pisei na gaiola naquela noite. Frequentemente ficam surpresos ao saber que a resposta é inequivocamente sim. Tudo o que aconteceu desde aquele momento é exatamente o que eu tinha em mente quando eu executei aquela primeira troca.

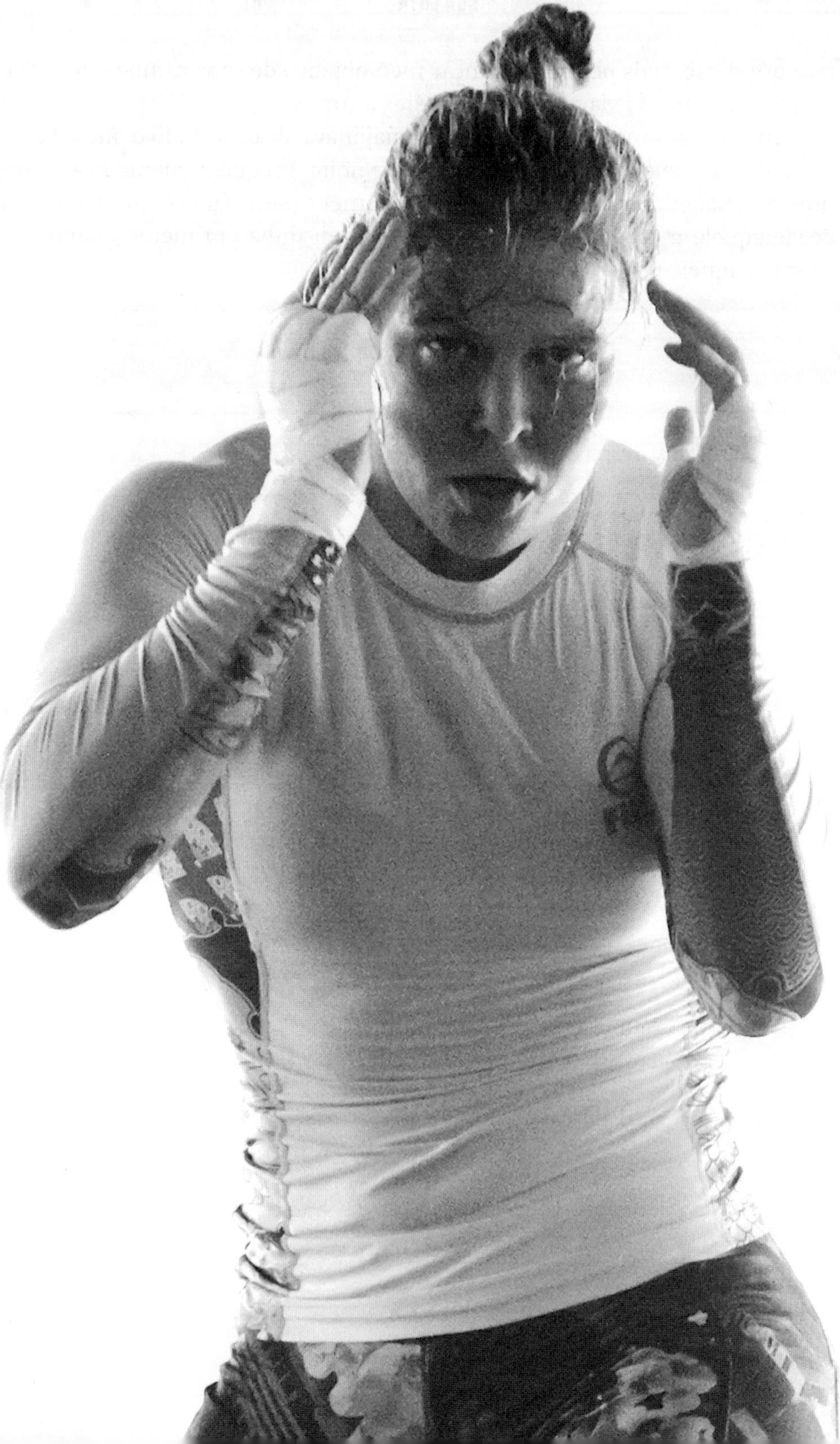

NADA NUNCA SERÁ PERFEITO

> Você pode passar a vida inteira esperando pela perfeição. O trabalho perfeito. O parceiro perfeito. O adversário perfeito. Ou você pode reconhecer que há sempre uma hora melhor ou um lugar melhor ou uma oportunidade melhor e se recusar a deixar que a verdade o impeça de fazer todo o possível para tornar o momento presente o momento perfeito.
>
> Eu não sou invicta porque eu tive as circunstâncias perfeitas até cada luta. Sou invicta porque, independentemente das circunstâncias, eu ainda assim ganhei.

Eu tinha feito o salto para o ranking profissional, mas, além de meu registro ter voltado a 0-0, não tinha mudado muito. Eu ainda estava trabalhando em três empregos. Eu ainda estava morando em um lugar decrépito que eu achei nos classificados (embora agora eu alugasse um quarto em uma casa à beira de ser condenada). E as lutas continuavam não acontecendo.

Darin acertou minha estreia profissional contra uma lutadora chamada Ediane Gomes. Como parte do acordo, ele estava pagando por seu voo (que não é o padrão para um baixo nível de luta profissional). Estava marcada para 27 de março de 2011, em um clube campestre na cidade vizinha de Tarzana. Cada lutador receberia quatrocentos dólares por comparecer, e o vencedor receberia o dobro.

Procurei todas as informações e vídeos que pude encontrar de suas lutas anteriores. Ela tinha um registro de 6-1 e estava vencendo.

– Ela vai servir – pensei.

Do jeito que minhas lutas continuavam não dando certo, Edmond estava trabalhando comigo com mais regularidade, mas estávamos nos concentrando no aumento das minhas habilidades ao invés de me preparar para um único adversário.

– Não importa contra quem você está lutando – Edmond me dizia. – Não importa se lhe avisarem com um dia de antecedência, você vai ganhar.

Eu balançava a cabeça em concordância.

Na semana da luta, eu me permiti acreditar que realmente ia acontecer. Eu mal podia esperar.

– Qual você quer que seja sua música de entrada? – Darin me perguntou alguns dias antes da luta.

– "Sex and Violence", do The Exploited – eu respondi. A música consistia nas palavras *sexo* e *violência* repetidas sem parar.

Dois dias antes da luta, eu estava deitada em meu quarto pensando em como eu ia destruir essa garota quando ouvi um barulho na sala de estar. Mochi estava brincando com o cão do meu colega. Agora eles estavam brigando.

Porkchop, um pitbull de vinte e cinco quilos, estava de costas e Mochi, que tinha crescido para trinta e cinco quilos, tinha agarrado ele pelo pescoço. Mochi parecia que ia matá-lo. Sem pensar, eu dei um chute nas costelas de Mochi. Ela pulou para trás, deixando Porkchop se debatendo. Ainda no modo de luta, ele me mordeu duas vezes, uma no pé e uma na canela. Senti seus dentes afiados romperem minha pele e se afundarem nos meus músculos.

Antes do corpo sequer registrar a dor, comecei a me preocupar com o que a lesão poderia significar para a luta.

Eu caí no chão da sala e tirei minha meia. Havia um buraco no arco do pé. A carne estava pendurada na base dos dedos. Uma fração de segundo depois, o sangue encheu os buracos e começou a jorrar sobre o carpete. Eu peguei meu celular do chão, onde tinha caído durante o caos e disquei o número de Darin. Eu precisava ir a um médico e que ninguém ficasse sabendo.

Enquanto eu esperava que Darin encontrasse um médico, levantei-me do chão da sala. Meu pé estava inchando. Eu fui pulando para a cozinha, deixando um rastro de gotas de sangue. Não havia gelo, mas havia vários pacotes abertos de legumes congelados. Eu fui pulando para o banheiro e enrolei os sacos de legumes em volta do meu pé com uma atadura.

Na sala de estar, meu telefone tocou. Eu fui pulando de volta para atender, com ervilhas congeladas e cenouras se derramando atrás de mim.

– Pegue um lápis – disse Darin.

Ele tinha um amigo que era um chique cirurgião plástico em Beverly Hills que estava disposto a me ver escondido.

Liguei para o CBPC.

– Eu preciso de você – eu disse.

– Já estou indo – ele me disse antes que eu pudesse explicar a situação.

Eu tinha ido para a cozinha, porque seria mais fácil de limpar o sangue dos azulejos.

Quinze minutos depois, ouvi o CBPC entrar correndo em casa.

– Onde você está? – ele chamou.

– Siga o sangue e as cenouras! – gritei.

Ele entrou na cozinha com uma expressão de preocupação no rosto. Sem dizer nada, ele me pegou e me levou até o carro.

Eu coloquei meu pé no painel e fiquei olhando para o sangue que estava atravessando a bandagem. O CBPC tinha uma mão no volante enquanto eu apertava a outra mão. As lágrimas escorriam pelas minhas bochechas.

– Vai ficar tudo bem – disse ele.

A sala de espera do *spa* estava cheia de mulheres ricas que buscavam botox e implantes de seios. Todas elas se viraram para olhar, mas a mulher atrás da mesa de recepção parecia completamente imperturbável.

O CBPC me levou para a sala de exame. O médico olhou para o curativo encharcado de sangue e para os legumes descongelados.

– Você se importa se eu tirar isso? – Perguntou.

Ele desfez o curativo.

– Uau, isso parece muito ruim. Você definitivamente vai precisar de pontos.

Eu comecei a soluçar. Eu estava apavorada que eu não conseguiria competir.

– Não – eu pensei. – Eu não vou ser derrotada assim.

Limpei as lágrimas e olhei para o médico.

– A única coisa que eu preciso saber é se eu vou me machucar permanentemente se eu lutar assim?

Ele hesitou, tomado um pouco de surpresa.

– Bem, não. Quero dizer, você vai arrebentar os pontos e vai demorar mais tempo para curar, mas você não vai causar nenhum dano permanente.

Eu respirei fundo e disse:

– Está bem, então, costure.

Ele olhou para mim, incerto se deveria ficar impressionado ou me internar e, então, lentamente, disse:

– Eu posso fazer isso, mas você vai estourar os pontos no primeiro round.

Você vai sangrar por tudo e todo mundo vai saber.

– Está bem – eu disse. – Eu só vou ter de ganhar mais rápido do que isso.

Ele pegou o equipamento para me costurar. Ele pegou a agulha.

– Você quer os nós dos pontos por fora? – perguntou. – Se eu fizer por dentro, não vai ficar muita cicatriz. Mas se eu fizer por fora, vai ser mais resistente.

– Foda-se a cicatriz – eu disse. – Faça o mais resistente.

O médico terminou de dar os pontos. Havia três pontos no arco lateral do meu pé, seis por cima.

– Isso é o melhor que posso fazer – disse ele, olhando para seu trabalho. – Mas é melhor você ganhar rápido.

– Eu vou – eu prometi.

O CBPC me levou de volta para o carro.

Na manhã seguinte, meu pé latejava ainda mais. Eu tinha colocado gelo durante a noite e tomado analgésico e os antibióticos que o médico receitou, mas tinha inchado consideravelmente. Ainda assim, eu não tinha nenhuma dúvida em minha mente de que eu ia vencer essa garota. O verdadeiro desafio seria passar pela pesagem e o exame médico. Se você tiver pontos, eles não vão deixar você lutar.

Precisei de quase toda minha energia para não mancar ao entrar no prédio para a pesagem.

O médico realizou um exame rápido.

– Pule em um pé só – disse ele.

Eu pulei na perna direita.

– Agora o outro.

Mudei todo meu peso para o pé esquerdo e pulei com um rosto impassível. Eu podia sentir os pontos esticarem com o peso.

– Parece tudo bem – disse o médico.

– Você não faz ideia – pensei.

Agora, só tínhamos de pesar.

Então, o representante da comissão atlética deixou cair uma bomba:

– Somente shorts ou roupas íntimas – um oficial anunciou. – Nada de camisas, sapatos, meias, tudo precisa ser tirado.

Sem meias? Meu pulso aumentou.

A única coisa mais rápida do que meu coração era minha mente.

Então eu tive uma ideia.

Tem uma coisa sobre a pesagem. Se você estiver confortavelmente dentro de seu peso, você pode ser pesada vestindo roupas íntimas ou shorts de luta. Mas se você estiver próxima ao peso, você pode ser pesada nua. Quando isso acontece, os membros de sua equipe seguram toalhas em torno de você para que você não dê ao público um show gratuito.

– Eu acho que bebi muita água – eu anunciei em voz alta para que qualquer pessoa na volta pudesse ouvir. – Eu estou paranoica que não vou atingir o peso – eu disse a Darin. – Eu vou me pesar nua.

– O quê? – ele me perguntou como se eu tivesse ficado louca. – Por quê? Não importa. Ela está acima do peso. Você não precisa. – Minha adversária tinha aparecido com excesso de peso e tinha falado abertamente sobre isso. Eu estava morrendo de fome para atingir 145 libras (65,8 kg).

– Eu vou ficar nua – eu soltei.

Eu comecei a arrancar minhas roupas enquanto minha equipe apressou-se para encontrar toalhas para segurar na minha frente. Todo mundo estava confuso e atrapalhado e, no pandemônio, ninguém percebeu que eu tinha subido na balança de costas para a sala e tirado minhas meias por último. Eu pesei 145,5, três libras e meia mais leve do que a outra garota e, enquanto todo mundo estava ocupado tentando descobrir por que eu tinha de repente decidido que precisava me pesar nua, eu coloquei minhas meias antes que alguém notasse meu pé mutilado. Quando eu coloquei minha roupa de baixo, eu sabia que eu ia lutar na noite seguinte.

Na noite da luta, eu coloquei um suporte de tornozelo de cabeça para baixo em meu pé para cobrir os pontos. Meu pé doía tanto que eu fiquei limitada no aquecimento.

– É melhor você fazer isso rápido – disse Edmond.

– Eu sei – eu disse.

– Você está louca – ele me disse.

Eu apenas sorri. Ele provavelmente estava certo.

Eu observei quando Gomes entrou na gaiola, com a batida de hip-hop de sua música de entrada gritando pelo lugar. Ela dançou ao redor da gaiola.

– Você não vai dançar quando eu acabar com você – pensei.

A batida de "Sex and Violence" saiu pelos alto-falantes. Eu entrei, e a dor no meu pé de repente era irrelevante.

O árbitro bateu palmas e a campainha soou.

Eu avancei com um soco e um gancho de esquerda e nós nos agarramos. Eu tentei arremessá-la para a frente, mas ela resistiu. Eu instintivamente mudei de direção e acertei seu pé esquerdo com um arremesso *kouchi-gari* de judô. Quando os pontos no arco do meu pé colidiram com seu calcanhar, sinais de dor foram enviados. Eu os ignorei. Ela caiu no chão e montei nela imediatamente. Eu soquei seu rosto várias vezes; os golpes buscavam menos infligir dano e muito mais obrigá-la a reagir. Ela se virou para o lado: aí estava!

Eu me virei para minha chave de braço *juji gatame* favorita, e ela bateu com a mão. A campainha mal tinha parado de tocar. A luta toda durou vinte e cinco segundos.

Levantei minhas mãos sobre minha cabeça. Eu tinha ganhado. Por uma fração de segundo, eu me senti incrível.

A alegria dessa primeira vitória profissional foi ligeiramente temperada pelos receptores de dor voltando a funcionar, meu cérebro me avisando que meu pé doía pra caralho.

Eu estava 1-0 e eu estava impaciente. Uma semana depois da minha vitória, peguei um cortador de unhas e cortei os pontos do pé. O médico tinha razão; a cicatriz era visível. Eu pensei que parecia legal. Eu estava pronta para outra luta.

Darin me disse que tinha uma programada em Calgary contra uma lutadora chamada Charmaine Tweet. Ela só ia aceitar a luta a 150 libras (68 kg), mas eu estava desesperada por uma adversária. Nós reservamos nossos bilhetes de avião. Eu ia voltar para o Canadá. Mas, desde o início, o confronto estava amaldiçoado. Quando eu disse a data para Edmond, ele franziu a testa; seu filho ia nascer justo nessa época. Então, duas semanas antes da luta, eu estava no Rite Aid com Jennifer quando Darin ligou.

– Eu tenho notícias – disse ele. – O Strikeforce ligou. Eles querem você para uma luta.

O Strikeforce era a organização de MMA profissional de mais alto nível que tinha uma divisão feminina. Eles queriam que eu lutasse contra Sarah D'Alelio porque Gina Carano, que estava programada para retornar depois de dois anos afastada, tinha desistido por um problema médico.

Eu estava recebendo a convocação das ligas menores para o grande evento. As lutas do Strikeforce pagavam muito melhor do que os pequenos shows. Isto significava que eu poderia largar meus três empregos e, finalmente, pagar as despesas lutando.

Parecia que os céus tinham se aberto e os anjos cantavam. O maior sorriso se espalhou pelo meu rosto. Na verdade, eu gritei de alegria, movendo os pés para cima e para baixo no que era uma dança feliz publicamente aceitável.

– O que foi? – Jen sussurrou.

– A única coisa é que a luta está programada para 18 de junho – disse Darin.

Eu parei.

– A luta no Canadá é na noite anterior – eu disse.

– Mas não se preocupe com isso. Nós vamos tirar você dela.

Eu abracei Jennifer, que não é do tipo que abraça.

— Jen, eu estou no Strikeforce — eu disse.

— Ótimo — Jen disse com uma voz que transmitia que se ela alguma vez se animasse muito com qualquer coisa, isso seria esse tipo de coisa. — Eu não sei o que isso quer dizer, mas parabéns.

Eu comecei a colocar coisas aleatórias no meu cesto de compras. Uma escova de dentes elétrica. Creme dental branqueador caro. Delineador. Esmalte de unhas. Eu nem sabia colocar esmalte de unhas, mas eu joguei no cesto com todo o resto. Eu peguei o papel higiênico bom e macio. Eu ia ter dinheiro para pagar por alguns luxos.

Passamos no caixa e estávamos no estacionamento quando Darin me ligou de volta.

— Eu tenho más notícias — disse Darin. — Ela não vai deixar você cancelar a luta.

Meu coração afundou. Eu me senti completamente esvaziada. Jen e eu entramos no carro e, quando eu olhei para trás para sair, vi a sacola branca do Rite Aid no banco de trás.

— Caralho, eu não posso pagar por esta merda — eu pensei em voz alta.

Eu ainda estava chateada no dia seguinte no treino quando Edmond me puxou de lado.

— Ronda, você precisa se acalmar — disse ele. — O Strikeforce queria você. Você vence essa garota, e eu prometo a você, eles vão querer você novamente. Não precisa ficar chateada com isso. Quem mais eles vão pegar no Strikeforce? Tudo o que você precisa é de duas ou três lutas. Você é a melhor lutadora que eles conhecem. Você ainda vai receber uma ligação. Eu prometo a você, depois dessa luta, você estará no Strikeforce.

Nas próximas duas semanas, eu treinei com um foco singular: fazer Charmaine Tweet me pagar.

Darin, Edmond e eu estávamos agendados para o primeiro voo para Calgary em 16 de junho. No dia antes de viajar, eu recebi um telefonema de Edmond. Sua esposa estava em trabalho de parto.

— Eu ainda vou — disse ele. — Eu só vou mudar meu voo e me juntar a vocês lá.

— Parabéns — eu disse a ele.

— Obrigado — disse ele.

No dia seguinte, Darin me pegou ao amanhecer e fomos para o aeroporto. Nós estávamos esperando na fila quando eu vi a hora.

— Estamos superadiantados — eu estava acostumada a chegar em cima da hora no que se tratava de voos.

— Bem, nós vamos apenas para o Canadá, mas ainda é um voo internacional — disse Darin.

A fila começou a andar, mas cada músculo do meu corpo congelou.

— Você precisa de passaporte para ir ao Canadá? — eu perguntei em voz baixa.

Darin se virou para mim.

— O quê?

— Você precisa de passaporte para ir ao Canadá?

— Sim. Por quê? Você esqueceu dele em casa?

Eu freneticamente tentei me lembrar onde em casa estava meu passaporte.

— Quando foi a última vez que eu precisei do passaporte? — perguntei a mim mesma.

Senti o sangue se esvair do meu rosto.

— Meu passaporte está no consulado brasileiro — eu admiti. Eu o tinha deixado lá para obter um visto antes do torneio de judô do qual eu nunca participei no Brasil. Quebrei a cabeça; tinha sido há um ano?

Saímos da fila. Darin olhou para o relógio. O consulado brasileiro ainda não estava aberto. Ele pegou o telefone. Eu só fiquei lá, sem saber o que mais eu poderia fazer.

— Alguém vai nos encontrar no consulado brasileiro e abri-lo para nós — disse Darin. Ele tinha falado com a produção também. Eles disseram que eu poderia me pesar no hotel quando chegássemos. Então ele nos colocou em um voo mais tarde, e nós pulamos no carro e corremos para o consulado. Quando chegamos quarenta e cinco minutos depois, um funcionário estava esperando por nós. Ele me entregou meu passaporte.

— Você chegou na hora certa — disse ele. — Nós só guardamos passaportes por um ano. Estávamos prestes a enviá-lo para você esta semana e ele estaria no correio.

Eu não pude deixar de pensar que a hora poderia ter sido um pouco melhor.

Com o passaporte na mão, Darin e eu corremos de volta para o aeroporto. Nós íamos chegar apertados se quiséssemos estar no voo.

Na fila do raio-x, ouvi uma voz familiar dizer:

— Oi, gente.

Era Edmond, ainda atordoado depois de uma noite comemorando o nascimento de seu filho e surpreso em nos ver.

Trinta minutos depois, nós três estávamos apertados em uma fileira na classe econômica, eu no meio. Edmond desmaiou imediatamente. Eu podia sentir o cheiro de álcool emanando de seus poros.

No dia seguinte, chegamos ao cassino onde a luta ia ser realizada. Eles tinham uma mesa de jogos na parte de trás. Os colchonetes de aquecimento estavam tão sujos que Edmond teve de encontrar toalhas para esfregar a camada visível de sujeira. Mesmo assim, quando nos levantamos depois do exercício, tínhamos sujeira por toda a pele.

– Faça esta luta ser rápida – disse Edmond. – Este lugar é nojento. Eu quero sair daqui.

Eu a venci com uma chave de braço aos quarenta e nove segundos para subir para 2-0. Depois, quando ela estava voltando para seu canto, eu cheguei perto dela e gritei:

– Você deveria ter me deixado ir para o Strikeforce, sua vadia filha da puta!

Não foi minha finalização mais rápida, mas foi meu maior prêmio até então. Ganhei 1.000 dólares.

Após a luta, nós voltamos para o hotel para que eu pudesse tomar um banho muito necessário. Eu tinha acabado de me vestir quando Edmond bateu na porta. Abri a porta e Edmond entrou no pequeno hall que levava para meu quarto.

– Eu tenho algo para lhe dizer – disse Edmond.
– O quê? – perguntei.
– O Strikeforce ligou: você está no Strikeforce.
– Ah, meu Deus! – eu gritei. Comecei a pular. Fiz uma dança feliz.
– Eu lhe disse que ia acontecer – disse ele.

Edmond me olhou. Eu estava usando jeans e um moletom com capuz. Ele estava vestindo sua camisa impecavelmente passada, seus sapatos finos, calça jeans de grife e um cinto Gucci.

– Agora escute, você vai ficar muito na frente das câmeras e as pessoas vão vê-la – disse ele. – Há coisas que temos de fazer um pouco diferente.

Ele apontou para minha roupa.

– Chega de roupas largas como essas – disse ele. – Eu sei que você é lutadora e você não se importa, mas vamos esquecer a luta por apenas um minuto. Vamos pensar na imagem um pouco. Esqueça-se de parecer bem vestida se você luta como um merda, mas você sabe lutar. As coisas vão mudar e você precisa começar a pensar nisso. Estou guiando você como eu guiaria minha irmã. Não estou dizendo essas coisas sobre sua aparência para você se sentir mal sobre isso. Eu só quero o melhor para você. Você merece isso.

Eu fiquei animada e lisonjeada, mas, mais do que tudo, eu estava com fome.

– Está bem, Edmond – eu disse. – Eu vou fazer isso. Eu vou lutar com perfeição e eu vou me vestir com perfeição e eu vou fazer o que mais você mandar, mas podemos começar depois do jantar?

Minha vida ia mudar radicalmente. Eu ia poder largar todos meus outros empregos e me sustentar como lutadora. Eu ia provar que todas as pessoas que disseram que eu não deveria ser lutadora estavam erradas. Eu ia ter dinheiro suficiente para consertar as janelas do meu carro e talvez até mesmo o ar-condicionado. Eu poderia até mesmo conseguir pagar por uma casa mais legal.

Eu não precisava dos pontos, do alarme falso, do passaporte esquecido e do cassino sujo. Mas esses solavancos, como todos os obstáculos na vida, obrigaram-me a me ajustar. Eu aprendi que poderia lutar passando por qualquer coisa. Eu aprendi o quanto eu queria esse sonho e o quanto doía tê-lo tão perto e então arrancado de mim. As experiências me fizeram querer ter ainda mais sucesso e me deixaram ainda mais motivada. Os situações que levaram a minhas primeiras lutas profissionais podem não ter acontecido perfeitamente de acordo com meu plano mas, no fim, tudo funcionou perfeitamente. Isso é tudo o que você pode querer.

SE FOSSE FÁCIL, TODO MUNDO FARIA

> As pessoas estão sempre procurando o segredo do sucesso. Não há segredo. O sucesso é o resultado de trabalho árduo, de arrebentar sua bunda todos os dias durante anos a fio, sem tomar atalhos. Foi Michelangelo que disse: "Se as pessoas soubessem o quanto eu trabalhei para conseguir minha maestria, ela não pareceria tão maravilhosa assim".
>
> Não é difícil descobrir o que é preciso para ter sucesso, mas também não é fácil de fazer.

O CBPC e eu terminamos várias vezes. O dia em que ele roubou meu carro foi o ponto mais baixo, mas ele ainda lutava com seu vício. Nós terminávamos, mas sempre parecia que o universo continuava nos colocando juntos de novo.

Por duas vezes, nós terminamos e, alguns dias depois, eu estava parada em um sinal e o vi no espelho retrovisor. Ele deu de ombros ou balançou a cabeça, como se quisesse dizer: – Qual é a probabilidade de encontrar você aqui? – Nós paramos e rimos, e percebemos o quanto nós sentíamos saudades um do outro, nos beijamos e choramos e fizemos as pazes.

No entanto, a relação havia mudado. Eu estava me transformando e isso era a única coisa que realmente nos separava. Não o MMA em si, mas porque eu cheguei ao ponto em que eu queria mais. Eu estava ficando mais e mais motivada todos os dias. Eu estava em uma missão para conquistar o mundo.

Ele não tinha a mesma motivação. E, embora o CBPC acreditasse em mim e apoiasse meu sonho no MMA enquanto todo mundo revirava os olhos com a ideia, ele também estava inseguro.

Uma noite, o treino no Hayastan passou da hora.

– E aí, guria, por onde você esteve? – ele perguntou casualmente quando eu entrei pela porta.

– No treino – eu disse. Eu estava exausta, dolorida e não queria nada além de um banho antes de cair na cama. Mas, primeiro, eu me inclinei para lhe dar um beijo. Ele se afastou.

– Você está com cheiro de perfume de homem – disse ele. Não era uma acusação direta.

– O que é que você quer dizer com isso?

– Nada – ele balançou a cabeça e sorriu, desculpando-se. – Nada.

– Os caras armênios com que eu treino tomam um banho de perfume depois do treino e me abraçam quando eu vou embora – eu disse, na defensiva.

– Eles abraçam você – disse ele, com suas sobrancelhas ligeiramente franzidas.

– Eles são meus amigos. Eu os conheço há tempos. Eles são armênios. Os armênios são muito afetuosos. Eu não posso simplesmente mandar todos à merda e sair porta afora depois do treino.

– É, acho que não – disse ele.

– Obrigada – eu disse. – Agora eu vou tomar banho.

Quando eu comecei a tirar a roupa, o CBPC passou os braços em volta da minha cintura por trás. Eu me inclinei para trás enquanto ele esfregava seu rosto no meu pescoço. De repente, ele se afastou.

– Isso é um chupão? – perguntou. Seu tom era acusatório.

– O-o que o quê? – eu tropecei nas palavras. Olhei no espelho. – Isto é uma marca de alguém tentando aplicar um estrangulamento – eu disse, apontando para o meu pescoço. – E isto aqui e isto aqui também.

– Parece um chupão – disse ele.

– Bem, não é – eu disse a ele. – Passei a maior parte da minha vida coberta de hematomas e marcas. Eu nem os percebo mais. Não é nada com que se preocupar. É normal.

Mas ele não era lutador, então ele não enxergava dessa forma. Ele queria me apoiar, mas quanto mais motivada eu ficava, mais ele se sentia ameaçado em nossa relação. Ele não tinha um emprego do qual gostava. Ele não tinha encontrado algo por que fosse apaixonado. Ele estava resignado a aceitar sua situação, enquanto eu estava obcecada com subir na minha.

Quando nos conhecemos, ele era perfeito para mim. Éramos duas pessoas contentes sem ambição nenhuma. Mas então eu mudei.

Nós terminamos pela última vez pouco depois de eu virar profissional. Nós tínhamos passado por tanta coisa depois de dois anos juntos. Ele realmente foi um dos meus melhores amigos. Eu sabia que era diferente desta vez porque não foi dramático. Não houve animosidade. Eu não chorei histericamente. Não era como se estivéssemos tendo uma discussão. Era mais como se estivéssemos realmente dizendo adeus. E nós apenas conversamos, com lágrimas escorrendo por nossos rostos até que adormecemos.

Ele acordou antes de mim e saiu sem me acordar. Ele deixou uma mensagem na minha porta com marcador apagável. Dizia: *Eu amo você, guria. Nunca se esqueça, você é meu coração.*

Eu nunca a limpei.

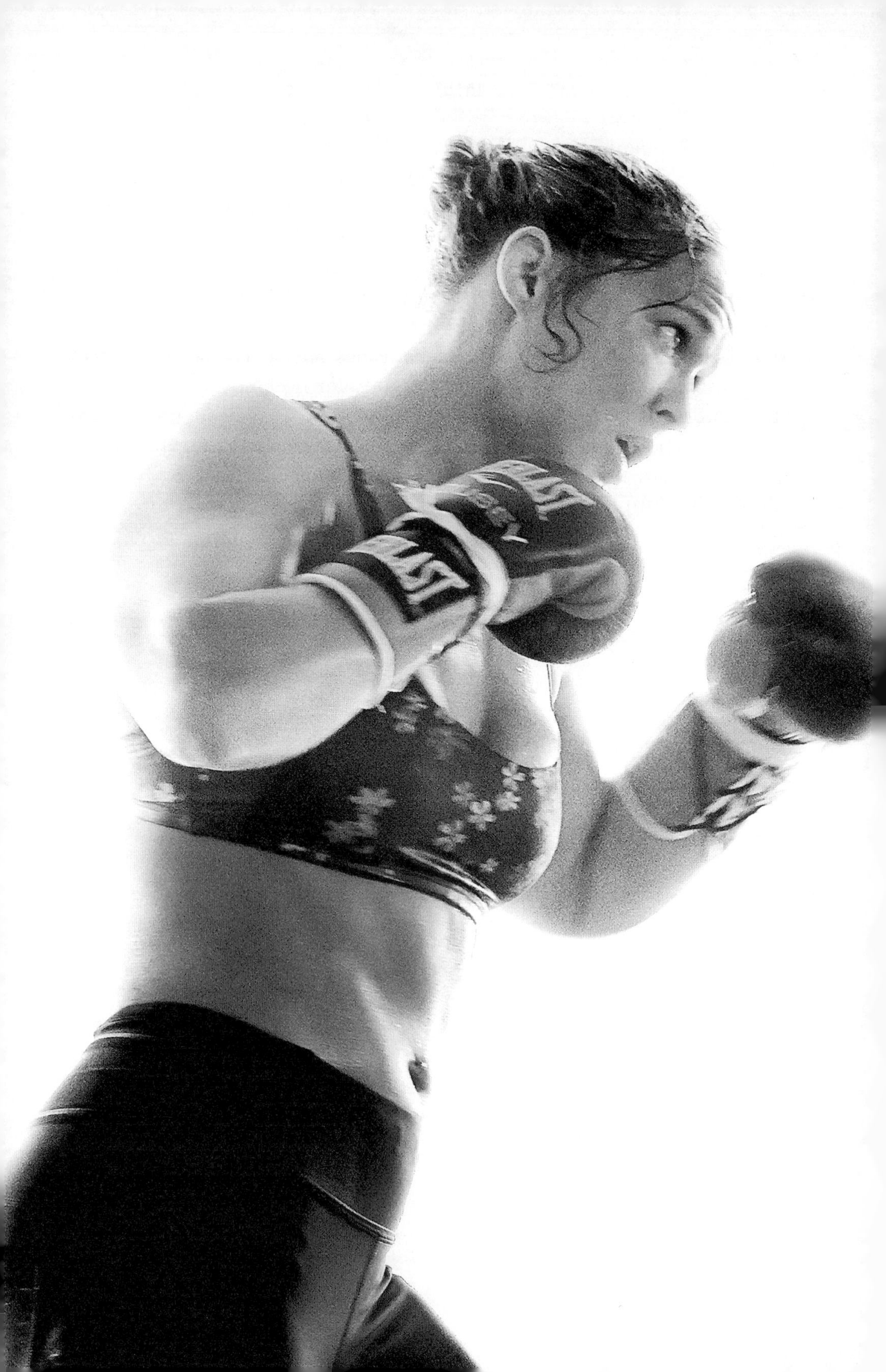

O ÚNICO PODER QUE AS PESSOAS TÊM SOBRE VOCÊ É O PODER QUE VOCÊ LHES DÁ

No judô, tantas pessoas se preocupam com a classificação e qual o grau de faixa preta que elas são. Eu nunca me prendi a isso. A classificação é baseada unicamente em um grupo de pessoas que se reúne e diz: – Ah, você merece ser tal e tal classificação. – Uma vez que você lhes dá o poder de dizer que você é ótimo, você também lhes dá o poder de dizer que você é indigno. Uma vez que você começa a se preocupar com a opinião dos outros sobre você, você abre mão do controle.

É o mesmo motivo pelo qual eu não me prendo em ser a favorita do público quando eu luto. É por isso que eu não leio as coisas que escrevem sobre mim. Um dos melhores dias da minha vida foi quando eu vim a entender que a aprovação dos outros e minha felicidade não eram relacionadas.

Minha primeira luta no Strikeforce estava agendada para 12 de agosto de 2011, e eu enfrentaria Sarah D'Alelio no fim das contas.

Antes da luta contra D'Alelio, eu fiz um programa pela primeira vez – um programa planeja sua rotina de exercícios para que você esteja nos auges físico e mental absolutos quando você entrar no ringue. A ênfase ainda era em melhorar minhas habilidades, mas começamos a preparar especificamente para D'Alelio.

Eu larguei todos meus empregos e fizemos um programa de quatro semanas. Embora não tivéssemos dinheiro para trazer lutadores de treino de alto nível, eu nunca tinha tido um treinamento tão concentrado antes de uma competição.

Na segunda-feira da semana da luta, eu recebi um telefonema de Darin.

– O pessoal do Showtime ligou – disse ele. O Strikeforce tinha um acordo de transmissão nacional com a rede a cabo. – É sobre sua música de entrada.

– É a mesma, "Sex and Violence" – eu disse.

– Essa é a questão, eles têm um problema com a letra – disse Darin.

– Espere aí, com o quê? *Sexo* ou *violência*? Porque isso é literalmente a música toda, só um cara dizendo "sex and violence, sex and violence".

– Na verdade, com os dois – disse Darin.

Eu ri.

– Mas, literalmente, não é isso que eles estão vendendo? – Perguntei. – Por que as pessoas assistem a lutas de mulheres? Apelo sexual e violência física.

– Eu não sei – disse Darin, um pouco exasperado. – Você só precisa escolher outra música.

– Tudo bem, só escolha algo do Rage Against the Machine – eu disse.

Dois dias antes da luta, fomos para Vegas. Eu fui com Darin. Edmond e alguns outros caras do GFC também vieram. Nós nos encontramos no clube e fomos em caravana pelo deserto. Poderíamos ter ido de avião para Las Vegas, mas eu gostava de ir de carro.

A partir do momento em que chegamos e nos registramos no Palms – onde a luta ia acontecer –, ficou claro que eu tinha alcançado o próximo nível. Tudo funcionava melhor. Era mais profissional. Os organizadores sabiam quem você era e onde você precisava estar e quando. O local era maior. Os lutadores de maior calibre.

Tínhamos uma sala para aquecimento, não uma área aleatória isolada, mas um espaço para colocar nossas coisas e aquecer com meus treinadores. Havia pessoas que me mantiveram atualizada sobre quando eu ia lutar e me mostraram aonde ir. Eu me senti em casa.

Eu entrei ao som de Rage Against the Machine. A música não me pareceu certa.

Eu entrei na gaiola. O árbitro nos mandou a nossos cantos e então nos disse:
— Comecem!
Eu dei um *jab* (soquei) para reduzir o espaço. D'Alelio jogou uma direita e errou. Eu fiz uma pegada que somente um judoca saberia. Era uma pegada para um dos meus arremessos preferidos do judô, *sumi gaeshi*, no qual você puxa sua adversária por cima de você e a joga no chão. Eu instintivamente fui para o arremesso mas, como não havia *gi* para agarrar, eu comecei a perder a aderência. No meio do caminho, mudei a técnica para uma chave de braço e comecei a engatar seu braço enquanto ela ainda estava caindo.
— Eu desisto! Eu desisto! Eu desisto! — Ela começou a gritar enquanto estava caindo, esticando um braço para evitar cair com o rosto no chão.
Eu sabia que ela não tinha uma mão para bater e que, quando a mão dela tocasse no chão para se proteger, todo o peso da queda passaria por seu cotovelo e destruiria a articulação. Para salvar seu braço, eu deixei minhas pernas se abaixarem à medida que tocávamos no chão, mas eu mantive minha posição. Ela ainda não tinha uma mão livre para bater.
— Ela está tentando desistir — eu disse ao árbitro.
O árbitro encerrou a luta.
— Eu não bati! Eu não desisti! — ela gritou para o árbitro. Toda a luta tinha durado vinte e cinco segundos.
Eu pulei, levantando minhas mãos no ar. Ela voltou para seu canto, protestando. A multidão vaiou.
Eu olhei em sua direção.
— Você quer ir de novo? — eu gritei na frente da multidão. — Vamos lá, vamos de novo.
Mas uma vez que uma luta é encerrada, ela terminou. O árbitro nos trouxe para o centro do ringue.
— A vencedora, por submissão, Rowdy Ronda Rousey — o locutor declarou quando o árbitro levantou minha mão. As vaias ficaram mais altas. Entrevistada após a luta, ela admitiu ter gritado, o que pelas regras qualifica como uma "submissão verbal".
D'Alelio e eu compartilhamos um abraço solto pós-luta.
— Não dê ouvidos a eles — disse ela no meu ouvido.
Embora eu apreciasse o sentimento, minha alegria foi afetada, não pelas vaias chovendo a minha volta, eu já tinha sido vaiada no mundo todo, mas porque as pessoas estavam questionando minha vitória. Eu não queria que ninguém nunca me questionasse na gaiola de novo.
— Ela desistiu — eu disse para Edmond enquanto saíamos da arena.

– Claro, ela desistiu – disse Edmond. – Cada pessoa nesta arena maldita sabe que ela desistiu, mesmo que algumas pessoas ajam como se ela não o tivesse feito.

– De hoje em diante, eu simplesmente vou quebrar a merda do braço de todo mundo – eu disse.

Antes de sair do local, eles me deram meu cheque. Era de oito mil dólares, mas parecia um milhão.

– Agora, eu posso pagar você – eu disse a Edmond. O padrão é que um lutador dê dez por cento de seus ganhos para o treinador principal.

– Ronda, você merece muito mais dinheiro – disse Edmond. – Uma lutadora como você, você merece um milhão de dólares para lutar.

– Você realmente acha isso? – perguntei.

– Absolutamente.

– Mal posso esperar para lhe pagar dez por cento quando eu ganhar milhões – eu disse.

– É, eu também – disse Edmond. – Porque, sério, não vou ficar com nada desse cheque. Você fica com tudo.

Meus olhos se arregalaram.

– Você está falando sério?

– Claro, estou falando sério – disse Edmond. – Você fica com esse. Eu não preciso desse dinheiro. Você luta para ganhar a vida. Eu entendo o que é lutar para viver. Eu mesmo já lutei. Só continue fazendo o que faz. Agora, quando você ganhar um milhão...

Eu dei um grande abraço em Edmond.

Eu tinha conseguido chegar aos altos escalões. Agora eu tinha meu alvo em um campeonato.

Então, um dia, Miesha Tate falou de mim no Twitter.

Um fã perguntou a Miesha se ela nunca ia lutar comigo. Ela me incluiu na resposta: *Claro! Por que não!* (Nota para Miesha: A pontuação apropriada na segunda frase deveria na verdade ser um ponto de interrogação).

Eu nunca tinha ouvido falar nela, mas eu cliquei em sua página para verificar. Descobri que ela foi campeã feminina do Strikeforce na 135 libras. Eu estava considerando baixar para 135 e havia dito que eu planejava ser a campeã na 135 libras (peso-galo) e 145 libras (peso-pena) simultaneamente. Quando a campeã na 135 libras disse que ela topava lutar comigo, eu decidi que tinha chegado o momento de me mexer. A meu ver, duas pessoas estavam entre mim e uma luta pelo título peso-galo: minha próxima adversária, Julia Budd, e a lutadora nº 2 na 135, Sarah Kaufman. Eu ia vencer as duas.

Budd pairava acima de mim na pesagem. Ela tinha uma vantagem de altura, mas eu não me importava. Eu ainda estava chateada pela minha última vitória ser questionada. Eu ia fazer dessa garota um exemplo.

Eu entrei ao som de Rage Against the Machine novamente, uma música diferente, mas ainda não parecia certa.

Assim que o árbitro disse: – Lutem! –, eu soquei para reduzir a distância e a empurrei para trás na gaiola. Nós nos agarramos, e eu pude sentir que ela estava escorregadia com hidratante. Eu fui arremessá-la para a frente, mas ela estava tão escorregadia que eu sabia que se eu realmente tentasse, eu perderia a pegada. Eu mudei de direção e a derrubei para trás.

Uma vez que eu a tinha no chão, tudo o que eu tinha de fazer era socar e levá-la à posição que eu queria para dar minha chave de braço preferida. Assim que eu me livrei de sua pegada e puxei seu braço em linha reta, ela fez uma ponte e se virou tentando escapar. Estávamos de bruços, e eu consegui sentir seu cotovelo se deslocando, mas eu não ia cometer o erro de deixar qualquer dúvida como da última vez. Eu a virei de novo para que o árbitro pudesse ver o estrago. Eu continuei engatando seu cotovelo, me inclinando para trás até que ele deslocou. Ela tentou continuar, mas desistiu alguns segundos depois. O locutor comparou a aparência do cotovelo deslocado de Budd ao joelho de um flamingo.

A luta tinha durado trinta e nove segundos.

No judô, eu havia me condicionado a ser humilde após a vitória, a ser respeitosa com uma desafiante que faz uma boa luta, a não comemorar depois de machucar uma adversária. Tentei conter meu entusiasmo. Quando eu a vi levantar, eu me permiti sorrir e saborear a vitória. Mas minha noite ainda não tinha terminado.

Mauro Ranallo, o locutor do Showtime, me perguntou sobre meus planos de mudar para 135 libras depois da luta.

Olhei para Edmond. Meu *corner* sabia sobre meu plano.

Eu olhei diretamente para a câmera. Eu tinha pensado nesse momento.

– Se Sarah Kaufman é a próxima, por favor, Strikeforce, me deixem lutar com ela primeiro. Eu realmente quero ter uma luta pelo título contra Miesha Tate e eu não quero correr o risco de ela perder antes. Por favor, me deem uma chance com Sarah Kaufman primeiro, e aí Miesha Tate. Eu juro que vou dar um bom show.

Foi a primeira chamada para a luta feminina televisionada nacionalmente. Nenhuma lutadora no MMA nunca tinha realmente chamado alguém de forma tão pública. Era um apelo e uma atuação. Foi meu primeiro esforço de ser artista de TV.

Nos bastidores, o organizador de lutas Sean Shelby se aproximou de mim.

– Você não vai ter de lutar com Kaufman primeiro – disse ele. – Nós simplesmente vamos lhe dar Miesha imediatamente.

– Fantástico – eu disse.

Fiquei emocionada. Miesha não ficou. Ela não queria lutar comigo, e ela discutiu com Sean Shelby a respeito, mas a decisão tinha sido tomada.

Eu não sabia muito sobre Miesha Tate. Eu só queria lutar contra ela porque ela era a campeã, então eu supus que ela pudesse lutar. Eu sabia que havia pessoas que achavam que ela era razoavelmente bonita e eu era razoavelmente bonita. Eu imaginei que isso ajudaria a atrair o interesse na luta. Eu sabia que a luta venderia. E eu sabia que poderia vencê-la.

Lutar não é apenas luta. É show. O atleticismo é uma parte integrante do show, mas isso por si só não é suficiente para fazer as pessoas voltarem. As pessoas assistem a lutadores, mas elas se lembram de personagens. Você tem de mantê-los animados. Você tem de deixá-los intrigados. Você tem de cativá-los.

Duas semanas depois, Miesha e eu fizemos uma aparição conjunta no *podcast* "MMA Hour" para discutir se eu merecia uma chance ao título contra ela imediatamente ou algum dia.

Agora, eu venho de uma família de mulheres inteligentes e perspicazes. Quando éramos mais jovens, minhas irmãs e eu nos envolvemos em uma quantidade razoável de "disputas verbais". Você tinha de ser rápida com sua resposta ou você era colocada em seu lugar. Minha irmã Jennifer pode acertar você tão forte com uma resposta que você vai precisar se sentar. Minha irmã Maria tem a capacidade de se lembrar de tudo, desde o que ela comeu no almoço na pré-escola até um artigo de revista aleatório que ela leu há cinco anos. Ela cita cinco exemplos rapidamente e então diz para você: – Me dê um exemplo específico. – Minha mãe tem a capacidade de, sem levantar a voz, mudar o tom para causar um arrepio em seus inimigos. Não havia oportunidade em nossa casa para: – Sim, sim, mas, mas. – A conversa estaria dez passos a sua frente enquanto você dizia isso, e você teria de admitir a derrota. Eu vinha treinando nessa arena há mais tempo do que vinha treinando no judô.

Em entrevistas que ela tinha dado, Miesha já havia demonstrado que ela subestimava minhas habilidades dentro da gaiola. Eu tinha bastante certeza de que ela me subestimava fora dela também.

Eu queria estar pronta para derrubar qualquer argumento em potencial que ela pudesse conceber. Eu queria estar pronta para arrasar com os argumentos que ela nem sequer tinha pensado ainda. Eu queria apertar ela em um canto para que ela não tivesse escolha a não ser lutar contra mim e eu queria que ela visse como eu era superior a ela em todos os aspectos da luta, dentro e fora da gaiola.

Eu fiz exatamente a mesma coisa que eu fazia antes de uma luta: eu me preparei.

Nos dias que antecederam o podcast, eu passei cada minuto acordada treinando luta ou treinando debate. Entre os treinos e antes de ir para a cama, eu li todos os artigos que pude encontrar sobre ela. Eu vasculhei sua mídia social. Eu assisti a entrevistas que ela deu. Eu anotei todas as questões que Miesha tinha levantado, todos os argumentos contra mim que ela já tinha feito e argumentos contra mim que ela ainda nem tinha concebido. Anotei e digitei no computador de um amigo. Durante os intervalos do treino, eu pegava minha cola que continha os dois pontos de vista. Eu a entregava a um dos caras na academia.

— Diga alguma coisa e eu vou refutá-la — eu disse.

Eu pratiquei me defender contra suas questões. Eu pratiquei discutir suas questões. Independentemente de que lado do argumento eu estava, eu ganhava. Quando eu terminei, eu era melhor do que ela em discutir seu próprio lado.

Por insistência de Edmond, eu tinha ido ao Third Street Promenade para comprar umas roupas novas para as próximas aparições na mídia. Era quase dia de Ação de Graças e o shopping center ao ar livre já estava decorado para o Natal.

— Eu tenho dinheiro para comprar presentes de Natal para minha família este ano — eu percebi.

Eu estava olhando as vitrines quando percebi que tinha perdido a noção do tempo e não conseguiria chegar em casa para atender à chamada do programa. Eu escolhi um lugar na calçada do lado de fora da Urban Outfitters. Teria de servir.

Meu telefone tocou. Senti uma onda de adrenalina. Eu estava pronta para dar uma sova verbal.

Quando o show começou, Miesha deu o primeiro tiro:

— O que acontece quando ela falha na chave de braço e alguém acaba em cima dela acertando seu rosto? — ela perguntou. — Será que ela vai bater a mão ou desistir? Não sabemos. Ainda não vimos isso. Eu acho que é meio bobo colocá-la contra mim, porque é isso que eu vou fazer. Vou fazer isso com ela.

Sua lógica parecia ser que, como eu dominava tanto, como ninguém tinha durado nem mesmo um único minuto na gaiola comigo, eu não tinha provado ser boa. Ela estava se agarrando em migalhas.

Eu percebi que seria melhor eu vender a luta do que me defender. Eu falei sobre dinheiro. Eu falei sobre interesse. Eu falei sobre dar um show. Não se tratava apenas de mim e Miesha. Tratava-se de tudo o que eu tinha imaginado quando as pessoas me diziam que ninguém jamais se importaria com o MMA feminino.

Miesha só queria falar sobre mim. Desviei cada golpe que ela jogou contra mim, respondendo com um forte soco.

– Você deve ser mais humilde como lutadora – disse ela.

– Lutadores que não têm humildade recebem a mesma coisa – eu apontei.

Ela disse que eu não tinha provado ser boa.

Eu citei outros lutadores bem sucedidos que tiveram uma rápida ascensão.

– Você só está pensando em si mesma – disse ela.

Eu expliquei a ela que é um esporte profissional com ênfase no profissional. Se ela queria que fosse sobre ideais, eu sugeri que ela renunciasse ao dinheiro e experimentasse a Olimpíada.

– O que vai acontecer se eu for lá e vencer você? – ela perguntou.

– Esse é um risco que estou disposta a correr – eu disse. – Você também deveria estar disposta a correr alguns riscos.

– Estou disposta – disse Miesha.

O interesse cresceu exponencialmente. Artigos sobre nossa luta estavam por toda parte. Os fãs estavam tomando lados. O interesse na luta feminina, em qualquer luta do Strikeforce, nunca tinha sido maior. Eu respondi a cada solicitação de entrevista, agendando e espremendo-as entre as sessões de treinamento e recebendo chamadas no início da manhã ou tarde da noite.

No próximo fim de semana, eu fui para Las Vegas para o MMA World Awards, para festejar com alguns lutadores que eu conhecia e para ver uma luta do UFC no Palms. Estávamos a algumas fileiras da gaiola, e eu estava a poucas bebidas de abraçar o mantra "o que acontece em Vegas, fica em Vegas", quando Frank e Lorenzo Fertitta e Dana White, os três homens mais poderosos do esporte do MMA, entraram na arena. Os irmãos Fertitta possuem juntos oitenta e um por cento da Zuffa, a organização-mãe do UFC, a principal organização do MMA. Dana White é o presidente do UFC. Zuffa era dona do Strikeforce.

Como se alguém me cutucasse com um marcador de gado, um choque percorreu meu corpo. Sentei-me direito com um sorriso. Minha voz interior gritava a todo volume:

– Aguente firme, mulher.

Eles vieram perto de nós e Dana parou e se apresentou:
– Você é Ronda Rousey – disse ele.
Meu queixo quase caiu no chão.
– Oi – eu disse.
– Prazer em conhecê-la – disse ele.
Então, alguém alguns lugares adiante o chamou, e Dana seguiu em frente.

Dois dias depois, eu estava saindo do estacionamento no Palms quando Joan Jett tocou no rádio.

– "I don't give a damn 'bout my reputation..."[19] – a letra acertou um acorde com a minha alma.

Eu tinha encontrado minha nova música de entrada.

---

[19] Nota do tradutor: "Não estou nem aí para minha reputação...", trecho da música Bad Reputation.

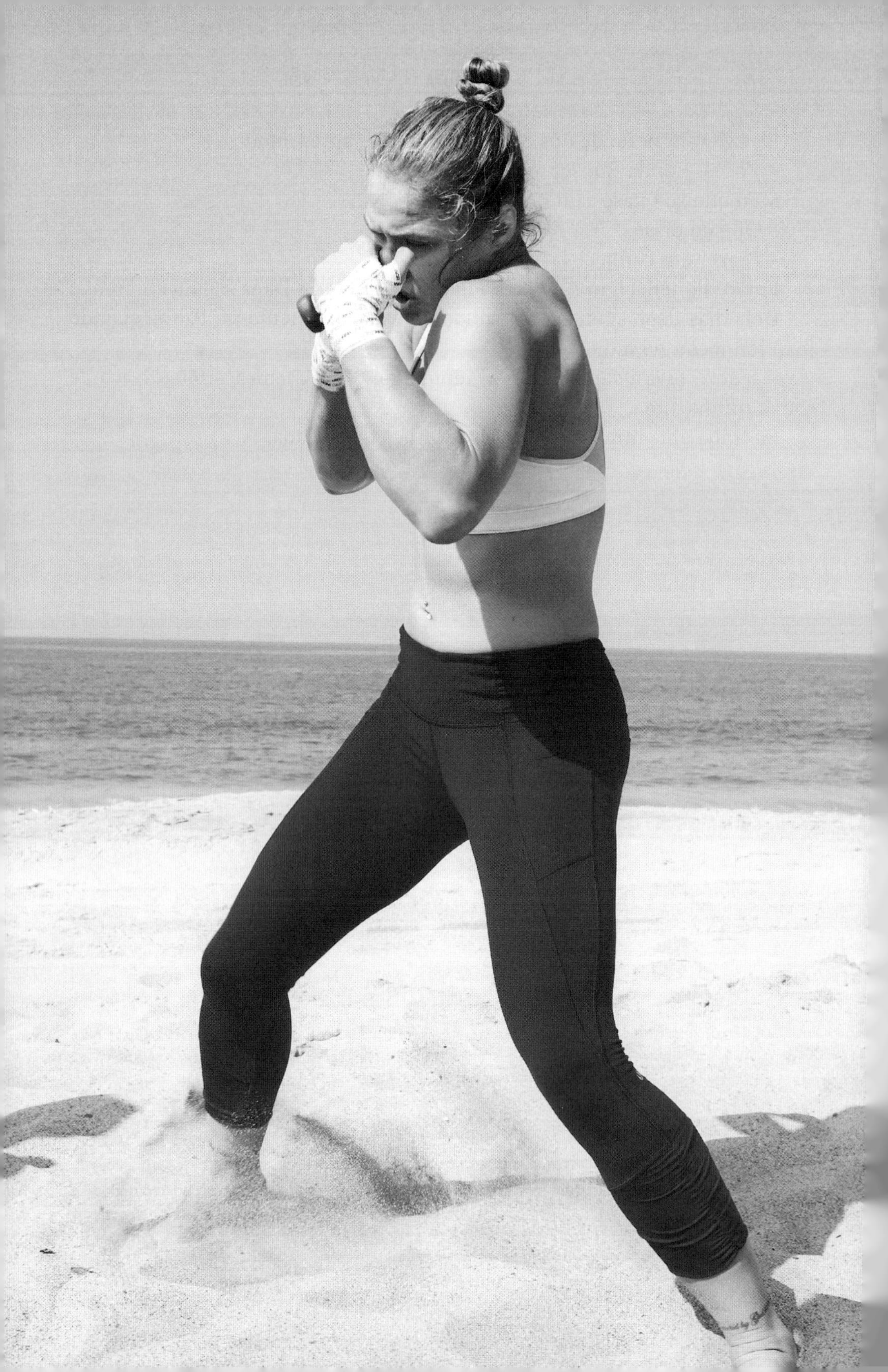

VENCER É UM HÁBITO

Aristóteles disse: "Nós somos aquilo que fazemos repetidamente. A excelência, então, não é um ato, mas um hábito." Vencer é um hábito, bem como perder.

Você pode adquirir o hábito de entrar em um torneio, uma reunião ou uma audição dizendo a si mesmo:

– Isto é só para experiência. Se eu falhar, eu sempre posso tentar novamente mais tarde.

Se você entrar com suas desculpas já preparadas, é difícil de abalar essa mentalidade quando "mais tarde" finalmente chegar.

Ou você pode entrar em cada empreendimento com a atitude de que você vai arrasá-lo. Você pode dizer a si mesmo:

– Eu estou me esforçando cem por cento porque essa é a única porcentagem que eu conheço. Estou aqui para ganhar, e você pode vir comigo ou você pode sair do caminho.

Vencer é um hábito significa tentar e esperar ser melhor do que qualquer pessoa no mundo todos os dias.

Tudo que antecedeu à luta contra Tate foi amplificado. O programa de treinamento foi mais difícil. O corte de peso foi mais difícil. A atenção foi maior. A tensão foi maior. Mas todos os dias eu acordava com um único propósito: tirar o cinturão de Miesha Tate.

Eu poderia tê-la vencido no dia em que a chamei para a luta, mas apenas vencer não era suficiente. Eu queria aniquilá-la, envergonhá-la, forçá-la a admitir que eu era a melhor lutadora do planeta, a se desculpar por pensar que ela poderia ser mencionada na mesma frase que eu.

Foi o primeiro treinamento completo que fizemos, planejando seis semanas antes da luta de 3 de março de 2012, em Columbus, Ohio. Ele marcou a primeira vez que Edmond trouxe lutadores de treino de fora além de usar os rapazes no GFC.

Darin me conseguiu um apartamento temporário perto do clube para que eu não tivesse de fazer o percurso atravessando Los Angeles. Fiquei tão traumatizada com me desidratar para perder peso no judô que eu queria atingir 135 libras apenas fazendo dieta. Eu me limitei a uma refeição por dia, que eu não comia até a noite; era uma promessa a mim mesma, um prêmio por atravessar o dia.

Como eu não fazia um corte dramático de peso em mais de dois anos, o peso caiu imediatamente. Eu estava quase no peso na primeira semana de treino, mas eu fiquei enfraquecida. Eu estava fazendo mais rodadas de treino de luta do que eu jamais tinha feito sem comida no corpo.

Eu estava trabalhando na mídia social como se fosse um emprego de turno integral.

Ao sair do treino, eu estava totalmente desgastada, mas eu sabia que não precisava estar descansada para ser a melhor do mundo. Na terça-feira da semana da luta, Edmond, Darin e eu embarcamos em um avião para Ohio. Peguei meu travesseiro de avião áspero, descansei minha cabeça contra o ombro de Edmond e dormi o voo todo.

Nós pousamos e fomos para o hotel. Acordei na manhã seguinte com dor de garganta e febre. Edmond verificou minha temperatura, e era de 38,5. Nos próximos dois dias, eu fiquei na cama.

Sexta-feira, fomos para a arena para a pesagem. Eu atingi o peso. Então eles fizeram Miesha e eu ficarmos cara a cara, com nossos rostos a apenas centímetros de distância. Ela se inclinou para frente, tocando a testa na minha. Eu a empurrei de volta usando minha cabeça. Os oficiais da luta saltaram entre nós.

Miesha parecia abalada. Ela tinha uma marca vermelha enorme na testa.

– Vá se acostumando a ser minha, vadia – pensei.

Minha mãe se encontrou comigo depois da pesagem para o jantar.

– Como está se sentindo? – Ela perguntou, parecendo preocupada.

– Melhor – eu disse, mas ela não pareceu convencida.

Eu comi peixe e legumes para o jantar, então nós voltamos para meu quarto e deitamos na cama.

— Você pode me dizer por que eu vou vencer essa garota? — perguntei.

Parecia que eu era uma menina de novo a caminho de um torneio.

— Você quer isso mais.

— Aham.

— Você vem treinando para isto toda sua vida. Você é uma atleta em nível de elite. Ela é o quê, uma lutadora do ensino médio? Você lutou milhares de confrontos em cenários da maior pressão imaginável.

— Mais, mais — eu disse.

— Você sabe que pode vencer se estiver doente ou machucada. Você é mais esperta do que ela.

— Não me diga — eu disse.

Minha mãe fez uma xícara de café e eu postei mais algumas atualizações nas mídias sociais antes de desligar meu telefone até depois da luta.

— Aquela filha da puta.

— O quê? — perguntou minha mãe.

Eu vi na mídia social que Miesha Tate tinha apresentado uma queixa pedindo à comissão atlética para me multar pela "cabeçada".

— Mais uma razão para vencê-la — minha mãe disse.

— Sério, eu vou usar o dinheiro da vitória depois de vencê-la para pagar a multa. Vou chamá-lo de imposto sobre "foda-se".

Houve uma batida na porta. Marina tinha vindo para a luta de Nova Iorque e me trouxe macarrão e almôndegas. Eu dormi como uma pedra na noite antes da luta.

Na noite seguinte, o árbitro veio ao vestiário para me explicar as regras e me guiar pelo que esperar que ele faça na gaiola.

— Eu vou mandar vocês lutarem, vocês lutam — disse ele, recitando seu discurso. — Vocês podem tocar as luvas se quiserem...

— Sim, eu não quero — eu interrompi.

— Está bem, então — disse ele, pego um pouco de surpresa.

Olhei para a fita azul nas minhas luvas. Eu estava lutando no canto azul, o que significa que quando começássemos, eu estaria no lado direito da gaiola. O canto azul é canto do desafiante. O canto vermelho é reservado para o campeão, o favorito.

Eu sabia que ia ser a última vez que eu usava luvas azuis.

Quando nos encontramos na gaiola, Miesha sabia o que estava por vir. Ela sabia que eu ia quebrar a porra do seu braço. Ela sabia disso e não havia nada que pudesse me fazer parar.

O maior trunfo de Miesha como lutadora é que ela pode aguentar uma surra fantástica.

Eu esperava que Miesha fosse inteligente e tentasse manter a luta à distância. A emoção tirava o melhor dela. Ela saiu de seu canto, de cabeça baixa, olhos fechados e golpeando descontroladamente. Ela caiu na minha pegada. Eu facilmente redirecionei seu ímpeto e a joguei no chão. Depois de uma curta luta e um cotovelo em seu rosto, eu estava sobre ela e girei para trás em torno de suas pernas para passar para uma posição de crucifixo, deitada em cima dela e imobilizando seus braços para que eu pudesse dar outra cotovelada em seu rosto.

Em pânico, ela me deu o braço quando eu nem estava procurando por ele. Eu joguei uma perna sobre sua cabeça para ir para a chave de braço. Eu podia sentir seu cotovelo se entregar, mas eu também podia senti-la escorregar para fora. Em vez disso eu decidi começar a martelar seu rosto com o pulso. Eu rolei para fora da posição e me levantei. Ela desesperadamente se agarrou nas minhas costas e nós desabamos no chão.

Ela estava tentando enganchar as pernas em volta de mim por trás. Eu agarrei seus pés para desenganchá-los, mas percebi que meu short era muito curto e, se eu puxasse com muita força, eu ia mostrar minha bunda para o mundo. Eu me levantei, peguei-a e bati sua cabeça no chão. Fiquei de joelhos para desenganchar seus pés e deslizei e me levantei. Ela tentou me acompanhar, mas eu a soquei diretamente no rosto e sentei sua bunda de novo. Ela se levantou, tentando me agarrar e empurrar contra a gaiola. Eu a inverti e a segurei na gaiola, colocando os joelhos em suas coxas para executar um belo *osoto* (arremesso para trás), então virei de carrinho sobre minha cabeça para melhorar minha posição de solo. Ela segurou-se na gaiola (uma violação das regras) para tentar se levantar. O árbitro avisou-a da infração enquanto nos levantávamos, e eu a acertei com um soco e um cruzado. Ela errou um chute a um quilômetro de distância, dando socos desleixados que eu facilmente bloqueei. Eu a acertei com um forte direto de direita e um arremesso de quadril ainda mais forte. Eu fui para montá-la. Ela se virou e me deu as costas.

Eu sabia que o primeiro round estava terminando e percebi que uma finalização por submissão seria mais rápido do que um nocaute técnico. Eu propositadamente mantive meu peso para o lado direito e a acertei no lado esquerdo da cabeça para fazê-la tentar se levantar. Empurrando com sua mão esquerda, ela tentou se levantar. Era exatamente o que eu estava procurando! Eu enganchei seu braço e girei para dar minha chave de braço favorita.

Muitas pessoas acham que, quando você dá uma chave de braço, o braço quebra. Mas ele não quebra. Quando você dá uma chave de braço, o objetivo é colocar tanta pressão sobre o braço da pessoa que você desloca a articulação do encaixe. Você sente quando isso acontece. É como arrancar a perna do peru no jantar. Você a ouve estalar-estalar-estalar e então esmagar.

Ao puxar seu braço, eu me arqueei para trás até sentir o esmagar, seus ligamentos estalarem entre minhas pernas.

Ela ainda estava tentando escapar.

Assim que eu senti a articulação estalar, meu foco mudou para me proteger e impedi-la de escapar. Eu agarrei sua mão e a empurrei para o lado do meu quadril, forçando seu cotovelo a dobrar mais de noventa graus na direção errada. Eu arranquei músculos de seu osso e tendões.

Com um aperto de torno em seu braço ferido, eu me sentei para socá-la no rosto com a outra mão. Com o cotovelo totalmente deslocado, não havia mais nada segurando-a nessa posição além da dor e seu medo de mim.

Ela bateu com a mão.

Então, pelo que me constava, ela desapareceu.

Senti um alívio, então fui tomada por uma alegria indescritível.

Eu estava no meio da gaiola quando o locutor gritou:

– Senhoras e senhores, marcamos o tempo de quatro minutos e vinte e sete segundos no round número um. Ela é a vencedora por submissão. Ela ainda está invicta. Ela é o nova campeã mundial peso-galo do Strikeforce. Rowdy Ronda Rousey!

A multidão rugiu.

O diretor executivo do Strikeforce, Scott Coker, veio por trás de mim e enrolou o cinturão de campeã na minha cintura, e eu pulei. Eu tinha me esquecido dessa parte.

Olhei para o cinto de couro preto com a enorme frente dourada, com várias pedrarias cintilantes sob os holofotes. Era muito mais pesado do que eu esperava que fosse.

Uma paz calmante tomou conta de mim. Eu tinha conseguido o que eu queria fazer.

Um microfone foi colocado na minha frente. Eu percebi que teria de encontrar palavras para falar.

Agradeci a meus treinadores, meus companheiros de equipe e minha família. Estava sinceramente grata por tudo que eles tinham feito para eu chegar a este momento. Pensei em meu pai. Eu olhei para as arquibancadas quase esperando ver sua bandeira tremulando lá novamente. Ele sempre soube que eu ia ser a melhor do mundo. Eu queria que ele soubesse que sua gigante adormecida tinha acordado.

– Para meu pai, onde quer que esteja – eu disse. – Espero que você veja isso. Todos nós sentimos saudades, nós amamos você, e isto é para você. Espero que você tenha orgulho de mim.

Eu fui levada da gaiola direto para o teste de drogas. Um amontoado de oficiais acompanhados pela equipe de produção de televisão tentou me levar aos bastidores. Eu parei, procurando por minha mãe na multidão.

– Vamos – um dos oficiais pediu.

– Eu tenho de procurá-la.

Eu vi minha mãe, sorrindo e gritando no meio da multidão.

– Lá está minha mãe! – gritei e apontei.

– Vamos – o oficial me disse novamente.

– Deixe ela ir ver sua mãe – disse Edmond ao guarda.

Todos nós – eu, meu *corner*, os seguranças, os oficiais, os cinegrafistas e a equipe do evento – atravessamos o lugar até onde minha mãe estava.

Ela me envolveu em seus braços. Eu me recostei nela.

– Eu ainda tenho orgulho de você – disse ela.

Era a primeira vez que eu me lembrava que ela disse isso para mim sobre qualquer competição. Eu me senti como se tivesse ganhado tudo outra vez.

EU PREFIRO EXPOR-ME POR VONTADE PRÓPRIA DO QUE ESPERAR COM MEDO DE QUE ACONTEÇA CONTRA MINHA VONTADE

> Já me perguntaram se eu tenho medo. A verdade é que tenho medo de muitas coisas. Eu só não deixo que o medo me controle. Eu o uso para me motivar. Eu enfrento as coisas que me assustam de cabeça, porque o medo não é nada mais do que um sentimento. As garotas que enfrento na gaiola, elas podem me machucar. O medo não pode me machucar de verdade. Agir sem medo é imprudência. Agir com medo é coragem.

Eu estava separada do Cara Bonito do Parque de Cães há alguns meses e tinha voltado ao jogo do namoro enquanto ascendia no Strikeforce. Eu conheci meu novo namorado no clube onde eu ensinava judô. Ele era legal. Ele tinha um emprego. Ele tinha sua própria casa. Ele não usava heroína. Dado meu histórico de namoro, era bom ficar com alguém meio sem graça. É claro, as pessoas sempre dizem depois que os assassinos em série eram vizinhos meio sem graça.

Eu estava na casa dele duas semanas antes da luta contra Tate e perguntei se podia continuar meu trabalho na mídia social em seu computador enquanto ele estava fora. Ele disse que sim. Ao tentar baixar uma imagem do Facebook para que eu pudesse coloca-la no Twitter, a tela do "Salvar como" mostrou miniaturas dos downloads recentes. Lá, entre as imagens, havia fotos minhas nua. Fotos minhas nua tiradas *sem* meu conhecimento. Eram fotos minhas fazendo coisas realmente comuns, como jogar DragonVale no telefone ou escovar os dentes (Sim, eu escovo meus dentes nua).

A raiva subia pela minha espinha como gelo enquanto eu passava pelas imagens que ele tinha tirado ao longo dos últimos meses. E se ele as tivesse compartilhado? E se ele tivesse mais escondidas em outro lugar? E as fotos no telefone?

Eu apaguei as fotos. Então eu apaguei o disco rígido. Então eu esperei pelo Fotógrafo Pervertido chegar do trabalho. Eu fiquei congelada como uma estátua na cozinha, cada vez mais e mais furiosa. Eu comecei estalar os dedos e ranger os dentes. Quanto mais tempo eu esperava, mais louca eu ficava. Quarenta e cinco minutos depois, ele entrou pela porta.

Ele viu meu rosto e congelou. Ele perguntou qual era o problema e, quando eu não disse nada, ele começou a chorar.

Eu dei um tapa em seu rosto tão forte que minha mão doeu.

– Eu encontrei todas essas fotos nuas, seu filho da puta pervertido! – eu gritei.

– Me deixe explicar – ele suplicou.

Mas não havia nada a dizer. Fiz menção de sair, mas ele bloqueou a porta.

– Me deixe sair daqui! Eu nunca mais quero ver você de novo. Você nunca vai me tocar de novo.

– Você não vai embora – ele me disse.

– Foda-se, sim, eu vou – eu disse.

Ele não saiu da frente. Eu acertei seu rosto com um direto de direita, então um gancho de esquerda. Ele cambaleou para trás e caiu contra a porta.

– Merda, minhas mãos – eu pensei. – Eu não posso machucá-las antes de uma luta.

Eu lhe dei um tapa com a mão direita. Ele ainda não saiu da frente. Então eu o agarrei pela gola do moletom, dei uma joelhada no rosto e o joguei para o lado no chão da cozinha.

Quando eu corri porta afora para o meu carro, ele correu atrás de mim.

– Não, espere! Me deixe explicar! – ele gritou.

– Vá se foder, pervertido!

Eu entrei no carro. Ele pulou no banco do passageiro e agarrou o volante.
– Você não vai a lugar nenhum até você me ouvir.

Eu fiz a volta no carro, puxei ele pela gola do moletom de novo, o arrastei para a calçada e o deixei lá se contorcendo enquanto eu acelerava para longe.

Após a luta contra Tate, eu voltei minha atenção para todas as coisas que eu tinha deixado para depois. A situação com o Fotógrafo Pervertido estava quase no alto da lista. Eu tinha excluído as fotos que eu encontrei, mas eu sabia que poderia haver mais. A vitória tinha me catapultado para os holofotes. Meu estômago revirou quando eu o imaginei tentando vender as fotos. Fiquei preocupada que ele as publicaria na internet. Fiquei preocupada que outras pessoas tirassem fotos mais adiante.

A ESPN me pediu para fazer parte da sua edição anual do corpo, na qual eles convencem atletas a posar completamente nus. Eu imaginei que se houvesse qualquer possibilidade de fotos minhas nua serem publicadas, eu queria que fosse nos meus termos, e ser parte de uma publicação com os melhores atletas do mundo parecia uma forma de bom gosto para fazê-lo.

Fãs blogueiros, agindo como se fossem jornalistas, adoravam perguntar se eu posaria para uma revista como a *Playboy* e eu lhes dava a todos a mesma resposta:

– Ninguém deveria poder ver meu dinheiro e prêmios por cinco dólares. Não me importa quanto dinheiro eles me derem.

Eu pretendo ter filhos um dia. Eu não quero que meus filhos ou seus amigos ou, Deus me livre, meus netos pesquisem "Ronda Rousey" e possam encontrar uma foto da minha vagina em uma versão superavançada da internet que teremos em vinte anos. Simples assim. Então eu só mostro em fotos o que seria revelado se eu estivesse de biquíni na praia.

Na manhã da sessão de fotos da ESPN, eu subi na balança e tinha 143 libras (64,9 kg). Eu desci. Examinei meu corpo no espelho de corpo inteiro na parte de trás da porta do armário. Eu queria estar tão em forma e atlética quanto possível, com cada músculo tonificado e definido. Eu achava que o objetivo dessas fotos era capturar o epítome físico do potencial humano, então era assim que eu estava tentando ficar. Quando eu olhei no espelho, eu me senti totalmente em forma.

No dia das fotos, eu fui para um estúdio em Culver City, Califórnia, não muito longe da casa para onde eu me mudei depois de assinar meu contrato com o Strikeforce.

O estúdio era grande e bem iluminado, com paredes brancas. Fui recebida por uma assistente de produção simpática e talvez excessivamente cafeinada, que me levou para fazer cabelo e maquiagem. Eu conversava com o cabeleireiro enquanto ele enrolava meu cabelo em cachos, pelos quais ele então passou os dedos, tornando-os ondas soltas.

A equipe de câmera fazendo um vídeo do tipo "por trás das câmeras" me fazia perguntas.

Eu fiquei só de calcinha e me deram um roupão branco e grosso com o logotipo da ESPN. Tirei a calcinha por baixo dele. Eu dei uns pulinhos até ela se soltar. O piso de concreto liso estava frio sob meus pés descalços.

Um dos assistentes no set enfaixou minhas mãos com faixas cor-de-rosa. Não era o trabalho de faixas para luta perfeitamente executado de Edmond, mas funcionaria para umas fotografias.

Quando chegou a hora de tirar as fotos, a pessoa supervisionando a produção me levou até a parte fechada do set. Eu passei pela porta até uma pequena seção particionada. As paredes e o chão eram pretos, iluminados apenas pelas luzes da câmera e dois grandes holofotes cor-de-rosa. Eu apertei os olhos, enquanto eles se ajustavam ao contraste gritante com a parte externa do estúdio.

– Está bem, fechem o set – alguém mandou.

Quem não era necessário para o processo real de tirar fotos saiu. Havia provavelmente cinco pessoas na sala, todas mulheres, exceto pelo cinegrafista do "por trás das câmeras".

– Aproveite, cara – pensei.

Eu estava nervosa, mas animada. Eu me sentia confortável comigo mesma e confiante com meu corpo. Eu acreditava no que eu disse ao entrevistador da ESPN:

– Garotas magras ficam bem com roupas. Mas as garotas saradas ficam bem nuas.

Eu respirei fundo e aceitei que um pequeno grupo de pessoas ia me ver nua.

– Eu realmente vou fazer isso – eu pensei.

Então eu tirei meu roupão.

– Você está pronta? – a fotógrafa me perguntou.

– Bem, eu estou completamente nua – eu disse. – Não é como se eu fosse ficar mais nua – ela riu.

As luzes cor-de-rosa brilharam atrás de mim. Alguém ligou uma máquina de fumaça e mechas brancas translúcidas enrolaram-se em volta de mim no ar.

A sessão durou cerca de uma hora. Ocasionalmente, fazíamos uma pausa e o cara do cabelo entrava e fazia uma correção aqui ou ali. Ou a maquiadora aplicava um pouco de pó.

Entre esses momentos, a fotógrafa tirava fotos, dando-me ordens.
— Está bem, agora pule.
— Vire um pouco para a esquerda.
— Mova suas mãos um pouco.
— Perfeito. Perfeito.

A fotógrafa me mostrou algumas das fotos que ela tinha tirado em uma tela de computador.

— Uau — eu disse, rindo. — Eu estou bem.
— Incrível — disse ela.
— Você promete que nada será mostrado que não seria mostrado se eu estivesse usando um maiô? — perguntei.

A sala cheia de pessoas prometeu (Claro, houve uma foto ou duas nas quais eu tenho certeza de que eles interpretaram maiô como fio dental).

Então, um dia, dois meses depois, em julho, a ESPN entregou a edição na minha casa. Eu estava sendo seguida por uma equipe de filmagem do Showtime como parte de uma série de pequenos documentários para promover minha próxima luta no Strikeforce contra Sarah Kaufman. O pessoal da revista ESPN e os produtores do Showtime tinham se coordenado para que a equipe de filmagem estivesse me filmando quando a revista chegasse.

Eu esperava ter de folhear para encontrar minha foto, mas lá estava eu, sorrindo timidamente na capa. Eu fiquei sem palavras. Fiquei surpresa, não apenas pela capa, mas pela versão de mim mesma olhando para mim. Eu estava linda.

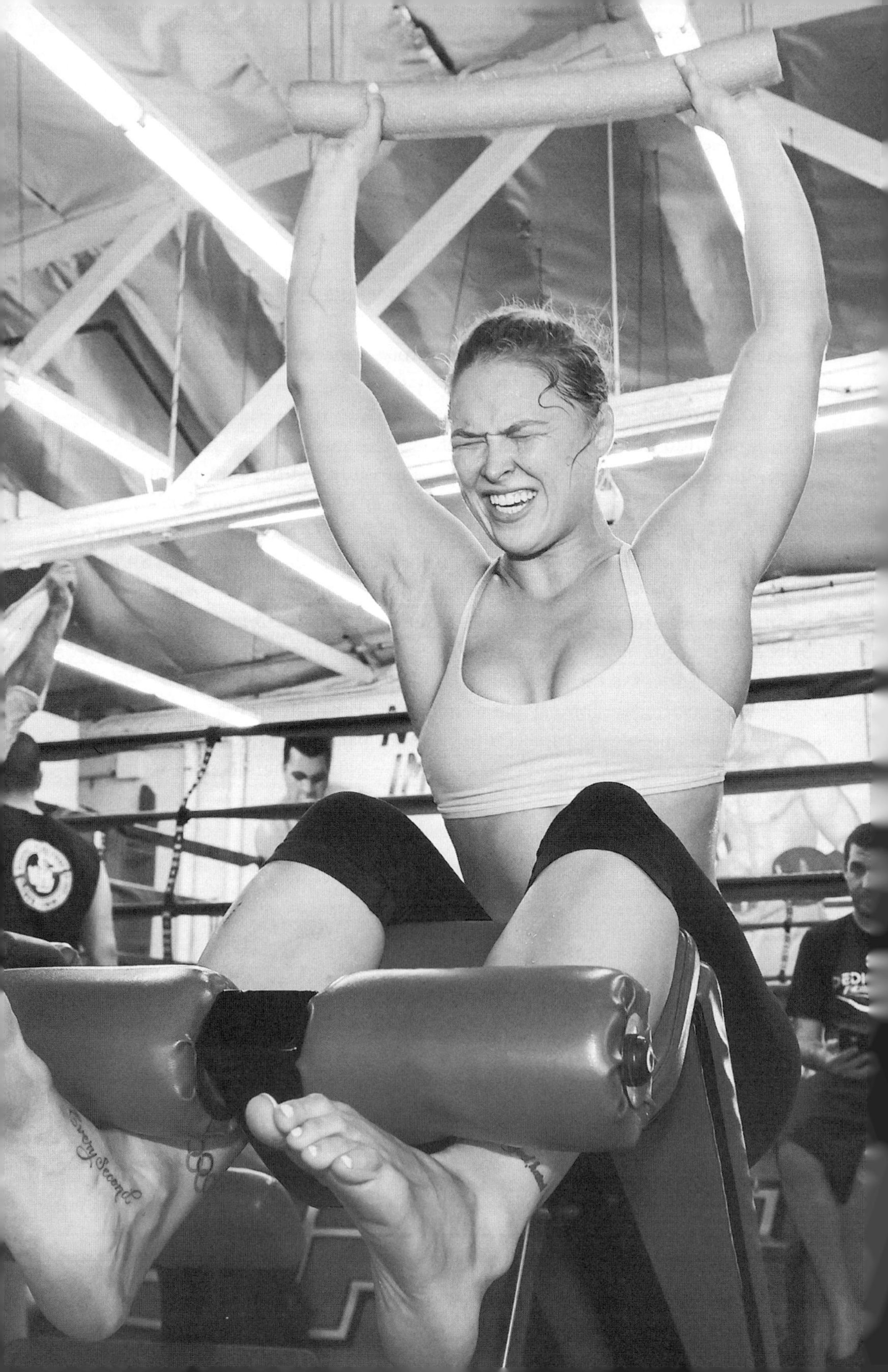
Every Second

RECUSE-SE A ACEITAR QUALQUER OUTRA REALIDADE

> Por muito tempo, as pessoas derrubaram meus objetivos como sendo impossíveis, mas eu sabia que era só porque eu não tinha dado a eles um motivo para concordar comigo ainda. Eles não sabiam do que eu era capaz.
>
> ---
>
> **19 DE JANEIRO DE 2011**
>
> **CINEGRAFISTA DO TMZ:** Quando é que vamos ver mulheres no UFC, cara?
>
> **DANA WHITE:** Nunca. (Risos) Nunca.

Ninguém fora do meu programa de treinamento sabia disso, mas eu tive problemas com meus cotovelos durante os preparativos para a luta contra Kaufman. Eu estava treinando luta um dia quando meu cotovelo esquerdo hiperestendeu. Eu nunca tinha desistido em uma chave de braço em competições de judô e há muito tempo tinha perdido a conta de quantas vezes meus cotovelos tinham sido deslocados. O trauma recorrente na articulação tinha afrouxado meus ligamentos em ambos os braços.

— Eu só preciso colocá-lo no lugar — eu pensei, mas a dor persistia.

— Eu posso vencer esta luta com a porra de um braço só — eu disse a mim mesma.

Poucos dias depois, meu cotovelo direito começou a me incomodar. Eu mal podia mover qualquer um dos dois. Eu nem conseguia dar um soco.

— Bem, eu acho que vou ter de vencer esta luta sem as mãos — pensei.

Minha luta contra Sarah Kaufman estava marcada para 18 de agosto de 2012. Ela era uma boa lutadora, entrando em nossa luta com 15-1 em um momento em que eu estava com 4-0. Se eu não tivesse aparecido, ela teria sido a próxima na fila contra Miesha e provavelmente teria tomado o cinturão.

Entrei na luta contra Kaufman com a mesma vontade de vencer que eu tinha levado para a gaiola contra Miesha. Mas, da última vez, eu era a desafiante com tudo a ganhar. Nesta luta, eu podia perder tudo.

Sabendo que eu estava ferida, o clima na minha equipe estava mais tenso do que o habitual quando fomos para San Diego para a luta. Eu me regozijava com a atmosfera. Eu funciono melhor sob pressão e esqueço a dor.

Na noite da luta, Edmond me aqueceu no vestiário. Nós geralmente treinávamos luvas apenas um pouco antes de ir para a gaiola, mas, esta noite, não o fizemos.

— Esta garota é firme nos pés e ela sabe como atacar — disse Edmond. — Faça seu judô. Desvie a cabeça. Soque-a com tudo. Consiga a alavanca e é isso. Ganhe esta merda.

Vestindo luvas vermelhas, eu saí ao som de Joan Jett a todo o volume nos alto-falantes. Não havia mais nada no planeta naquele momento, apenas eu e a garota a minha frente na gaiola.

Comecei com um soco triplo, ignorando a dor. Ela recuou contra a gaiola para se defender da minha primeira tentativa de arremesso. Troquei a pegada, mudei de direção e a derrubei de costas. Eu a joguei no chão para forçar a reação que eu queria e girei imediatamente para minha chave de braço. Ela lutou muito para continuar, mas seu braço era meu.

Com cinquenta e quatro segundos de luta, ela bateu com a mão.

A multidão foi à loucura. Sentado na primeira fila no centro estava Dana White.

Ele viu como era no estádio. Ele viu como os fãs ficaram loucos. Ele viu como a luta era ótima ao vivo. Então ele viu a audiência. A luta atraiu um público de 676.000 espectadores, um aumento de vinte e três por cento das 431.000 pessoas que sintonizaram o canal para me ver dar uma surra em Miesha Tate.

Na manhã de 8 de Setembro de 2012, meu celular tocou. O identificador de chamadas mostrou um nome familiar: Dana White.

O presidente do UFC – e rosto do UFC – já tinha me ligado uma vez para me dizer para assistir a um comercial que o Showtime tinha produzido para promover minha luta contra Tate. Eu tinha guardado o número em meu telefone.

– Oi, eu estarei na cidade para a estreia de *Sons of Anarchy!* (seriado americano) – Dana disse.

Dana é o tipo de cara que sempre fala com pontos de exclamação.

– É um grande evento – disse ele. – Você deveria vir à estreia comigo. Vai ser uma boa visibilidade para você.

Seu entusiasmo era contagiante. Tudo o que eu conseguia pensar era: – Foda-se, sim eu vou! – Mas eu devo ter dito algo vagamente mais educado porque fizemos planos para nos encontrarmos naquela noite.

Eu me vesti o melhor que pude e entrei no carro. O dinheiro que eu estava ganhando era suficiente para consertar as janelas, mas nenhuma quantidade de dinheiro poderia eliminar o cheiro. Rezei para que não impregnasse em mim. Parei no manobrista no hotel de Dana e o atendente veio até meu carro batido, com o banco traseiro cheio de roupa suja, com um fedor que emanava através das janelas abaixadas. Ele parecia horrorizado.

– Está melhor do que costumava ser – eu queria dizer.

Em vez disso, eu lhe dei uma gorjeta de 20 dólares, a maior gorjeta que eu já tinha dado a alguém, e um olhar de desculpas quando ele sentou no banco do motorista.

Do hotel, o motorista de Dana nos levou para Mr. Chow, um restaurante do qual eu nunca tinha ouvido falar, provavelmente porque estava totalmente fora da minha faixa de renda. É um desses restaurantes onde as celebridades estão sempre sendo fotografadas.

Já fazia um ano e meio desde minha estreia no MMA profissional. Agora aqui estava eu, sentada, tomando vinho com o presidente do UFC.

Dana se inclinou, e seu tom ficou sério:

– Há um motivo específico para eu lhe trazer a este restaurante – disse Dana. – Há cerca de um ano, em frente a este restaurante, eu disse ao TMZ que as mulheres *nunca* participariam do UFC. Eu trouxe você aqui esta noite para lhe dizer que você vai ser a primeira mulher no UFC.

Precisei de todo meu autocontrole para não me levantar e começar a fazer minha dança feliz na cadeira. Na minha cabeça, havia confete, uma banda completa e um coro celeste cantando. Ainda assim, eu tentei parecer tranquila.

— Ah meu Deus, isso é incrível – eu disse suavemente, embora eu não tenha conseguido tirar o sorriso do rosto.

Dana não me fez nenhuma promessa grandiosa. Ele me disse que as mulheres no octógono seriam uma experiência; o sucesso da minha primeira luta determinaria o futuro da categoria.

— Muito obrigada por assumir o risco – eu disse. – Eu prometo que vou fazer você parecer um gênio.

Meu sorriso era tão grande que literalmente machucava meu rosto.

Brindamos, e seus amigos apareceram e nós fomos à estreia no utilitário esportivo com motorista. Fomos todo o caminho ouvindo Rage Against the Machine, e eu me sentia como se estivesse no topo do mundo.

Nós encostamos no Fox Theater, em Westwood. Havia um tapete vermelho com um fundo branco de um lado e uma fileira de fotógrafos do outro. Do outro lado da rua, atrás de uma barricada de metal, os fãs ocupavam o bloqueio, com duas fileiras de profundidade. Carros encostavam e celebridades saíam, e os fãs gritavam. Quando eu saí, todo mundo começou a gritar meu nome. Eu tinha andado no tapete vermelho antes para eventos como a festa da *ESPN Magazine* e o World MMA Awards, mas esta foi a primeira vez que fui reconhecida em um evento não esportivo. Fiquei chocada com a resposta do público. Cinco minutos depois, eu ainda estava no tapete posando para fotos com Dana, depois para fotos sozinha, e acenando para os fãs. Eu podia ouvir as pessoas do outro lado da rua gritando – Ronda! Ronda! – Eu estava recebendo mais aplausos do que o elenco de *Sons of Anarchy*. Suponho que eu deveria ser mais modesta sobre isso, mas eu estava pensando:

— Excelente (com os dedos formando um triângulo como os vilões). Continuem gritando. Isso é bom para mim. Gritem na frente de Dana o quanto quiserem.

— Divirta-se hoje à noite – Dana me disse. – Aproveite. A noite é sua.

A festa após o evento foi realizada no Gladstones. Eu não tinha voltado ao restaurante desde que eu não tinha conseguido retornar com um atestado médico.

Quando a ficha caiu, fiquei lá por um momento, observando os atendentes com suas camisas polo vermelhas e seus sorrisos forçados servindo bebidas para a multidão.

— Costumava ser eu – pensei. – E agora eu vou estar na porra do UFC.

Foi uma das melhores noites da minha vida. Coisas boas estavam acontecendo, mas eu sabia que o melhor ainda estava por vir.

Ninguém acreditava que o UFC um dia admitiria mulheres. Nem os fãs. Nem os outros lutadores. Nem a mídia. Nem minha mãe. Nem o rosto do UFC ele mesmo.

As pessoas me disseram que nunca aconteceria. Elas me disseram que eu estava louca.

Mas você não pode deixar que outras pessoas afetem sua crença em si mesmo. As pessoas vão lhe dizer para ser lógico e ser razoável. Elas vão dizer que, como ninguém jamais fez algo, que não pode ser feito. Você tem de ser louco o suficiente para acreditar que você é a única pessoa na história do mundo que pode criar essa mudança ou realizar esse sonho. Muitas pessoas vão duvidar de você e lhe dizer as razões pelas quais você não consegue e por que você não deveria. Você pode optar por aceitá-las ou rejeitá-las.

Eu ignorei todos que disseram que nunca poderia ser feito. Agora eu ia ser a primeira mulher no UFC.

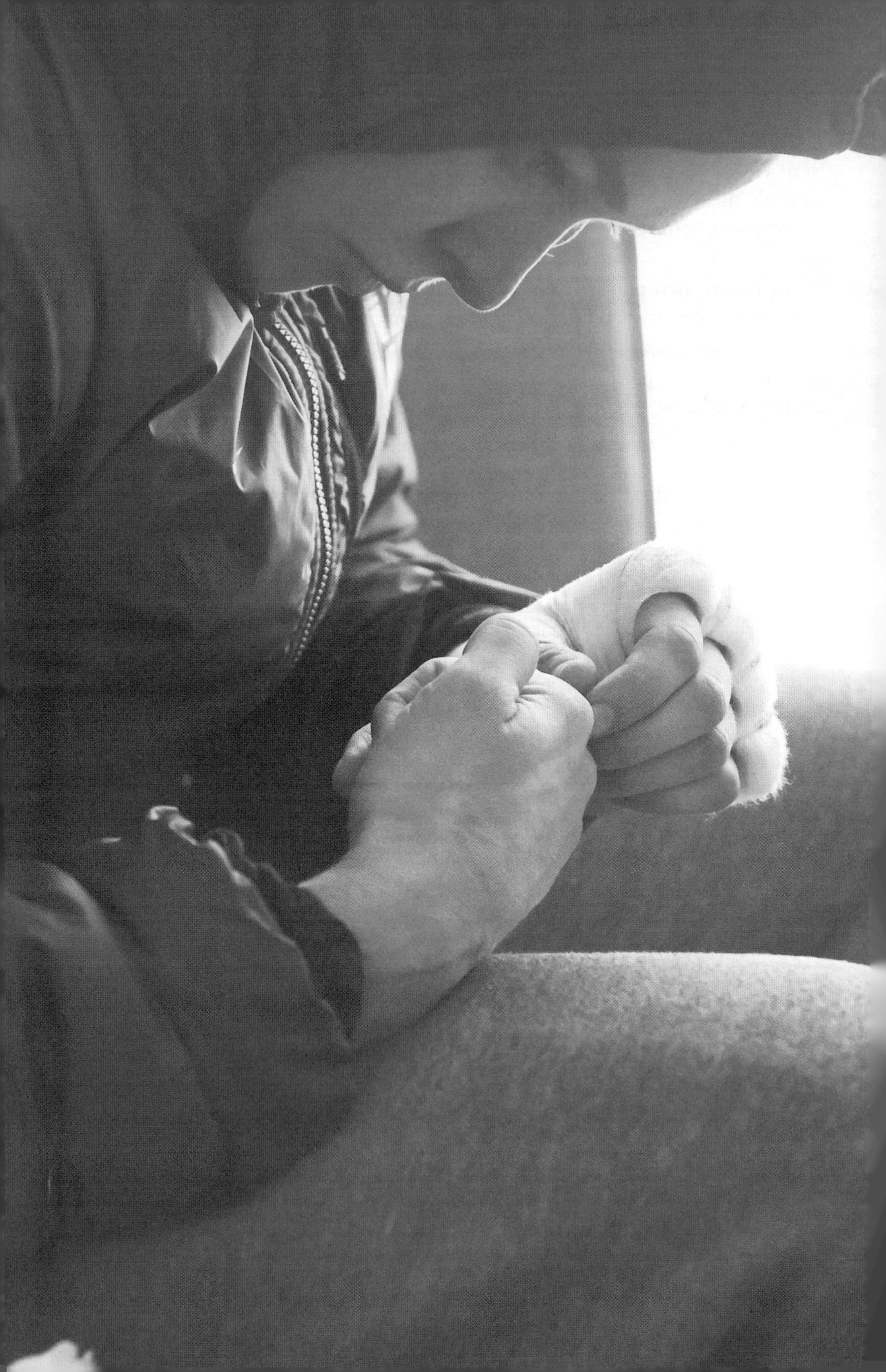

OS MELHORES LUTADORES SÃO PACIENTES NAS HORAS CERTAS

> Na noite de uma luta, eu fico impaciente. Conforme a hora da luta se aproxima, minha impaciência se intensifica. Quando me levam para o octógono, eu estou me segurando, cada músculo do meu corpo deseja liberar toda minha força sobre minha adversária. O momento mais difícil vem quando estou de pé no canto, olhando para minha adversária, aguardando o árbitro nos dar o sinal para começar. Odeio esses segundos, porque por apenas uma fração de tempo, eu tenho de aceitar que o que está acontecendo no octógono não está sob meu controle.
>
> Mas assim que eu entro no octógono, eu fico paciente. Eu não apresso uma submissão. Eu demoro o tempo necessário para preparar o terreno. Eu não fico sentada lá esperando que algo aconteça – isso é passivo. Paciência ativa é demorar o tempo necessário para preparar o terreno para algo corretamente.

Quando Dana disse que ia me trazer para o UFC, ele disse que eles iam chamar uma coletiva de imprensa, anunciar a adição de uma divisão feminina e me dar o cinturão de campeã do UFC. Eu odiava a ideia de me ser "dado" o cinturão. Eu queria ganhá-lo, não que me fosse entregue cerimoniosamente. Eu acredito que você não deveria ter o cinturão até depois de ganhá-lo ou depois de defendê-lo.

Dana não ia recuar.

– Quando trouxemos José Aldo do WEC (outra promoção que o UFC comprou) e Dominick Cruz, eles começaram com o cinturão – disse ele. – É o jeito como fazemos as coisas. Começamos a divisão com o campeão.

– Está bem – eu relutantemente concordei. – Então, quando é a coletiva de imprensa?

– Em breve – disse Dana. – Ainda estamos decidindo.

Nesse meio tempo, eu estava sob ordens estritas para não contar a ninguém. Eu contei a Edmond, mas a ninguém mais. Eu nem sequer contei a Darin, que ainda era meu empresário.

Nos bastidores, o UFC estava em negociações com o Showtime. A empresa-mãe do UFC, Zuffa, possuía o Strikeforce. No entanto, o Strikeforce tinha um acordo de TV com o Showtime e as lutas do UFC são veiculadas primeiramente em pay-per-view e por um acordo com a Fox.

O pessoal do UFC achava que estava à beira de um acordo. Eles estavam errados.

No fim de setembro, duas semanas após nossas bebidas no Mr. Chow, Dana me trouxe a Toronto para o UFC 152. Ele planejava anunciar meu contrato lá. Eu me encontrei com ele em Las Vegas e voei com ele, seu guarda-costas e dois de seus amigos no avião particular do UFC.

Foi minha primeira vez voando em um jato fretado. Foi incrível. Se eu sequer olhasse para a parte de trás do avião, uma aeromoça se apressava para me perguntar se eu precisava de alguma coisa. Eu me recostei na poltrona de couro e mal podia acreditar que esta era a minha vida. Eu tinha começado a cair no sono quando alguém mencionou para mim que havia uma cama em que eu poderia dormir.

Quinze meses antes, eu estava a caminho do Canadá, com fome e exausta, tentando encontrar uma posição confortável para dormir, amontoada em um assento da econômica entre Darin e um Edmond embriagado. Agora, estavam me oferecendo uma cama. Uma cama real, em um avião. Eu me sentia como se tivesse adormecido e acordado em um universo alternativo impressionante.

Mas quando chegamos a Toronto, descobriu-se que as negociações com o Showtime ainda não estavam resolvidas. Eu descobri que é mais fácil lidar com a decepção se você teve uma boa noite de descanso.

No início de outubro, o UFC tinha lutas em Minneapolis. Eles iam me dar o cinturão lá. Mais uma vez, eu me encontrei com Dana em Las Vegas e embarcamos no avião do UFC. Chegamos nas Twin Cities (Minneapolis-Saint Paul), mas as negociações ainda não estavam fechadas. Mais uma vez eu fui para casa de mãos vazias, mas não despercebida. As pessoas começaram a me perguntar o que estava acontecendo. Os fãs de luta queria saber o que me trazia à cidade. A mídia queria saber por que eu estava viajando por toda parte com Dana. Os amigos só queriam saber que diabos eu estava fazendo. E como eu não sei mentir, era óbvio que eu estava escondendo alguma coisa. Antes que eu percebesse, havia rumores de que Dana e eu estávamos tendo um caso. Eu queria tanto explicar, mas eu apenas ri do ridículo.

Eu passei de decepcionada a crescentemente frustrada por ter de manter o segredo. Eu mal podia esperar para dar a todos uma explicação, para ser capaz de segurar o cinturão e dizer:

— Vejam, é por isso!

Estávamos viajando em um avião privado, mas eu estava sob constante sobreaviso.

A notícia ainda não era pública, mas eu recebi permissão para contar a Darin e a um advogado que ele me apresentou porque nós tínhamos de começar a definir os termos do meu contrato com o UFC. Darin disse que deveríamos formalizar nosso acordo para ele servir como meu empresário. Ele "precisava disso para fins fiscais".

— Se você em algum momento não estiver contente com o trabalho que estou fazendo, vamos rasgá-lo – disse ele sobre o nosso contrato.

Era início de dezembro quando eu voei para o norte do estado de Nova Iorque para ajudar Marina a dirigir seu carro para Los Angeles. Eu disse a ela que queria parar na Dakota do Norte. Então, nós planejamos uma viagem que nos levaria através do centro-oeste até Seattle, onde poderíamos assistir a nosso amigo Nate Diaz estrelar uma luta do UFC na Fox, antes de descermos a costa do Pacífico.

Entramos no Honda Accord 2007 de Marina, que era dourado como o meu, mas cheirava melhor. Abastecidas de café e carne seca, cruzamos a estrada ao som de "Thunderstruck" do AC/DC, "Open Road Song" do Eve 6, "Midnight City" do M83, "Universally Speaking" do Red Hot Chili Peppers e "Bohemian Rhapsody" do Queen.

Era noite quando chegamos em Jamestown, Dakota do Norte. Eu não tinha voltado desde que havíamos nos mudado. Fomos até a casa branca com guarnição verde onde minha família tinha morado. Havia uma placa de venda no pátio na frente. Eu e Marina fizemos a volta e descobrimos que a porta dos fundos estava destrancada, do jeito que sempre a deixávamos. Eu parei na sala de estar no lugar onde nosso sofá ficava e pensei na última vez em que vi meu pai vivo.

– Eu quero ver meu pai – eu disse a Marina.

– Está bem, vamos.

Voltamos para o carro, e eu liguei para minha mãe, que me disse para ir para a funerária e pedir informações de como ir ao cemitério. Ela me disse que ia ligar antes. Havia um homem do lado de fora esperando por mim quando chegamos.

– Vou levá-las ao cemitério – disse ele.

Voltamos para o nosso carro e o seguimos. Eu só tinha ido ao cemitério uma vez, no dia em que meu pai foi enterrado. Quando chegamos, ele nem precisou me mostrar onde ficava o túmulo de meu pai, eu simplesmente sabia. Eu nunca tinha sequer visto seu túmulo depois de colocarem a lápide sobre ele, mas eu sabia exatamente qual era.

Eu saí do carro. Estava escuro e meio que chuviscava. Fui até onde ele foi enterrado e fiquei ali. Só eu e meu pai.

Eu me ajoelhei no chão frio e conversei com ele por um tempo. Eu lhe disse que sentia saudades. Eu lhe contei sobre a viagem que eu estava fazendo. Eu implorei pelo perdão por meus fracassos e pedi sua orientação. Eu pressionei minhas mãos na grama congelada e chorei. Tirei meu anel preferido – era de prata com uma pedra turquesa – do meu dedo médio direito e o pressionei no solo ao lado de sua lápide. Eu prometi tentar ser uma boa pessoa e fazer todo o possível para que ele se orgulhasse de ser meu pai.

Não sei quanto tempo fiquei lá, mas, finalmente, eu me levantei e prometi voltar um dia.

Marina estava no carro esperando por mim. Ela havia perdido seu pai alguns anos antes. Ela olhou para mim com uma compreensão muito profunda, e eu sabia pela forma como minha melhor amiga me abraçou que ela sentia a mesma dor.

Mesmo com nossa parada na Dakota do Norte, fizemos toda a viagem de Albany a Seattle em cinquenta horas. Chegamos em Seattle em 5 de dezembro, na noite antes da coletiva de imprensa da luta. Na manhã seguinte, recebi um telefonema me dizendo que o UFC ia me dar o cinturão na coletiva pré-luta em poucas horas. Quando eu lhes disse que não tinha nada para vestir, eles me disseram para comprar algo e eles me reembolsariam.

– Tudo bem – pensei. – Vou na Barneys, suas vadias.

Eu comprei um vestido e um par de sapatos fantásticos e até mesmo um grande casaco que eu acabei nem usando.

Então, antes que eu percebesse, eu estava de pé nos bastidores da Key Arena e Dana disse:

– Vamos trazer a campeã aqui.

Essa era minha deixa. Eu passei na frente da sala cheia de mídia e subi as escadas para o palco, usando sapatos de salto alto que apertavam meus dedos. Eu me concentrava mais em não cair do que em desfrutar do momento.

– Vou tornar isso oficial – disse Dana. – A primeira campeã do UFC, Ronda Rousey.

Ele me presenteou com o cinturão. Era grande e dourado e incrustado de joias. Era mais pesado do que eu achei que seria. E era meu.

Ele então anunciou que eu faria minha estreia no UFC em menos de três meses, contra Liz Carmouche e – o que eu acho que foi uma surpresa para muita gente que seguia o UFC – nossa luta seria o evento principal do UFC 157.

Foi só quando eu voltei para o quarto de hotel e joguei o cinturão na cama que o peso de tudo o que isso significava me acertou. Eu fiquei tonta e me deleitei com a emoção, mas apenas por um momento. Meu confronto com Liz Carmouche seria em menos de três meses.

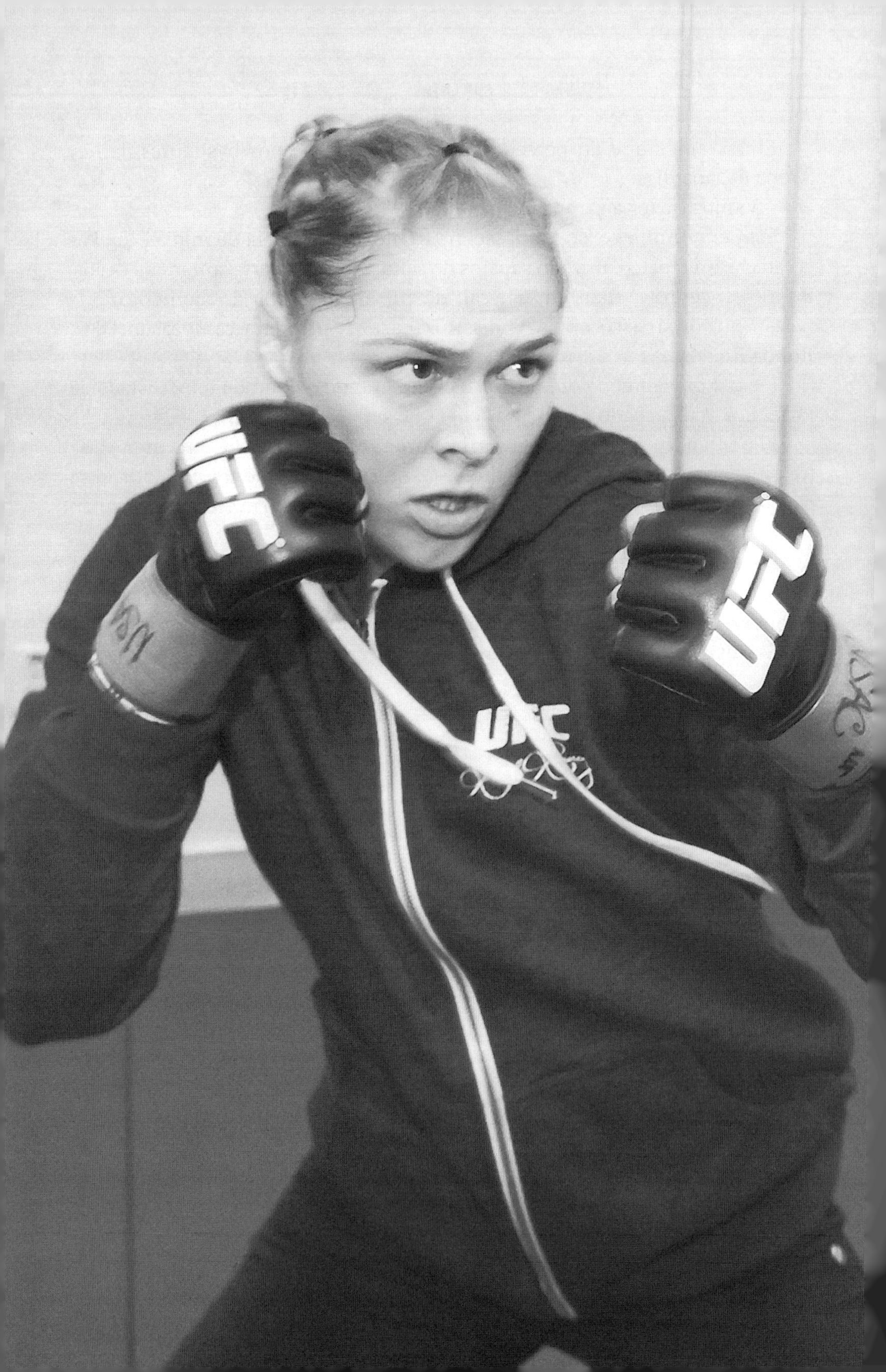
UFC
UFC
UFC

HÁ UMA HORA NO CONFRONTO EM QUE ELE ESTÁ AO ALCANCE E SE RESUME A QUEM O QUER MAIS

Em cada confronto, há um momento em que a vitória está lá para ser agarrada e uma das duas estica o braço e a agarra. Pode acontecer no início do confronto, quando uma lutadora ataca direto e pega a adversária antes que ela esteja pronta. Essa oportunidade de ganhar pode acontecer no meio do confronto, quando a adversária baixa a guarda por apenas um momento, para recuperar o fôlego ou organizar seus pensamentos. Às vezes, a luta só pode ser agarrada bem no fim, quando vocês duas já deram tudo de si. Não importa o quanto você esteja cansada, você tem de encontrar uma maneira de cavar fundo e fazer acontecer.

Não me importa o que você fez contra mim. Não me importa se estou cansada ou machucada ou me arrastando no último momento. Eu vou ser a pessoa que mais quer ganhar. Eu quero tanto que estou disposta a morrer por ela. Eu vou ser aquela que convoca minha última gota de força e meu último suspiro para fazer tudo humanamente possível para sair vitoriosa.

E quando a luta acabar, eu vou ser aquela que venceu.

O circo da mídia em torno da minha luta contra Miesha não foi nada em comparação com o frenesi antes da minha luta contra Carmouche. Ninguém ligado ao UFC podia recordar uma luta que atraiu mais atenção. O evento foi – sem querer ser dramática – histórico.

Ela não era apenas uma lutadora com 8-2, mas de todas as garotas que eu enfrentei em minha carreira no MMA, antes e depois, Liz Carmouche foi a única adversária a quebrar meu foco. Nós estávamos fazendo uma propaganda de confronto, na qual os lutadores literalmente adotam uma posição de combate e olham nos olhos um do outro, um mês antes da luta. Sempre que faço esse tipo de propaganda, eu olho nos olhos da outra pessoa e penso:

– Eu vou arrancar a porra do seu braço fora, e não há merda nenhuma que você possa fazer sobre isso.

Eu coloco para fora meus pensamentos através desse olhar. Eu quero que possam me entender através de meus olhos. Assim, lá estava eu, cara a cara com Carmouche, canalizando todo o meu veneno em meu olhar, quando ela me olhou diretamente nos olhos e me mandou um beijo.

Eu esperava tudo, menos isso. Isso me balançou por um momento.

Mesmo antes desse dia, eu tinha um enorme respeito por Liz. Havia muitas garotas falando de mim, mas não havia muitas garotas fazendo fila para lutar comigo. Carmouche queria mesmo a luta. Eu sabia que Carmouche seria difícil. Ela não era apenas uma lutadora, mas ela tinha sido fuzileira e ido a três missões no Oriente Médio. Isso exigia uma força de caráter que nenhuma outra lutadora que eu tinha enfrentado possuía. Ela tinha estado no Iraque, onde atiram em você. Não é como se ela fosse se intimidar por conversa fiada. Mas, naquele momento de enfrentamento, eu sabia que contra Carmouche eu tinha de estar pronta para qualquer coisa.

Nossa luta em 23 de fevereiro de 2013 foi no Honda Center em Anaheim. Tudo com que eu tinha sonhado e tudo para que eu tinha trabalhado estava prestes a se tornar realidade. Mas eu também sabia que se eu não ganhasse, tudo teria sido em vão.

Na noite da luta, eu estava deitada descansando no chão do vestiário. Uma das lutas iniciais estava passando na TV, e aconteceu de eu passar os olhos justamente quando Urijah Faber pegou Ivan Menjivar em um mata-leão em pé, que é basicamente um estrangulamento aplicado por trás.

Eu estava assistindo a luta e pensando:

– Menjivar não deveria estar encostado na gaiola. Ele está segurando Faber nas costas (o que lhe permite continuar o estrangulando). Ele deveria ficar no meio da gaiola e tentar se livrar de Faber. Ele deveria se concentrar em soltar as pernas primeiro, não as mãos.

Então isso fugiu do pensamento. Eu nem sequer disse em voz alta.

Quando saí do vestiário, era como se o resto do mundo desaparecesse no fundo. Quando entrei na gaiola, todo meu mundo encolheu para 70 metros quadrados.

Estávamos com menos de um minuto de luta. A adrenalina bombava. Eu estava estranhamente com pressa e forcei um arremesso antes do que eu deveria. Eu não o preparei. Eu só o tentei. Tentei usar a força e dei minhas costas. Carmouche se aproveitou do meu erro, literalmente pulando nelas.

Naquele momento, eu tinha uma escolha. Eu poderia me virar, então nós estaríamos deitadas no chão com ela em cima de mim ou eu poderia tentar me levantar. Eu tomei uma decisão precipitada. Achei que seria melhor me levantar e dar-lhe as costas do que ficar por baixo no chão com ela, porque esse é seu melhor lugar. Mas eu sabia que se eu me levantasse, ela avançaria para o mata-leão.

Quando estou em uma luta, eu vejo as coisas e as analiso e reajo a elas. Não é como se tudo ficasse mais lento porque está indo rápido, mas o tempo muda. É como se eu processasse dez milhões de informações ao mesmo tempo e tomasse várias decisões simultaneamente com base nessas informações.

Lembrei de Menjivar segurando Faber em suas costas, e eu sabia que precisava ficar longe da parede da gaiola.

A coisa mais fácil teria sido me inclinar para trás e segurá-la na gaiola. É preciso um grande esforço para equilibrar alguém no meio da gaiola enquanto ela está tentando arrancar sua cabeça. Seu corpo quer fazer o que é mais fácil. Meu corpo me dizia para deitar no chão ou me inclinar contra a gaiola. Mas minha cabeça me dizia para ficar em pé, me equilibrar e desamarrar as pernas dela, enquanto ela se equilibrava nas minhas costas.

Aproximei meu queixo do pescoço, cortando seu acesso a ele, e defendi o estrangulamento com o queixo. Eu tinha de me livrar da pegada que ela tinha sobre mim com ambas as mãos e pés.

Eu ainda estava tentando me livrar da pegada de suas pernas quando ela mudou a pegada de um estrangulamento para uma torção de pescoço. A torção de pescoço é exatamente o que parece: uma pessoa agarra a outra e tenta puxar o pescoço do adversário além do ponto que deve ir. É o mais próximo que se pode chegar de arrancar a cabeça de outra pessoa com as mãos.

Não há torção de pescoço no judô. Eu nunca tinha passado por isso. Eu me senti perder o equilíbrio, enquanto ela torcia. Ela estava puxando meu pescoço para cima, e a força estava me fazendo recuar.

Eu não tinha nenhuma emoção naquele momento. Era tudo cem por cento observações e decisões.

Plac. Plac. Plac. Meus seios da face estalaram. Parecia que meu rosto estava implodindo.

Eu estava chegando mais perto da gaiola.

Meu corpo, seu corpo e a gravidade estavam me empurrando para trás.

– Não, eu tenho que ir para a frente – lembrei a mim mesma.

Avancei em direção ao centro da gaiola.

Seus braços começaram a deslizar para baixo sobre o meu protetor bucal.

Meus dentes começaram a aparecer sob o lábio superior.

O antebraço de Carmouche estava começando a escorregar; mas ela é durona. Ela puxou mais, forçando minha boca a abrir. Meus dentes superiores ficaram comprimidos contra seu braço conforme eu sentia meu queixo se deslocar. Ela não se importou se isso forçava meus dentes superiores fundo em seu antebraço, esta era sua chance. Ela puxou mais.

Meu queixo não poderia ceder mais. Meu pescoço foi forçado além de sua amplitude de movimento. Eu estava literalmente prestes a ter meu pescoço partido ao meio.

– Eu prefiro morrer ou ficar paralisada a perder – eu pensei comigo mesma.

Como se não fosse suficiente, meu sutiã esportivo começou a levantar e meus seios estavam agora em perigo de ficarem de fora na frente de treze mil pessoas nas arquibancadas e todo mundo assistindo no pay-per-view.

Mas minha mente estava priorizando. Ela me dizia:

– Pé, pé, pé. Eu ainda tenho de me equilibrar e me livrar de seu pé.

Ela torcia minha cabeça para a esquerda. Eu tinha de desequilibrá-la. Virei-me para a minha esquerda e empurrei seu pé para a esquerda. Ela começou a cair e, por uma fração de segundo de alívio, eu pensei:

– Finalmente, ela caiu. Eu posso arrumar meu sutiã agora.

Eu tinha certeza de que meu mamilo estava prestes a ficar de fora. No entanto, Carmouche não recebeu o memorando de que este era o momento de arrumar o sutiã e me chutou bem no seio.

Eu ouvi a multidão ficando louca. Eu fiquei envergonhada de que Carmouche me fez ficar mal. Então eu fiquei furiosa que me fizeram ficar mal e que a multidão ficou feliz com isso. Eu me ressenti deles. Eu podia sentir minha resolução crescer com a minha raiva. Esta garota não ia mais levantar do chão.

Eu estava sobre sua guarda (quando você está de costas enquanto agarrados e seu adversário está entre suas pernas) e me arrisquei a dar uns socos em seu rosto. Ela tentou me pegar em uma chave de calcanhar (chave de perna). Eu inverti nossa posição para me livrar e comecei a socá-la repetidamente na cabeça. Forçando-a a proteger o rosto, eu empurrei seu cotovelo para o outro lado da minha cabeça e tentei montar nela. Ela reagiu da forma perfeita para que me permitisse mover minhas pernas sobre seu torso e pegar seu braço direito. Ela se agarrou a ele com a mão esquerda e o segurou pela vida. Eu puxei, tentando livrá-lo. Ela se agarrou com mais força.

Eu sabia que o primeiro round de cinco minutos deveria estar teminando; não poderia haver mais do que segundos até a campainha tocar. Eu tirei uma perna e redefini minha posição, recusando-me a desistir. Eu podia senti-la se soltando. Eu puxei com mais força. Seus braços se separaram. Não havia escapatória. Com o braço entre minhas pernas, eu me inclinei para trás e torci. Percebendo que não havia escapatória, ela bateu com a mão.

A luta contra Carmouche durou quatro minutos e quarenta e nove segundos.

Eu ainda era – e agora, para mim mesma, oficialmente – a primeira campeã na história do UFC.

Depois da luta, eu percebi que eu não tinha sequer pensado em bater com a mão, mesmo que eu pudesse sentir meu maxilar deslocar-se e soubesse que meu pescoço poderia quebrar. O pensamento de desistir nunca passou pela minha cabeça. Quando se trata de lutar, nunca há ninguém que quer ganhar mais do que eu.

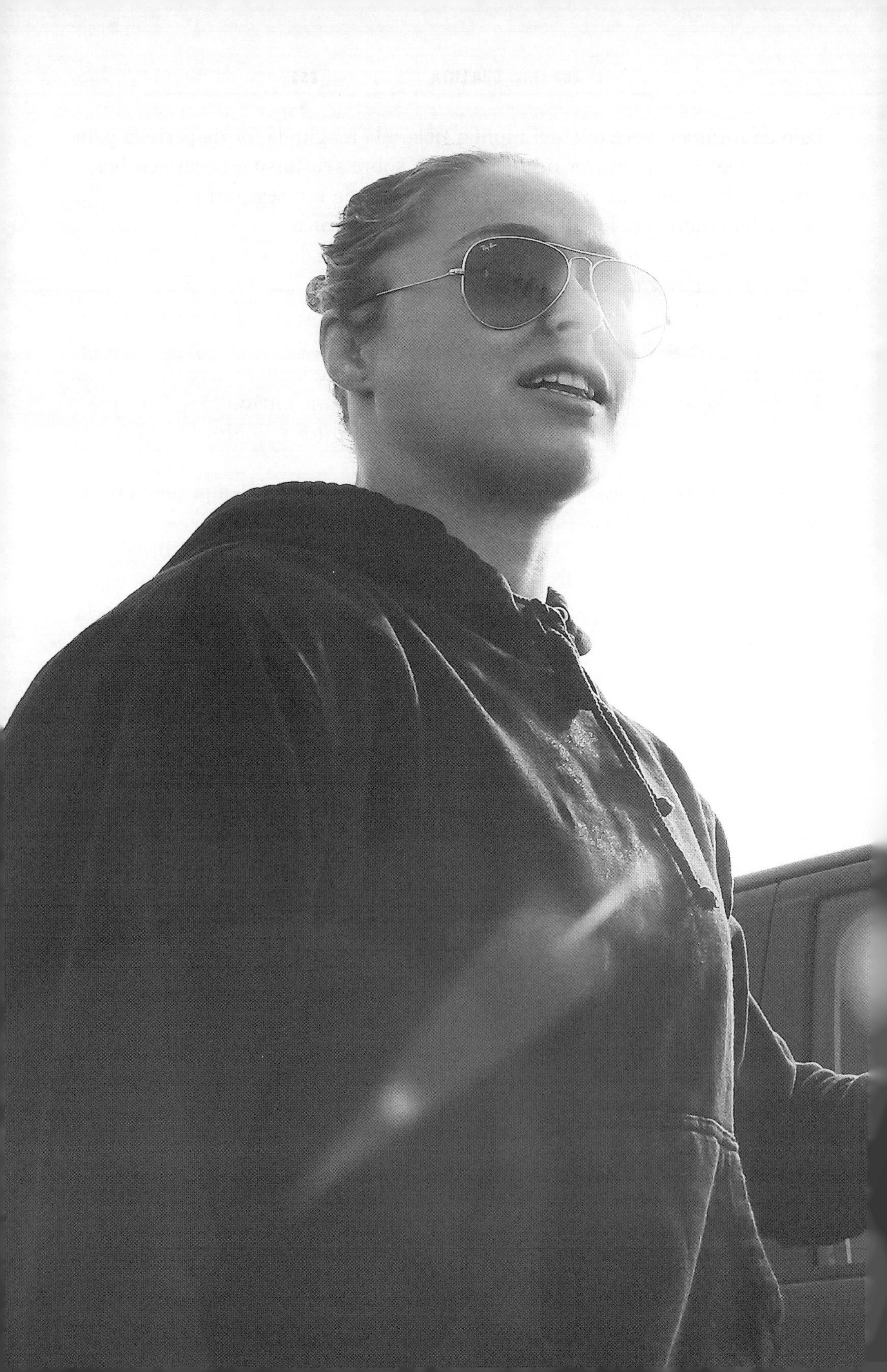

LUTE POR CADA SEGUNDO

Você vai ter momentos em que você fica para trás. Não importa se você está apanhando por quatro minutos e cinquenta e nove segundos de um round de cinco minutos. Você luta por esse último segundo do round. Você não está tentando ganhar cinco rounds. Você está tentando ganhar mil e quinhentos segundos.

Deve roer a sua alma saber que alguém poderia ser melhor do que você mesmo pelo mais infinitesimal fragmento de tempo. Não se trata apenas de ganhar o confronto. Trata-se de ser tão completamente e absolutamente melhor do que qualquer um, que mesmo o menor erro, a menor fração de tempo, a menor coisa que não dá certo para você precisa partir seu coração. Precisa importar tanto assim para você.

As pessoas vão zombar de você quando virem que você fica emocionalmente devastado por se importar tanto. Mas é exatamente essa paixão que o separa deles; é essa paixão que torna você o melhor.

Para ganhar, você tem de estar disposto a morrer. Se você está disposto a morrer quando você luta, se você está fazendo absolutamente tudo o que pode em cada segundo que você está lá, você vai se separar deles.

Se você ganhar pelos quatro minutos e cinquenta e nove segundos do round e, no último segundo do round, o outro se sai melhor e a campainha toca, é melhor você ficar furioso que um segundo daquele round lhe escapou.

Não se trata apenas de vencer o round. Não se trata apenas de vencer a luta. Trata-se de vencer a cada segundo de sua vida.

Na manhã depois de cada luta, eu me encontro com Dana para o brunch. É uma coisa que a gente faz. A primeira vez que fizemos isso, depois da minha vitória no UFC 157, ele lançou a ideia de eu treinar contra minha próxima adversária em uma versão do *The Ultimate Fighter*, um reality show que é a mistura de *Real World* e *Survivor*, se os concorrentes do *Survivor* vencessem uns aos outros por submissão em vez de votarem para os outros saírem. Cada temporada tem duas equipes de aspirantes a lutadores treinados por atuais lutadores do UFC. Um lutador é eliminado em cada episódio e os dois últimos se enfrentam em um evento ao vivo. O vencedor do programa recebe um contrato com o UFC.

O objetivo para a temporada que Dana estava propondo era criar basicamente uma divisão feminina inteira do zero, usando o programa para familiarizar os fãs com as futuras lutadoras.

Depois de contratar a mim e a Carmouche, o UFC tinha acrescentado Miesha Tate e Cat Zingano. Miesha e Cat estavam programadas para se enfrentar seis semanas depois, e a vencedora dessa luta seria a próxima na fila para lutar comigo. Como parte do percurso para essa luta, eu e a vencedora de Tate-Zingano treinaríamos no *TUF*.

Zingano venceu por nocaute técnico (um nocaute técnico é aquele em que o lutador não fica realmente inconsciente, mas o árbitro, o médico da luta, o *corner* do lutador, às vezes até mesmo o lutador, toma a decisão de que o lutador vai acabar nocauteado se a luta não for terminada, então vamos evitar essa parte em um esforço para causar menos danos físicos).

Manny, que havia me metido no MMA em primeiro lugar, foi finalista no programa logo no início. Sua luta no episódio final foi o primeiro confronto do MMA que eu fiz questão de me sentar e assistir. Eu estava morando em Boston e estava tão animada e nervosa por meu amigo que eu passei a luta inteira me remexendo no sofá. Manny perdeu para Nate Diaz, mas o desempenho de Manny impressionou tanto a Dana que Manny também recebeu um contrato com o UFC. Eu já tinha visto quanto impacto o *TUF* poderia ter sobre a carreira de um lutador e compreendia como o programa poderia servir como ponto de partida para uma divisão inteiramente feminina.

Eu queria deixar uma marca maior sobre o esporte do que apenas meu nome em primeiro lugar no livro dos recordes. Eu queria construir uma divisão que seria capaz de sobreviver depois que eu deixasse o esporte.

Com esse objetivo em mente, eu recrutei uma equipe de assistentes técnicos para me acompanhar, incluindo Edmond, Manny e Marina e, em julho de 2013, nós fomos para Las Vegas por seis semanas para filmar o programa. O pagamento não era grande coisa. Nós filmaríamos treze episódios no total por mais de seis semanas e receberíamos 1.500 dólares por semana. Minha única pergunta sobre a compensação era:

— Será que estamos recebendo o mesmo que os lutadores do sexo masculino que fizeram o programa?

Eu deixei bem claro:

— Se eles estão me pagando menos do que aos rapazes, isso não é legal. Mas se isso é o que todo mundo recebe, então este negócio precisa ser feito.

Eu achava que todos concordavam.

Três dias antes das filmagens estarem programadas para começar, sem que eu soubesse, Darin e meu advogado ligaram para o UFC e disseram:

— Se Ronda não receber vinte mil dólares por episódio, ela não vai fazer o programa.

Dana White não faz esse tipo de jogo.

Eu tinha passado a manhã de lá para cá em preparação para passar o próximo mês e meio morando em Las Vegas. Eu estava entrando na garagem da casa em Venice Beach que eu tinha acabado de alugar quando Dana White me ligou. Eu estacionei o novíssimo BMW X6 M preto que o UFC tinha recentemente me presenteado (— Eu não posso aceitar um de meus campeões dirigindo por aí em um Honda acabado – disse Dana).

— Oi, Dana, tudo b...

— Que porra é essa? – Dana rugiu. "Que porra é essa" é como ele inicia as conversas quando ele está irritado. – Vinte mil dólares por semana? Você está falando sério? Quer dizer, você deve estar louca.

Fiquei "louca" tentando descobrir ao que ele se referia. Eu não fazia a mínima ideia. Eu fui pega totalmente de surpresa.

— A porra do seu advogado e a porra do seu empresário me ligaram, pedindo vinte mil por semana ou Ronda não vai fazer o programa! – Dana riu de repugnância.

— Ei, ei, ei – eu disse. – Espere aí.

Dana estava zangado demais para parar.

— Sério, três porras de dias antes das filmagens começarem?

— O que eu disse a eles... – eu comecei, mas Dana me cortou.

— Ninguém recebe vinte mil por semana!

— Mas... – eu tentei me interpor.

— Eu vou dar um belo chute na sua bunda antes de pagar vinte mil por semana. Eu deveria tirar você do programa só por pedir vinte mil por semana!

— Eu faria de graça – eu disse. – Eu só quero saber se os homens recebem o mesmo. Foi só isso que perguntei.

– Se você tiver dúvidas, você e eu deveríamos nos comunicar diretamente – disse ele. – Você não deve enviar esses palhaços para fazer esse tipo de coisa.

– Dana, me desculpe – eu disse.

– Quer dizer, que porra é essa? – Ele ainda estava com raiva.

– Olhe, eu vou dar um jeito – eu disse. – Por favor, não me exclua do programa.

– Eu não sei o que eu vou fazer – disse Dana. Então ele desligou.

Fiquei com um nó no estômago. Eu não gostava da incerteza. Ela me deixava ansiosa. Mas, então, minha ansiedade deu espaço à raiva. Por que é que eles ligariam para Dana e fariam exigências financeiras ultrajantes sem a minha permissão? Que merda é essa?

Para mim, nunca foi por dinheiro. Eu sabia que se eu seguisse minha paixão e fosse a melhor que o mundo já viu, o dinheiro viria.

Ainda confusa pela conversa com Dana, liguei para Darin, e ele me disse que eu merecia ganhar mais, que outras estrelas de reality shows ganhavam mais. Eu lhe disse que não me importava, que eu não era uma estrela de reality show e que ele nunca viesse com essa merda de novo.

Enquanto ele falava, um sentimento familiar de traição tomou conta de mim. Quatro meses antes, apenas dois dias depois de eu assinar um contrato com Darin, fiquei sabendo que, em um restaurante em Vegas, o diretor executivo do Strikeforce, Scott Coker perguntou a Darin se os rumores sobre mim e Dana eram verdadeiros. Darin riu.

– Você sabe que coisas malucas acontecem naquele avião – disse ele.

Ao ouvir que meu próprio empresário não me defendeu contra uma especulação tão descaradamente falsa e sexista, me senti enojada. Para mim, não era motivo de riso. Meu relacionamento com Darin nunca foi o mesmo.

Três dias depois, deixei Mochi com um amigo em Los Angeles e fui para Las Vegas para filmar o programa. Eu não tinha falado com Dana desde aquele dia no carro.

Quando cheguei na academia, um cara da equipe do filme disse:

– Só caminhe pela academia. Vamos filmar você verificando o lugar.

Eu entrei na academia, olhando em volta. Olhei em volta do enorme espaço aberto cheio de tudo que um lutador de MMA poderia querer para o treinamento: um octógono em tamanho real no centro da sala.

Havia duas enormes fotos de mim e Cat na parede. As portas se abriram, e eu esperava que Cat entrasse por elas. Em vez disso, foi Miesha Tate. Ela estava sorrindo. Fui pega de surpresa, mas eu tive de rir.

– Cat deve ter trazido Miesha como uma de suas assistentes técnicas – pensei. – Cat sabe de nossa história e quis foder comigo. *Touché*.

– Eu sabia que eles iam armar alguma para cima de mim – deixei escapar.

Eu não gostava de Miesha, mas eu a respeitava por me proporcionar uma rivalidade e uma boa luta quando eu precisava de uma.

– É bom ver você de novo.

– É bom ver você também – disse ela.

A última vez que tínhamos ficado tão perto fisicamente, o árbitro estava levantando meu braço em vitória.

– O que você está fazendo aqui? – perguntei.

– Estou aqui para treinar – disse Miesha.

– Treinar o quê? – perguntei.

– É para isso que você está aqui, certo?

A confusão se instalou.

– Você vai ajudar a equipe de Cat? – perguntei.

– Vou deixar Dana explicar, mas... – Miesha hesitou e só ficou lá sorrindo.

A compreensão me atingiu como se uma das luzes do teto da academia tivesse caído na minha cabeça: Dana estava fazendo de mim um exemplo. Ele estava me mostrando o que acontecia quando você mexia com o UFC. Ele estava me substituindo por minha pior inimiga.

O pânico se instalou. Eu pensei sobre o quanto minha equipe técnica já tinha dado para o programa, como eles tinham colocado suas vidas em espera a fim de me ajudar. Como é que eu ia contar para a minha equipe? Onde estava Dana? Como ele podia me trair assim? Fiquei furiosa. Fiquei magoada. Eu podia sentir a emoção subindo pelo meu rosto.

É estranho as coisas que levam uma pessoa ao limite. Miesha Tate podia tentar me dar um soco na cara. Ela podia menosprezar minha habilidade de luta. Ela podia ignorar tudo o que eu tinha conseguido. Nada disso me intimidava. Mas o jeito como ela estava sorrindo para mim, saboreando minha angústia, mexeu comigo. Passei de não gostar dela a nunca ter odiado alguém tanto assim em toda minha vida. O que começou como uma rivalidade promocional se tornou animosidade real.

Uma coisa é você ficar contra alguém enquanto você está lutando no octógono. Isso são negócios. Outra coisa é ter prazer pela infelicidade alheia fora dele. Isso é uma merda. Ver o prazer e satisfação que ela tinha por meu sofrimento foi demais. Eu nunca gosto de ninguém quando ela está de pé na minha frente na gaiola. Mas se eu visse aquela mesma garota em outro lugar, completamente em pânico, eu não riria dela. Eu diria:

– Ei, está tudo bem. Relaxe.

Essa é a diferença entre mim e Miesha Tate.

Eu atravessei as portas pelas quais Miesha tinha recém entrado.

– Onde está Dana? – Comecei a perguntar a todos nos corredores. Ninguém me dizia; teria arruinado a oportunidade de transformar meu pânico e constrangimento em ouro para o reality show. Eu fui para a área do vestiário.

Quando Dana chegou, eu estava pirando.

– Deixe-me explicar – disse ele.

Dias antes, Cat Zingano teve uma lesão no joelho. Ela precisava de uma grande cirurgia no joelho e ia ficar afastada por meses. Na manhã em que nós deveríamos começar a filmar, Cat estava em uma sala de cirurgia. O UFC chamou Miesha. Ela e eu íamos treinar uma contra a outra no programa e então lutaríamos no fim da temporada.

– Foi tudo um mal-entendido – disse Dana.

Olhei para a equipe de filmagem filmando a cena toda. O cinegrafista estava sorrindo.

– Isso não foi um mal-entendido – eu pensei. – Isso foi uma emboscada.

Eu tinha sido ingênua o suficiente para acreditar que, como o programa era afiliado ao UFC, os produtores respeitariam as lutadoras. O UFC financia o show, mas a empresa de produção, Pilgrim, trata você como uma personalidade de reality show. Eles não veem você como uma lutadora de classe mundial, de elite, que merece respeito e que luta por sua vida e para viver.

Foi um primeiro dia difícil. As coisas só iriam piorar.

Seguindo o formato estereotipado do programa, selecionamos nossas equipes, mas nesta temporada nós selecionamos quatro garotas e quatro rapazes cada, e dois vencedores, um homem e uma mulher, seriam coroados no fim da temporada.

Eu selecionei: Shayna Baszler, Jessamyn Duke, Peggy Morgan, Jessica Rakoczy, Chris Beal, Davey Grant, Anthony Gutierrez e Michael Wootten. Miesha escolheu: Julianna Peña, Sarah Moras, Raquel Pennington, Roxanne Modafferi, Cody Bollinger, Chris Holdsworth, Josh Hill e Tim Gorman (que se machucou e foi substituído por Louis Fisette).

Com base no cara ou coroa, eu fiquei com a decisão do primeiro confronto da temporada. Eu coloquei minha primeira escolha feminina, Shayna, contra a dela, Julianna. Uma das mais experientes lutadoras de MMA e de muitas maneiras uma pioneira não celebrada no esporte, de jeito nenhum Shayna ia perder.

Mas Shayna perdeu, pega em um mata-leão no segundo round. Durante a luta, eu pude perceber que Shayna sentia que estava perdendo o round. Eu vi seu foco se afastar do que ela estava fazendo na gaiola naquele momento e ir para o que ela ia fazer no próximo round. Foi quando ela foi pega.

Foi uma derrota arrasadora para Shayna e toda nossa equipe. Eu não queria que a derrota definisse o tom das próximas seis semanas. Durante toda a viagem de volta para o meu apartamento temporário, eu pensei na luta. Pensei nela naquela noite. Pensei nela no caminho para a academia na manhã seguinte. Pensei em como Miesha havia comemorado o fato de que Shayna, que Miesha dizia ser sua amiga, estava sendo esmagada sob os pedaços de seu sonho despedaçado. Como treinadora, eu era responsável pela moral da equipe.

Quando eu pensei no que eu poderia dizer, pensei no que minha mãe costumava me dizer:

– Em cada confronto, há um momento em que a medalha de ouro é de quem a pegar. A única maneira de ter certeza de que você vai ser aquela que a pega é ter certeza de que você vai lutar cada segundo desse confronto.

Com as palavras de minha mãe ecoando na minha cabeça, chamei minha equipe.

– Vocês vão ter momentos em que vão ficar para trás – eu comecei. – Quem está na frente não vale nada. É fácil ficar no jogo quando você está ganhando. O que diferencia os lutadores especiais é a capacidade de lutar além de suas maiores perdas e adversidades.

Quando cheguei na parte: – ... Trata-se de vencer em cada segundo de sua vida –, não havia ninguém na minha equipe que não estivesse pronto para ir lá e arrebentar com alguém. Eu vi uma luz em seus olhos, um fogo que não estava lá antes. Nós treinamos logo depois que eu falei, e todo mundo estava focado. O espírito da equipe ficou lá em cima, mas também ficou sério. Ninguém estava brincando e sorrindo. Eles estavam se dedicando duas vezes mais do que tinham feito no dia anterior.

Eu pensei tanto naquelas palavras. Eles se ligaram tanto nelas. Vários de nós tatuaram as palavras em si mesmos quando a temporada terminou. Se os espectadores tivessem visto o discurso, eles teriam ficado atordoados. Em vez disso, os produtores colocaram uma cena na banheira de hidromassagem.

Já que sua lutadora venceu, Miesha ficou com a escolha da próxima luta. Ela colocou Chris Holdsworth contra o meu cara Chris Beal. A mão de Chris Beal quebrou em sua luta inicial para entrar na casa e Miesha reconheceu abertamente que ela queria fazer uso disso.

O que não foi mostrado foi o que aconteceu nos momentos que antecederam a luta. Chris Beal estava aquecendo quando Dana entrou no vestiário, irritado porque ele tinha acabado de receber um telefonema de outro promotor de luta que disse que Chris ainda estava sob contrato com ele. Chris ainda nem estava na gaiola e já estava sendo forçado a se defender.

Quando estávamos filmando, ninguém além de nós sabia do elenco. Como é que alguém sequer sabia que Chris estava no programa? Quais são as chances de que esse promotor ia ligar no momento mais inoportuno, momentos antes da maior luta de sua vida? Quem se beneficiaria mais? Qual é a probabilidade de que todos esses fatores colidiriam no momento exato em que isso teria o impacto mais negativo em um membro da minha equipe? Minha mãe, que trabalha com estatística, sempre diz:

– Se algo é altamente, altamente improvável, é provável que não seja uma coincidência.

Nós ainda nem estávamos filmando há uma semana, mas ficou claro que os produtores estavam mais interessados em fazer um programa sobre intrigas do que de luta na gaiola. Sempre que Miesha passava por mim, ela zombava ou me mandava um beijo. Ela fazia comentários desagradáveis sobre os meus técnicos e fazia pegadinhas juvenis. Os produtores engoliam tudo.

– Só leve ela lá para fora e dê um belo chute na sua bunda – minha mãe disse quando eu a chamei para servir de treinadora convidada.

Todos os envolvidos no programa viram a situação ficar fora de controle. Dana chamou a mim e a Miesha para conversar e exigiu que ambos os lados cortassem o papo furado. Mas Miesha continuava me mandando beijos e tentando começar problemas com a minha equipe. Eles visavam especialmente Edmond que, como nosso único treinador de golpes, era absolutamente essencial para a equipe. Miesha e o ogro do seu namorado mexiam com Edmond de propósito, tentando instigar brigas e fazer com que ele fosse tirado do programa. Eu me segurei e a minha equipe para não participar em quaisquer novos confrontos, mas continuei levantando o dedo médio para ela.

Era recém julho, mas eu estava contando os dias até 28 de dezembro, quando eu poderia descarregar tudo nela na gaiola. Eu só esperava que eu pudesse me segurar até lá.

Meu único objetivo no programa era pegar minha equipe de lutadores aspirantes e dar tudo de mim para orientá-los. Eu sei como é difícil se agarrar com unhas e dentes para subir no esporte. Eu sei como é difícil lidar com vários empregos enquanto treina para que possa pagar as contas. Eu entendia que o sucesso no *The Ultimate Fighter* poderia mudar a trajetória da carreira de um lutador. Os garotos da minha equipe precisavam dessa oportunidade. Eles mereciam cada parte do meu ser que eu pudesse lhes dar. Se como resultado eu fiquei parecendo uma vadia louca, eu aceitava isso.

Eu decidi há muito tempo que eu vou dizer o que eu quiser dizer, e os outros vão entender do jeito que quiserem. Eu não ia perder um único segundo me importando com o que os outros pensavam.

VOCÊ TEM DE ESTAR DISPOSTO A ENVERGONHAR-SE

> Você tem de se perguntar:
>
> – Qual é a pior coisa que poderia acontecer? Qual é o pior resultado possível?
>
> Quando eu luto, o pior que poderia acontecer é que eu morra ou fique permanentemente aleijada. Para praticamente todo o resto, a resposta é que o pior que poderia acontecer é que eu vou me sair mal ou parecer uma idiota. Comparado a morrer, isso fica muito baixo na escala de coisas ruins que poderiam acontecer. Lutar realmente coloca tudo em perspectiva e me impede de ter medo.

Eu sempre soube que lutar não duraria para sempre. Eu estava alcançando meus objetivos em um ritmo mais rápido do que eu esperava. E agora eu estava olhando para o futuro. Eu queria transformar meu sucesso nas lutas em uma próxima etapa, assim como Gina Carano fez quando ela mudou da luta para o cinema. Isso parecia um desafio quase impossível; esse era meu tipo favorito de desafios, mas primeiro eu queria falar com Edmond.

Em uma manhã no GFC, eu estava sentada ao lado de Edmond na borda do ringue, durante um intervalo no meu treino, quando eu contei a ele sobre uma reunião que tinha tido recentemente com um agente de entretenimento que achava que eu poderia ser uma estrela de Hollywood. Eu lhe perguntei o que ele achava sobre eu tentar fazer filmes. Eu normalmente conseguia avaliar como Edmond responderia a uma ideia mas, desta vez, eu não sabia o que esperar.

O único propósito de um treinador é preparar os lutadores para uma luta. Os treinadores não são fãs de "distrações externas". Ele hesitou, pensando em tudo o que eu tinha dito a ele.

– Será que é porque você quer mesmo atuar? Você tem uma paixão por atuar? – perguntou. – Ou será que você só quer o status de ser famoso em filmes?

– Eu quero mesmo atuar e eu quero mesmo ser boa no que faço – eu disse. – Por alguma razão, me sinto obrigada a entreter.

Edmond hesitou de novo.

– Você não pode carregar duas melancias em suas mãos – disse ele, estendendo as mãos para me mostrar. – Não é assim que funciona.

Eu não pude deixar de sorrir com a analogia. Os armênios têm um coisa com melancias.

– Mas você sabe o que faz – continuou ele. – Para a maioria dos lutadores, eu diria: "Não, foco na luta". Mas se você consegue levar a sério e fazer as duas coisas, faça as duas coisas. Mas lembre-se, é por causa da luta que você tem esses filmes.

Ele disse em voz alta o que eu já sabia. Eu não tinha ilusões de que Hollywood se importaria comigo se eu não fosse a campeã do UFC. Se eu perdesse uma luta, eu seria apenas mais uma aspirante a atriz loira em uma cidade de aspirantes a atrizes loiras.

– Mas eu vou lhe dizer uma coisa – disse Edmond. – Isto aqui é uma academia. Você entra nessa academia e eu não quero ouvir falar de filme nenhum. Quando fizermos treinamentos de campo, você não se concentra em mais nada. Lá fora, você faz o que quiser fazer, mas aqui, tudo o que fazemos é lutar. Agora, de volta ao ringue.

Eu dei um pulo, determinada a provar a ele que eu me dedicaria à luta mais do que nunca.

Antes de me enredar no *The Ultimate Fighter*, eu estava criando uma base para uma carreira de atriz. Eu tinha assinado com o agente de entretenimento Brad Slater, da agência William Morris Endeavor, e estava indo a reuniões com produtores, executivos de estúdios e pessoal de seleção de elenco. Eu arranjei um professor de teatro. Eu até tinha tentado o papel de Atalanta em

Hércules. Eu trabalhei tanto para conseguir esse papel e, quando eles não me escolheram, eu fiquei realmente desapontada. Era uma derrota, e isso me incomodava. Sempre que ficava difícil no *TUF*, eu pensava:

– Foda-se, eu quero aparecer em *Hércules*.

Então, Brad me ligou para dizer que Sylvester Stallone queria me conhecer. Eu era desconhecida em Hollywood, e ele era Rocky e Rambo e Barney de *Os Mercenários*.

Fomos almoçar com Kevin King, parceiro de produção de Stallone, e o próprio. Eles iam fazer um terceiro filme *Os Mercenários*, e Stallone achou que talvez eu serviria para o papel.

Fiquei lisonjeada. Stallone me perguntou o que eu achava de atuar, e eu disse que estava trabalhando muito para ficar melhor.

– Eu sempre achei que você tinha de ser um bom mentiroso para ser um bom ator – eu admiti. – Mas eu comecei a perceber que não se trata tanto de contar uma mentira, mas de convencer a si mesmo de que você está na situação, e então fazer o que você faria na situação.

– Os melhores atores não são as maiores estrelas – ele me disse. – Um grande ator pode representar qualquer pessoa em qualquer situação, mas você não vê as pessoas fazendo fila em volta do quarteirão para ver os atores mais adorados pela crítica. Você vê as pessoas fazendo fila em volta do quarteirão para ver estrelas como Al Pacino, que em cada papel é ele mesmo. Ele não representa pessoas diferentes. Ele é Al Pacino como o policial. Al Pacino como o advogado. Al Pacino como o gangster. Al Pacino como o fuzileiro cego aposentado ou sei lá o quê. Ele sempre representa a si mesmo, e as pessoas simplesmente se apaixonam por esse personagem de *você*. Isso é o que torna você uma estrela. Isso é o que faz as pessoas fazerem fila em volta do quarteirão.

– É só isso que você precisa fazer – disse ele. – Apenas relaxe e seja você mesma. É isso que as estrelas são. Elas são apenas elas mesmas em todas as situações em que você as coloca.

– Vamos nos falar novamente em breve – disse Stallone, quando o almoço terminou.

Quando voltei de Vegas, eu estava mais para baixo do que eu tinha me sentido em muito tempo. Eu sabia que quando *The Ultimate Fighter* fosse ao ar, eu ia parecer uma maluca de reality show. Eu achei que eu tinha de me apressar. Eu precisava ser aceita para papéis e já estar rodando um filme quando o programa começasse a ser exibido ou então Hollywood poderia não me querer.

Então, Stallone quis uma segunda reunião. Desta vez, somente nós dois. Eu o encontrei no Roni's Diner, uma lanchonete e pizzaria em frente ao seu escritório. Tinha mesas de madeira escura e fileiras de fotos em preto e branco de celebridades nas paredes. A reunião foi casual, mas parecia mais profissional desta vez. Conforme Stallone lançou-se a me dizer por que ele achava que eu era a pessoa certa para o papel, ficou óbvio que ele fazia esse tipo de coisa o tempo todo. Eu tentei fingir que eu também fazia. Eu mudei para o modo de vendas, tentando enfatizar por que eu achava que seria boa para este papel. Era uma personagem forte. *Certo.* Envolvia luta. *Certo.* Eu realmente respeitava seu trabalho. *Certo.* Quando a conta chegou, parecia que estávamos nos entendendo. Nós nos levantamos para sair, e ele me acompanhou até meu carro.

– Você acha que pode lutar com a maldição? Você acha que pode lidar com isso? – ele me perguntou, referindo-se à crença de que atuar é o fim para a carreira de um atleta.

– Cem por cento. Eu prometo que vou fazer você parecer um gênio – eu disse, lembrando de quando Dana me disse que ia me trazer para o UFC.

– Tudo bem, então. Vamos fazer isso – ele disse e apertou minha mão.

Eu abri um sorriso enorme. Eu queria abraçá-lo. Eu queria fazer uma dança feliz. Foi só nesse momento que eu me permiti a aceitar o quanto eu queria o papel.

Na semana seguinte, encontrei Stallone novamente na lanchonete onde ele estava terminando o almoço, e nós caminhamos para o seu escritório. Estava quente na rua, e eu estava usando uma camiseta-vestido.

– Olhe só o tamanho de seus braços – disse ele.

Fiquei tensa por um segundo. Era o tipo de comentário que me deixava muito insegura no ensino médio. Mas eu me lembrei que não estava mais na escola. Eu percebi que todas aquelas pessoas que me zoavam eram umas idiotas. Eu sou fabulosa.

Stallone ainda estava verificando meu bíceps.

– Cara, eles são incríveis – admirou-se.

No escritório, lemos o roteiro. Stallone me disse que era um trabalho em andamento. Eles iam fazer algumas alterações. Então, passamos de ler o texto a falar sobre atuar.

– Sempre comece exagerando na primeira tomada – disse ele. – Assim, você evita ficar se sentindo ridícula o resto do tempo. É muito mais fácil baixar o tom do que levantá-lo.

– Atuar é brincar – acrescentou. – Você está se divertindo. Muita gente leva isso muito a sério. Nunca tenha medo de envergonhar-se.

Cheguei à Bulgária para começar a filmar no início de agosto. Quando cheguei lá, eles me mostraram a roupa que eu ia vestir. Eu mencionei que era diferente do que inicialmente tinham me mostrado.

– Eu sei – disse a pessoa do guarda-roupa. – Stallone disse que seus braços eram tão incríveis que ele nos fez cortar a roupa para que pudéssemos mostrá-los.

Eu senti minhas bochechas ruborizarem, mas não foi de constrangimento. Foi de orgulho.

PRESENTED BY **Bud Light**

RONDA
ROUSEY
WOMEN'S BANTAMWEIGHT CHAMPION

O SUCESSO É A MELHOR VINGANÇA

> Quando algo ruim acontece comigo, eu fico muito brava e então fico mais motivada.
>
> Nos momentos em que você cai com mais força – quando perde o emprego ou descobre que o namorado está traindo você ou percebe que você tomou a decisão errada –, você pode canalizar sua vergonha, sua raiva, seu desejo, sua derrota. Você pode aprender, arriscar-se, mudar de rumo. Você pode optar por se tornar tão bem sucedida que ninguém nunca vai conseguir colocar você em uma situação como aquela novamente.
>
> O antigo treinador de judô de minha mãe disse sem rodeios:
>
> – A vitória é uma vadia, mas a vingança é uma filha da puta.

O rancor pode ser um poderoso motivador se aproveitado da maneira certa.

Passei oito semanas na Bulgária filmando *Os Mercenários 3*. No set, eu dei socos e troquei golpes verbais do roteiro. Subi escadas correndo e disparei armas com cartuchos de festim. Eu estava fascinada com Harrison Ford. Eu o via no set e pensava:

– Ai meu Deus, é Han Solo. Fique calma. Fique calma.

E então eu não ficava nada calma.

O pugilista profissional Victor Ortiz também estava no filme e seu treinador encontrou uma academia em Sofia onde nós íamos treinar. Eu estava convencida de que era uma fachada para uma espécie de operação de lavagem de dinheiro da máfia, porque era uma academia de ponta, com equipamentos de ponta, mas não havia quase ninguém lá.

A luta livre é famosa na Bulgária, e eu encontrei uns caras com quem treinar, mas não era o mesmo nível de treino a que eu estava acostumada em casa. Um dia, meu colega de elenco Jason Statham perguntou se ele podia vir me ver treinar. Eu comecei acertando o saco pesado, mas era horrível sem Edmond para enfaixar minhas mãos antes que eu treinasse ou para me corrigir se eu cometesse um erro.

Ainda assim, eu estava feliz por Statham estar lá. Falar com ele enquanto eu acertava o saco me deixava mais calma e me fazia lembrar do conforto familiar que eu tinha em casa no GFC, onde Edmond ficava me observando acertar o saco.

Então dois lutadores búlgaros com quem eu havia treinado antes entraram na academia.

— Ronda, você quer lutar? — um deles me perguntou. Essa era a minha chance de parecer durona. Olhei para Statham e pisquei.

E, naquele dia, eu simplesmente limpei o chão com eles. Eu fiz toda essa merda ninja maluca, giros e todos os movimentos acrobáticos de exibição que eu consegui pensar. Os caras com quem eu estava lutando foram muito tranquilos. Statham ficou boquiaberto.

— Completamente embasbacado! Eu nunca vi nada parecido na minha vida — disse ele.

Eu sentia saudades de Edmond. Inicialmente, ele queria vir e treinar na Bulgária comigo, mas a lenda do boxe armênio e campeão mundial em três categorias Vic Darchinyan pediu a Edmond para treiná-lo para uma luta futura. Esse treinamento de campo coincidiu exatamente com a filmagem.

Eu ligava para ele todos os dias.

— Você treinou? — ele perguntava.

— Sim — eu dizia e então contava a ele o que eu fiz.

Eu treinava luta e pegadas, subia escadas correndo, subia montanhas correndo, corria no aparelho elíptico, nadava, treinava golpes no ar, mas eu não conseguia fazer o treinamento real, como eu fazia em casa, porque na maioria das vezes eu treinava sozinha. Eu também estava dedicando quase dezesseis horas por dia no set, e minha agenda variava diariamente.

Houve um dia em que filmamos uma cena em que tivemos de correr por um telhado inclinado até um helicóptero. A hora marcada era cinco da manhã. Eu queria malhar primeiro, então eu acordei às quatro horas. A academia do hotel não abria antes das oito horas, então eu subi e desci as escadas do hotel correndo — onze lances, oito vezes — antes de voltar para o meu quarto para tomar banho. Então eu tive de correr em cima do telhado, uma corrida de cinquenta metros em um ângulo de quarenta e cinco graus, e eu tive de fazer isso provavelmente trinta vezes. Quando nós terminamos de filmar, era meio da tarde, então eu pulei no carro e pedi ao meu motorista, Alex, para me levar direto para uma academia onde eu poderia lutar com um monte de caras.

Não houve um segundo lá em que eu esqueci sobre Miesha Tate.

Quando eu terminei de filmar *Os Mercenários*, eu voei para Atlanta por dez dias para filmar uma participação no sétimo filme da franquia *Velozes e Furiosos*. Voltei para Los Angeles quarenta e sete dias antes da minha luta com Miesha e fui direto para o treinamento de campo.

Tudo o que fizemos antes da revanche com Miesha foi para garantir que eu seria capaz de lidar com qualquer coisa. Não se tratava tanto de estar pronta para o que ela poderia fazer na gaiola, mas de ser capaz de controlar minhas emoções e voltar a lutar depois de tanto tempo parada.

Edmond é muito bom em me forçar a usar minha raiva como uma ferramenta. No treinamento, ele me ignora de propósito ou faz comentários para tentar me deixar emotiva e me coloca em uma situação em que tenho de me controlar.

Ele se recusa a me deixar chutar. Dar chutes não é parte da maneira como eu luto. Mas de vez em quando eu dava um chute no treino por frustração ou raiva.

– Não faça isso – disse Edmond um dia. – Quando você chuta, eu sei que isso significa que você está com raiva.

Ele estava certo.

Antes da luta, Edmond trouxe parceiros de luta que enlouqueciam, dando ganchos loucos e golpes baixos. Ele me fez treinar rounds longos, tentando testar minha paciência.

Ele intencionalmente fazia coisas para tentar me irritar antes das lutas de treino. Ele me ignorava ou me xingava, e eu ficava chateada porque eu não entendia por que ele estava agindo assim.

Um dia, durante o treinamento de campo, eu lhe perguntei se ele ia treinar luvas comigo. Depois de todo o esforço que levou para ele treinar luvas comigo, ainda é importante para mim, um ritual.

– Não – ele me disse. – Vá acertar o saco.

Enquanto eu estava acertando o saco, ele veio até mim e olhou por cima do meu ombro.

– Por que você está fazendo assim? – ele perguntou e então se afastou.

Essa foi a única coisa que ele disse para mim naquele dia. Passei as próximas horas indo e vindo, confusa e incomodada.

Eu me perguntava:

– O que há de errado? Qual é o problema? Estou indo mal? Será que ele quer que eu dê uma desculpa para por que eu estou indo mal?

Eu já estava emotiva, porque eu sempre fico emotiva durante o treinamento de campo, e eu comecei a chorar. E o tempo todo, ele estava olhando para mim. Então eu percebi que eu estava deixando ele mexer comigo. Ele queria mexer comigo e me deixar emotiva de modo que, se eu ficasse emotiva na luta, eu seria capaz de lidar comigo mesma.

Mas também havia coisas que não estavam sendo tratadas no treinamento. Darin era responsável por garantir que os meus parceiros de treino fossem pagos. Eu fiquei sabendo pouco depois do treinamento de campo para o UFC 157 que, embora eu tivesse formalizado meu acordo com Darin, eles não tinham recebido seus pagamentos.

Isso era uma preocupação real. Se você não paga seus parceiros de treino, eles poderiam simplesmente decidir não vir ao treino um dia, e seria exatamente como quando eu estava na Bulgária, sem ninguém com quem treinar.

Uma tarde, Edmond e eu estávamos sentados na beira do ringue enquanto eu desenfaixava minhas mãos quando ele disse:

– Ronda, empresários são bons, mas quando eles fazem o trabalho direito.

Eu sabia que ele estava tentando me dizer algo sem ultrapassar os limites e eu sabia que ele estava certo.

– Eu sei – eu suspirei. – Eu vou lidar com esta merda após a luta.

No dia da luta contra Miesha, eu estava deitada na cama no quarto da minha suíte tentando descansar quando ouvi uma briga entre algumas das pessoas na outra sala. Eu bloqueei aquilo, me virei e me forcei a voltar a dormir, mas eu estava com raiva. Eu não gosto de drama antes de eu lutar. Eu não gosto de distrações antes de eu lutar. Eu ia lidar com o que estava acontecendo ali após a luta.

Eu pensei na luta que estava a poucas horas de distância. Eu pensei na primeira vez em que eu lutei contra Miesha. Eu pensei no *TUF*. Eu pensei na situação que tinha recém acontecido na minha suíte.

Alguém ia pagar. E essa pessoa ia estar de pé do outro lado da gaiola muito, muito em breve.

Para mim, a raiva é motivadora. Mas eu não posso permitir que a raiva me consuma até o ponto em que ela afete meu julgamento. Quando você está com raiva e tentando resolver um problema ou lidar com uma situação, você não vai resolvê-lo com sabedoria. Em um relacionamento com alguém, se você está com raiva, você não vai dizer as palavras perfeitas. Quando você está relaxado, então você se acalma. Você pode pensar logicamente e racionalmente para resolver o problema de forma mais eficiente. É a mesma coisa quando você está lutando.

APRENDA A LER OS TEMPOS DE SILÊNCIO

Um conceito importante em luta que muitas pessoas não entendem é o que eu chamo de ler os tempos de silêncio, como quando você lê música. Uma razão pela qual muitas pessoas se cansam em uma luta não tem nada a ver com elas estarem fora de forma. Trata-se de saber como encontrar essas pequenas frações de segundos de descanso; elas podem fazer toda a diferença em uma luta. São os momentos em que eu estou descansando enquanto ainda estou pressionando a minha adversária que me permitem manter um ritmo tão elevado durante toda a luta.

Por exemplo, se eu estou segurando alguém contra a gaiola, eu não estou usando meus músculos para pressionar contra a gaiola. Se eu me inclino sobre meu pé para a frente e ajusto o meu ombro, todo o meu peso fica sobre a pessoa. Eu estou usando a gravidade contra a minha adversária e a pressionando, enquanto meus músculos estão descansando.

Saiba quando explodir e saiba quando relaxar; essa é a única maneira de sobreviver.

O tempo nem sempre cura tudo. Às vezes, ele só lhe dá mais tempo para ficar irritado. Eu esperei por quase seis meses desde o fim da filmagem de *The Ultimate Fighter* para chegar a essa luta. Minha segunda luta contra Miesha era o evento principal do UFC 168.

Ela entrou na arena ao som de "Eye of the Tiger" de Katy Perry. Eu visto meu rosto de competição desde o momento em que saio do meu quarto de hotel na noite da luta, mas eu revirei os olhos naquela noite.

Poucos minutos depois, eu caminhava em direção à gaiola com meus coturnos ao som de Joan Jett. Eu nunca quis destruir alguém tanto assim. Eu nem queria quebrar seu braço de novo, mas eu queria arrancá-lo. Eu olhei para ela do outro lado da gaiola, sem sentir nada além de ira fria e calculada.

– Toquem as luvas e vamos lá – disse o juiz, fazendo o discurso pré-luta padrão.

Eu dei um passo para trás, sem levantar a mão.

O árbitro disse para começarmos. Eu ia ficar no controle por cada segundo da luta. Para mim, não se tratava apenas da vitória. Eu queria machucá-la. Eu queria lhe mostrar como eu tinha domínio sobre ela. Eu queria que ela nunca mais achasse que ela poderia entrar na gaiola e me enfrentar . Eu não ia me apressar para uma finalização. Eu ia despedaçá-la em todos os aspectos de seu jogo.

Nós nos encontramos no centro e trocamos golpes de boxe. Eu acertei todos. Ela não conseguiu sequer um bom golpe. Eu a arrastei para o chão, mas ela se levantou. Eu a empurrei contra a gaiola e comecei a dar joelhadas contra seu corpo. Eu a levei para o outro lado da gaiola. Ela me empurrou e, pela primeira vez na minha carreira no MMA, eu dei um chute.

Ela devolveu o chute, mas eu peguei sua perna, joguei-a para o alto e ela caiu com força de bunda. Eu fui lhe dar um soco e ela agarrou desesperadamente as minhas pernas. Eu tropecei e a puxei para o ataque. Quando ela tentou se defender da minha chave de braço, eu dei socos em seu rosto e cotoveladas na cabeça. Eu simultaneamente tentava um estrangulamento com as pernas enquanto lutava com ela para pegar seu braço.

Empurrando com as pernas, Miesha se levantou e ficamos novamente em pé. O nariz de Miesha sangrava. Nós novamente trocamos socos no centro da gaiola. Cheia daquela merda, eu a joguei de costas no chão. Miesha tentou ficar sobre mim, e eu a empurrei com minhas pernas. Ela se inclinou em minha direção, e eu dei um mortal para trás por cima do ombro e caí de pé, dando um soco em seu rosto no caminho. Ela mergulhou para as minhas pernas, e eu facilmente reverti o ataque, arremessando-a por cima do quadril. Nós lutamos por mais alguns segundos e então estávamos de pé novamente.

Ela veio para me arremessar, e eu saí do caminho. Eu a empurrei contra a gaiola. Então eu ouvi a claque de que faltavam dez segundos. Eu dei uns socos finais até a campainha explodir.

Eu venci o primeiro round decisivamente. Não houve um único segundo do round em que eu não estivesse no completo controle. Ela caminhou de volta para seu canto ensanguentada.

Edmond entrou com o banquinho e uma garrafa de água. Sentei-me no banquinho, pela primeira vez, mal começando a suar, e tomei um gole de água.

– Você está indo muito bem – disse Edmond. – Só continue assim.

Eu assenti com a cabeça.

– Ah, e Ronda – disse ele, enquanto pegava o banquinho para sair da gaiola. – Não dê chutes.

O início do segundo round foi uma grande e nova experiência, porque eu nunca tinha estado no segundo round em uma luta do MMA. Eu olhei para o outro lado da gaiola e eu pude ver a satisfação de Miesha por conseguir o segundo round. Vertia dela. Eu fiquei irritada que aquela garota estivesse feliz. Ela veio para o segundo round sorrindo. E eu jurei a mim mesma que essa puta não viria para o próximo round sorrindo. Eu ia tirar aquele sorrisão de merda do seu rosto.

Joguei-a no chão no início do round, e ela ficou deitada de costas como uma tartaruga virada, chutando as pernas no ar tentando me manter afastada.

– Ah, você quer chutar? – eu pensei. – Foda-se, vadia.

Eu devolvi o último chute de toda a minha carreira no MMA.

Ela se levantou e eu a arremessei com força, fazendo-a cair de costas no que teria sido um *ippon* no judô e acabaria com ela. Essa surra ainda não havia terminado. Poucos segundos depois, eu a coloquei contra a gaiola. Ela não podia fazer nada contra mim. Eu continuei dando golpes e então a puxei para longe da tela da gaiola. Eu a joguei no chão com outro arremesso com os quadris. Enrolei meu braço esquerdo em torno do seu, usando o meu ombro para impedi-la de juntar as mãos. Com minha mão direita, eu a soquei no rosto. Ela arqueou as costas e chutou as pernas no ar, envolvendo-as no meu pescoço. Empurrando com toda sua força, ela livrou seu braço, tentando me virar no processo. Mas eu a tinha de costas e tentei montar nela (quando você está sentado em cima de seu adversário enquanto agarrados), ficando totalmente em cima dela enquanto ela estava deitada no chão. Ela se contorcia debaixo de mim enquanto eu a socava mais e mais na cabeça. Tudo o que ela podia fazer era segurar seu braço. Eu a tinha deitada de costas e estava sentada na sua barriga. *Bam. Bam. Bam. Bam.* Eu dei uma enxurrada de socos, direto no seu rosto. Toda a raiva que eu tinha acumulado estava sendo liberada. Eu a segurei em uma chave de braço, mas não fiz direito. Ela escapou da chave de braço, mas não havia como escapar de mim. Tranquei sua cabeça com minhas pernas e soquei suas costelas. Eu continuei batendo nela até a campainha soar o fim do round. Quando nos separamos para retornar aos nossos cantos, seu rosto estava inchado e pingando sangue.

Ela aguentou o segundo round, mas o sorriso tinha ido embora. Eu a tinha dominado por mais cinco minutos. Edmond e Rener Gracie entraram no ringue. Edmond posicionou meu banquinho e me deu um pouco de água. Rener colocou um saco de gelo na minha nuca para ajudar a me refrescar.

Ao sair do segundo round e entrar no terceiro, eu me senti diferente. Após o segundo round, eu estava confiante, mas em território desconhecido. No terceiro round, eu estava adaptada. Eu senti que podia lutar cem rounds. Eu sabia que tinha vencido os dois primeiros esmagadoramente. E eu não me sentia cansada. Eu tinha certeza de que eu poderia ir até o fim com máxima intensidade e foco se a luta durasse cinco rounds.

– Estou pronta para cinco – eu disse a mim mesma.

Mas nunca chegaríamos tão longe.

Miesha estava ficando cansada. Eu estava dando uma surra nela. Ela ia voltar para o que lhe era confortável, que era sair atacando amplamente ou tentar acertar as minhas pernas e me derrubar.

– Ela vai entrar, abaixar a cabeça e atacar amplamente – disse Edmond. – Entre firme e fechado e acerte direto.

Eu repeti suas instruções na minha cabeça, antecipando seus próximos movimentos e planejando os meus.

Nós nos levantamos para o terceiro. Ela parecia ensanguentada, maltratada e espancada.

Eu comecei com um direto 1-2 (um soco seguido por um cruzado, ou um soco forte e maior que pode infligir danos) e a desequilibrei. Ela não caiu, mas cambaleou para trás. Eu a acertei com outro soco e continuei acertando depois disso. Ela caiu contra a gaiola.

Eu a empurrei contra a cerca e ouvi sua respiração. Ela estava ofegante e agitada. Ela estava respirando como se estivesse se esvaziando com a respiração.

Eu sabia que ela não estava lá. Ela estava em outro lugar. Ela nem sabia o que acontecia com ela no terceiro round. Ela estava abalada, e era hora de atacar e finalizar. Eu queria derrubá-la, então seria mais fácil submetê-la no chão. Eu ataquei para um último arremesso e nós caímos no chão. Com menos de um minuto de round, eu a virei de costas e agarrei seu braço esquerdo.

Ela não tinha forças para lutar. Peguei seu braço e, com uma perna sobre seu peito e a outra na nuca, eu me inclinei para trás e arqueei os quadris. Ela não sabia muito bem onde estava. Ela não sabia muito bem o que estava acontecendo, mas ela sabia que foi pega em uma chave de braço e que era hora de desistir.

As pessoas aprendem a bater com a mão rapidamente depois que você destruiu um de seus braços antes.

Depois, algumas pessoas acharam que ela me desafiou nessa luta, porque ela foi até o terceiro round. Mas eu tinha arrastado a luta intencionalmente, querendo punir Miesha por tanto tempo quanto possível. Quando eu a tinha derrotado completamente, quando eu a tinha esmagado totalmente até o fundo da alma, então eu ataquei com a chave de braço.

Miesha estava abatida e exausta. Nunca me senti melhor na minha vida.

Depois de tudo o que tinha acontecido entre nós, depois de toda a merda que ela instigou no *TUF*, Miesha ficou de pé e estendeu a mão. Eu vi seu gesto meramente como um esforço de parecer boazinha na frente do público. Apertar sua mão antes de receber um pedido de desculpas por tudo o que ela tinha feito seria desrespeitar todos com quem eu me preocupava e que ela tinha destratado. Olhei para sua luva azul por um momento.

– Meu aperto de mão é mais do que apenas aparências – eu pensei. Não era uma questão de espírito esportivo. Era uma questão de princípios.

Eu me virei, saboreando a vitória. Com as vaias desabando, eu fui em direção à única coisa que importava: o abraço da minha família.

Antes da luta, o UFC tinha me abordado sobre pegar outra luta em menos de dois meses, presumindo, como todos nós, que eu venceria Miesha. Isso marcaria o mais rápido retorno para um campeão defender o título com sucesso na organização.

Eu tinha concordado.

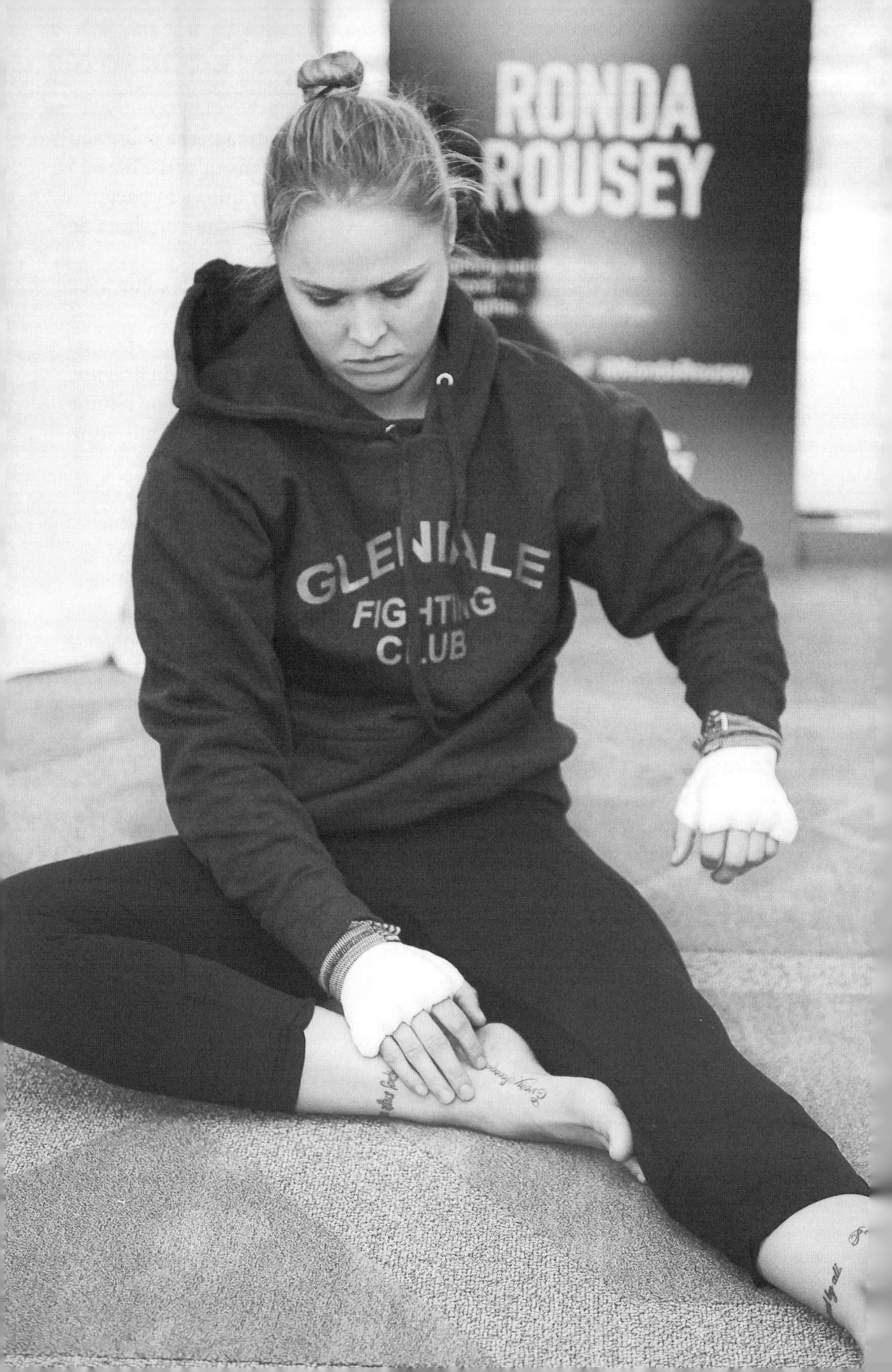
RONDA

PREPARE-SE PARA O ADVERSÁRIO PERFEITO

Nunca espere erros de seus oponentes. Suponha que eles estão perfeitamente preparados. Suponha que eles atinjam o peso. Suponha que eles nunca se cansem. Suponha que todas as suas reações sejam as corretas. Espere que eles tenham os olhos abertos, prontos para tirar vantagem de quaisquer erros que você cometa.

Todos os meus adversários esperam isto quando nos enfrentamos, que eu faça algo errado de que eles possam se aproveitar. Eu presumo que a versão mais perfeita da minha adversária que já existiu vai estar na minha frente quando nos encontrarmos. Eu espero que ela não cometa um único erro e, por isso, terei de conduzi-la a uma armadilha, na qual a reação correta é exatamente o que eu estou esperando para me aproveitar.

Eu nunca permito que nenhuma adversária venha melhor do que eu esperava que ela viesse. É por isso que minhas lutas terminam comigo sempre as dominando.

Os filmes, o dinheiro, a fama, o reconhecimento, tudo isso vem de eu continuar como campeã, não por ter sido campeã. Eu poderia perder tudo pelo que batalhei cada vez que entro no octógono. É por isso que eu treino mais cada vez.

A cada luta, eu tenho mais a perder. A cada luta, procuro desafiar a mim mesma um pouco mais. É por isso que aceitei a luta contra Sara McMann.

Eu tinha ficado fora da gaiola por dez meses entre minha luta com Carmouche e minha luta com Tate, e o tempo longe cobrou seu preço. Eu me sentia um pouco mais lenta, meu tempo não tão preciso, a gaiola um pouco menos familiar. Eu não precisava ser perfeita para vencer Miesha Tate, mas eu espero a perfeição de mim mesma.

Como tudo o mais que vem com lutar, ou com o sucesso em geral, a maioria das pessoas não faz ideia do que acontece até se chegar a esse momento no centro das atenções. Para mim, isso começa seis semanas antes. A noite da luta vem depois que os preparativos são concluídos. O momento que todo mundo vê é apenas o fim do treinamento de campo de seis semanas que garante que eu esteja no meu auge absoluto quando entro na gaiola.

No dia depois da minha luta com Tate, perguntei a Marina sobre a baderna na minha suíte antes da luta. Ela contou o que tinha visto: Darin tinha entrado na sala, com cheiro de bebida, vestindo as mesmas roupas da noite anterior, e tentou iniciar uma briga física. Essa foi a gota d'água. Poucos dias depois, eu mandei uma mensagem para Darin. *Temos muito o que discutir* – escrevi. Darin respondeu que estava fora da cidade. Edmond disse que lidaria com a situação, e eu voltei minha atenção para o que realmente importava.

Com a luta contra McMann a apenas algumas semanas de distância, fomos direto para o treinamento de campo. Eu amava aquilo. Eu achava que não tínhamos feito nosso melhor treinamento de campo possível antes do UFC 168 e agora tínhamos a oportunidade de refazê-lo.

O treinamento de campo é uma contagem regressiva, um relógio do juízo final para a minha adversária. Desde o primeiro dia do treinamento até o locutor declarar: – E ainda campeã, Rowdy Ronda Rousey –, cada segundo da minha vida concentra-se em lutar. Eu faço meu treinamento. Eu sigo minha dieta.

Eu abordo cada treinamento de campo da mesma maneira, não importa quem seja a minha adversária. Se eu estiver no auge, não importa quem esteja do outro lado da gaiola na noite da luta.

SEMANA 6

A partir da Semana 6, eu começo a pensar todas as maneiras imagináveis em que vou ganhar a luta. Quando chega a noite da luta, eu repassei milhares de maneiras como eu poderia ganhar na minha cabeça.

Na primeira semana de treino eu fico mais pesada. Eu tento ganhar peso sob forma de músculos. Mesmo quando estou treinando, eu não levanto pesos ou faço um monte de supino. Mas, durante a primeira semana de treino, eu luto no ar com pesos de meio ou um quilo. Meu corpo é muito bem condicionado, e eu ganho músculos tão rápido que, até o fim da semana, eu estou sarada.

Nas noites de segunda-feira, agora no fim do treinamento, eu nado. Isso me traz de volta ao clube jovem de natação em que eu ia quando era criança, quando meu pai declarou que eu seria uma campeã. O tempo tranquilo na piscina me dá tempo para pensar sozinha e mantém meus ombros soltos e flexíveis para o boxe.

A semana 6 é a única semana do treinamento em que eu não sigo uma dieta rigorosamente. Eu ainda como coisas saudáveis, mas eu como muita comida. De manhã, eu como uma tigela matutina.

TIGELA MATUTINA (DO MEU PLANO ALIMENTAR DE MIKE DOLCE)

2 colheres de sopa de farelo de aveia
2 colheres de sopa de sementes de chia
2 colheres de sopa de sementes de cânhamo
½ de xícara de mirtilos
4 morangos picados
¼ de xícara de passas
1 colher de sopa de manteiga de amêndoa
1 colher de sopa de agave
   Canela (a gosto)

Ferva um copo de água e misture com o farelo de aveia, os mirtilos e as passas. Misture as sementes e a canela. Adicione o agave e a manteiga de amêndoa (Você pode adicionar um pouco mais de água se parecer muito grosso).

Se eu estiver em treinamento de campo, pode ser que eu substitua o agave por Stevia ou pode ser que eu remova a manteiga de amêndoa.

Mesmo quando não estou no treinamento de campo, eu anseio por essa tigela todas as manhãs. É parte do meu processo diário. Na rara ocasião em que fico sem um ingrediente e não posso preparar uma do jeito exato, parece que meu universo está errado.

Além do café da manhã, é praticamente minha semana de churrasco armênio. O churrasco armênio é basicamente carne, frango, arroz e legumes, mas principalmente carne. É pesado, farto e saudável. E borscht. Muito borscht, que é sopa de beterraba e repolho que tem um gosto dos céus.

Tínhamos decidido treinar em casa todo o tempo enquanto nos preparávamos para McMann. Eu tinha ficado tanto na estrada naquele ano que tudo o que eu queria era ficar em casa. Mas houve momentos em que eu senti que precisava mudar de ambiente. Antes da luta contra Carmouche, fomos treinar na altitude e tranquilidade de Big Bear. É mais fácil mudar sua mentalidade se você mudar de ambiente. É difícil sentar no sofá e, de repente, ser tipo: Ah, estou no treinamento de campo agora.

Não importa onde eu esteja, termino essa primeira semana de treinamento me sentindo forte e energizada.

SEMANA 5

Durante a Semana 5, eu começo minha dieta. Logo antes da minha luta contra Tate, eu percebi que precisava encontrar uma maneira melhor de atingir o peso. Depois de uma década, a dieta de privação estava cobrando seu preço. Não só era uma abordagem pouco saudável, mas não funcionava. Fui a Mike Dolce, que serve como nutricionista para uma série de lutadores do UFC. Valeu a pena. Pela primeira vez em um treinamento de campo, eu nunca me sentia fraca (Mesmo que Dolce trabalhe com lutadores, sua dieta é realmente para qualquer um. Ele escreveu vários livros de receitas Dolce Diet, e eu os recomendo). Eu trabalhei com ele no mês antes do UFC 168 e eu usei ele para todos os treinamentos de campo desde então.

Começando na semana 5, Dolce me envia uma nova dieta a cada semana. Mas o plano é flexível. Todas as manhãs, eu me peso. Eu envio uma mensagem com meu peso para ele e então ele me envia uma mensagem de volta: *Está bem, mude essa refeição hoje* ou *Você está indo bem*. Ele muda as coisas de acordo com o que ele acha que eu preciso nutricionalmente, bem como para chegar ao peso que preciso.

Quando comecei a trabalhar com Dolce, toda a minha relação com a comida mudou. Eu não precisava mais descobrir qual era a coisa certa para comer. Eu já não duvidava mais de mim mesma e das decisões que eu tomava. Quando comecei a trabalhar com Dolce, eu me sentia culpada por ficar tão satisfeita o tempo todo. Então, um dia durante o treinamento contra McMann, a ficha caiu: – Ah, eu deveria me sentir satisfeita. – Por muito tempo, a sensação de estar satisfeita e o sentimento de culpa eram sinônimos para mim. Mas agora, eu parei de me sentir mal sobre isso.

A comunicação é a chave com Dolce. Fico em contato constante para que ele saiba como meu corpo está respondendo à dieta, como estou me sentindo, e ele faz os ajustes necessários. Os jantares incluem coisas como *chili con carne* ou ovos mexidos. Se eu disser: – Eu comi tanto que eu estou tão cheia depois do jantar –, ele pode me dizer que eu posso pular meu lanche de antes de dormir. Entre as refeições, fico com coisas como frutas, nozes ou iogurte com sementes de chia. Eu raramente cozinho, mas Marina é minha colega de quarto e ajuda a fazer a minha comida ou a picar os ingredientes e colocá-los em sacos separados para que até mesmo alguém deficiente de dotes culinários como eu possa fazer algo.

Faço boxe com Edmond. Faço judô com meu velho parceiro de treinamento Justin Flores ou luta livre com Martin Berberyan ou faço jiu-jítsu brasileiro com os irmãos Ryron e Rener Gracie. Cada parceiro é diferente. Eu conheço Justin desde que eu tinha onze anos de idade e fazia judô e ele costumava cuidar de mim e tentar sentar e peidar em mim. Martin dirigia a luta livre no SK Golden Boys e é três vezes medalhista olímpico e uma mundial. Ele é tranquilo e calmo. Rener e Ryron são extrovertidos e divertidos. Eles têm um trabalho no chão muito diferente do meu, e eu adoro trocar ideias com eles. As personalidades e estilos variados equilibram-se mutuamente.

Dependendo da minha adversária, Edmond traz parceiros de treino de fora. Se eu for lutar contra uma pugilista, ele traz garotas que são campeãs mundiais de boxe ou *kickboxing*.

Ele começa ligando para outros treinadores e perguntando:

– Ei, você tem alguém mais ou menos deste tamanho e nível de habilidade?

Mas se minha adversária é uma lutadora corpo a corpo, ele praticamente só me põe contra caras. McMann tinha ganhado uma medalha de prata olímpica em luta greco-romana, portanto, em preparação para ela, eu lutava muito. Mas é também uma questão de ser melhor no que seu adversário é mais fraco para que você possa aproveitar essas vulnerabilidades.

De segunda a sexta-feira, eu malho duas vezes por dia. Saio de casa às nove da manhã para estar no treino às dez, malhar por uma hora e meia, tomar banho, dormir e repetir. Eu basicamente faço tudo o que Edmond acha que eu deveria fazer. Eu realmente deixo muito do planejamento para ele e apenas faço o que ele me diz. Aos sábados, eu faço MMA e treino luta. Então, aos domingos, eu descanso. Fora do treinamento de campo, treino todos os dias mas, durante o treinamento de campo, eu realmente descanso. Chego em casa exausta em torno das oito horas. Faço minha comida, saio com Mochi e então leio antes de dormir.

Eu costumava pensar que eu precisava ser infeliz para ter sucesso. Mas eu perdi essa necessidade e percebi que isso é muito antiquado. O grande Mike Tyson do boxe disse que "um lutador feliz é um lutador perigoso". Eu acho que ele está certo. Sou mais feliz – e mais perigosa – hoje do que eu jamais fui.

SEMANA 4

Na Semana 4, começamos a acelerar. Entre os treinos, gosto de tirar um cochilo. Eu costumava ter um apartamento temporário durante o treinamento de campo, mas depois eu comecei a reservar um quarto em um hotel próximo três dias por semana no último mês do treinamento. Eu descanso no hotel entre os treinos, mas vou para casa para dormir na minha própria cama à noite.

Fico quase totalmente isolada do mundo exterior durante o treinamento, emergindo apenas para aparecer na mídia. Não tenho energia para ver a família ou amigos. Não tenho medo de qualquer parte do processo, até mesmo as partes mais difíceis. Eu só respiro fundo e me concentro em me sair o melhor possível. Passei a abraçar a gratificação adiada a ponto de até mesmo apreciar passar pelas partes mais desafiadoras. Eu desmorono na cama todas as noites, orgulhosa do trabalho que fiz e saboreando as horas de descanso que eu mereci.

Durante o treinamento, Edmond é o chefe. É o trabalho do meu treinador me obrigar a fazer coisas que eu não quero fazer, especialmente quando se trata de me preparar para uma luta. Eu não discuto com ele, porque se eu chego ao ponto de ter uma atitude de "Eu não quero fazer isso" ou "Eu não vou fazer isso porque eu sou durona", então a máquina inteira se desmancha.

Também é aqui que começamos a entrar no aspecto mental da luta e o plano de ação contra a minha adversária. Examinamos suas tendências, antecipando como ela pode tentar me abordar e o que eu posso fazer para tirá-la de seu plano. Analisamos seus pontos fortes e buscamos formas de explorar todos os furos. O objetivo é criar uma situação em que eu me sinta completamente no controle e ela se sinta completamente dominada.

Foi durante a Semana 4 do treinamento de campo contra McMann que eu comecei a derrubar todo mundo na academia com um golpe no fígado, uma joelhada ou soco diretamente no fígado. O perigo de um golpe no fígado é que a dor é tão intensa que incapacita a pessoa temporariamente. Um golpe direto no fígado, e está feito.

As Semanas 5 e 4 são difíceis, mas a Semana 3 é a mais difícil.

SEMANA 3

A Semana 3 é a "Semana Difícil". A Semana 3 é o pico do treinamento de campo. É a semana em que eu faço o máximo de tudo. É a semana em que eu mais acerto o saco. É a semana em que eu mais treino luvas. É a semana em que eu mais treino luta. É a semana em que eu faço mais rounds no treino, em que eu luto mais tempo. O treino de luta é a parte mais importante, porque é a coisa mais próxima de uma luta real. O trabalho de luvas é tático, mas quando você está treinando luta, você está lutando. A luta de campeonato completa pode demorar cinco rounds de cinco minutos, então Edmond me faz fazer seis rounds. Dessa forma, eu sei que, se chegasse a isso, eu poderia chegar a cinco rounds no octógono e continuar disparando.

Não temos um cronograma definido para assistir a vídeos de lutas passadas da minha adversária, mas definitivamente assistimos a filmagens três semanas antes. Analisamos o que ela faz, examinando-a, procurando por padrões e identificando oportunidades.

No fim da Semana 3, sinto-me completamente demolida. Literalmente, quando não estou treinando durante a Semana 3, eu simplesmente me deito no chão ou na cama ou em qualquer lugar plano, exausta e penso: "Merda". A Semana 3 me leva mentalmente ao limite, que transborda para a Semana 2.

SEMANA 2

Na Semana 2, a síndrome das duas semanas me atinge. É quando fico mais nervosa. Antes da Semana 2, a luta parece estar muito longe. Três semanas é quase um mês, e um mês é muito tempo. Mas duas semanas antes, ela começa a ficar real. A luta está prestes a acontecer. Duas semanas antes é quando estou no meu momento mais emocional. Eu choro por qualquer coisa, ainda mais do que eu costumo chorar por qualquer coisa.

Meu corpo está mais arrasado, porque eu acabei de terminar a "Semana Difícil", e eu estou entrando na "Semana Veloz".

A Semana 2 é a Semana Veloz, porque trata-se de rounds curtos, de apenas ser rápida, trabalhando nos pés, trazendo minha velocidade e explosão de volta, coisas desse tipo. A Semana 2 é quando estou ficando muito, muito leve. Reduzimos o treino de lutas e tornamos os rounds muito curtos. Trata-se de ser rápida toda a semana.

No fim da semana, fazemos um monte de coisas divertidas. Edmond começa a trazer coisas que são como jogos, atirar e pegar a bola para manter meus olhos afiados. Ele corta espaguetes de piscina ao meio e me bate com eles. Ele joga toalhas na minha cabeça e me faz desviá-las. A Semana 2 é quando ele fica muito criativo. Ele tenta me deixar muito feliz durante essa semana. Ele até me pede para usar cores brilhantes, porque ele acha que deixa o ambiente mais leve. Assim que eu supero o choro dos primeiros dias, a Semana 2 é, na verdade, a semana mais divertida.

À medida em que a luta se aproxima, eu fico cansada de estar nervosa. Quando eu realmente parto para a luta, eu estou tão animada para fazer aquilo em que sou a melhor do mundo que eu nem fico mais nervosa. Agora, eu fico apenas impaciente, ansiosa para entrar no octógono e tratar de negócios.

SEMANA DA LUTA

A Semana da Luta é a última semana do treinamento de campo, a contagem regressiva para a Noite da Luta. Eu luto aos sábados.

Na segunda-feira à noite, eu arrumo todas as minhas coisas, o que é mais como eu jogo tudo o que eu acho que possa precisar nas minhas bolsas e, inevitavelmente, esqueço de algo.

Na terça-feira de manhã, todos nós nos encontramos na academia. Se a minha luta é em Vegas, nós vamos para lá. Nós nos encontramos na academia e partimos no fim da manhã em uma caravana automotiva. É Edmond, Martin, Marina, Justin, eu e algumas outras pessoas da academia. Eu gosto da viagem de carro, mas quando vou para Las Vegas para uma luta, eu não quero dirigir. Eu me sento no banco do passageiro e alguém pega a direção.

Nos dias antes da luta, eu ganho peso artificialmente. Uma semana antes, eu começo a comer muito sal e a beber dois litros de água por dia. Quando você se carrega de água, você põe tanta água em seu corpo quanto for possível e fica super-hiper-hidratado. Seu corpo se acostuma a se livrar de tanta água que, mesmo depois de cortar o sal, seu corpo continua descarregando a água por mais alguns dias. Eu incho de água. Meu peso é geralmente 66 kilos quando eu saio de manhã. Quando chego a Las Vegas, estou geralmente dois quilos e meio mais pesada, porque eu estou tão cheia de água. No caminho, eu bebo constantemente. Em cada saída da rodovia, eu digo:

— Eu tenho de fazer xixi. Eu tenho de fazer xixi. Eu tenho de fazer xixi.

Nós ouvimos música o caminho todo até lá e, quando entramos em Vegas, eu coloco "Bad Reputation" de Joan Jett a todo volume como um prelúdio do que está por vir.

Quando chegamos em Vegas, a primeira parada é os escritórios do UFC. Eu aviso da chegada, geralmente assino uns cartazes ou algo assim. Dolce me encontra e verifica o meu peso. De lá, eu vou para o hotel. Dolce me faz comer. Eu relaxo um pouco. Vou malhar à noite só para suar e perder peso e então como o que Dolce me manda comer. Então vou para cama.

Na quarta-feira da Semana da Luta, faço muita mídia. É quando eles fazem todas as pequenas participações na mídia. Nós filmamos as entrevistas pré-luta que as pessoas veem aparecer no telão antes de entrarmos. É a entrevista que menos gosto de fazer, porque eles tentam dizer para você o que falar e isso me irrita.

Depois disso, faço uma sessão de fotos em que eles tiram fotos de mim segurando o cinto para cartazes para a próxima luta. São tiradas supondo-se que eu vá ganhar, o que sempre acontece. Dessa forma, quando chega a próxima luta, eles já têm as imagens promocionais.

Quarta-feira é o último dia em que eu posso fazer refeições de verdade. Dolce traz um isopor com comida para mim com salada, tigelas de chia, legumes salteados, talvez uma omelete, frutas e lanches de passas e amêndoas. Tem todas as minhas águas e tudo o que eu poderia possivelmente precisar comer naquele dia.

Quinta-feira é o dia da coletiva de imprensa. Além da coletiva de imprensa, é quando eu faço entrevistas individuais por algumas horas. Depois de feito isso, sou deixada praticamente em paz quanto a obrigações até a pesagem no dia seguinte. Com o fim do circo da mídia, meu foco muda para atingir o peso. Não posso pesar nem mesmo uma fração acima de 135 libras (61,2 quilos) na pesagem.

Vou treinar novamente, apenas para suar um pouco. É agora que realmente começo a perder peso. Nos dias antes de uma luta, meu peso geralmente fica assim: terça-feira, tenho 151 (68,5). Na quarta-feira, já tenho 148 (67,1). Na quinta-feira, antes mesmo de começar a perda de peso, tenho geralmente em torno de 146 (66,2). Então eu começo os banhos para perder água e geralmente caio de 146 (66,2) para 138 (62,6).

Na quinta-feira de manhã, eu paro de beber goles d'água e começo a bebericar. À tarde, eu realmente começo a cortar a água. Um erro que muita gente comete é cortar a água muito cedo. Eles cortam a água a semana toda. Eu apenas corto a água nas últimas vinte e quatro horas. Na quinta-feira à noite, verifico meu peso, treino, verifico ele novamente e então tomo dois banhos para suar um pouco antes de dormir. Na quinta-feira à noite, estou com fome e desidratada e não durmo muito bem.

Então eu acordo entre 138 (62,6) e 137 (62,1) na sexta-feira de manhã, tomo mais dois banhos para perder as duas últimas libras antes da pesagem e atingir 135 (61,2). Eu já não sinto mais o estresse que eu sentia quando eu perdia peso no judô.

Sexta-feira é quando temos a pesagem e a foto do confronto. Eu desço para a pesagem pronta para lutar. Durante a pesagem, algumas garotas chegam e tentam parecer duronas, enquanto outras vêm de vestido ou biquíni, tentando parecer sensuais. Eu quero estar pronta para derrubá-la ali mesmo em caso de necessidade. Se minha adversária tentar começar uma briga no palco e eu tiver de mostrar a ela o que é brigar, eu quero ser aquela a acabar com tudo ali mesmo.

Uma vez que ambas nos pesamos, as duas lutadoras se enfrentam para a foto do confronto. Olhando nos olhos de McMann, eu pensei:

– Eu vou acabar com você amanhã.

Depois da pesagem, Edmond desaparece. Ele vem me ver, mas me deixa em paz. Eu vou para os bastidores com a minha família – minha mãe, geralmente minha irmã Maria, seu marido, minhas sobrinhas, em raras ocasiões, minhas irmãs Jennifer ou Julia – e os seguranças nos levam pelos túneis ocultos de volta para o meu quarto. Eu bebo água para me reidratar e como tudo o que Dolce arrumou para mim.

Nós nos deitamos na minha cama e minha mãe me diz todas as razões por que eu vou destruir a outra garota em menos de vinte e quatro horas. É um ritual que temos desde que eu era uma garotinha. Ela lista todas as razões por que eu sou a melhor do mundo como se fosse uma história para dormir.

Na sexta-feira à noite, eu tento ficar acordada até o mais tarde possível. Ao fechar os olhos na cama, eu sei que me preparei e que estou no meu auge. Reflito sobre todo o trabalho duro que me trouxe até este momento, não só no treinamento de campo, mas nos dias, semanas, meses, anos, décadas que o precederam. Abro os olhos pela última vez e, olhando para a escuridão, eu sei que mesmo se eu estiver na minha pior forma, ninguém vai me vencer.

Quando eu adormeço, durmo bem.

NÃO PERMITA QUE NINGUÉM O FORCE A DAR UM PASSO PARA TRÁS

Às vezes você fica sobrecarregado e você dá passos para trás, muitas vezes sem sequer perceber. Nós estávamos treinando socos na academia quando meu treinador Edmond parou o treino.

– Quando você estava fazendo judô, se você tinha foco, alguém poderia fazer você dar um passo para trás na sua vida inteira? – ele me perguntou.

– Não, claro que não.

– Se você tinha seu foco no judô, alguém conseguiria fazer você dar um passo para trás sequer uma vez? – Edmond me pressionou.

– Não.

– Então, por que eu consigo fazer você dar um passo para trás enquanto treinamos? Você não deveria dar um único passo para trás na porra de sua carreira.

> Edmond estava certo, é claro. Eu tinha permitido ser empurrada para trás para as cordas na academia sem sequer perceber. Um lutador nunca quer ser empurrado contra a gaiola. Uma vez que ele apontou minha fraqueza, eu a corrigi. Ninguém tem o direito de me fazer recuar. Mesmo que essa pessoa seja fisicamente mais forte do que eu, eu deveria ser inteligente o suficiente para não dar esse passo para trás.
>
> Eu não recuei desde aquele dia.

Com um minuto de luta no UFC 170 em 22 de fevereiro de 2014, peguei Sara McMann pelo braço, enfiando meu joelho do seu lado e acertando direto no fígado. Ela se contorceu, indefesa, e eu soube que a luta havia terminado. O árbitro saltou entre nós, chamando um nocaute técnico. Foi a minha primeira vitória no MMA que não veio de uma chave de braço. Peguei Edmond de canto de olho e podia dizer que estava o mais feliz comigo que já estivera.

Saindo dessa luta, eu também estava me sentindo muito feliz. Eu tinha dado uma surra impressionante nessa garota, e minha vida amorosa estava otimista.

Eu sempre tive uma política rigorosa contra namorar lutadores. Acredito em manter os negócios e a vida pessoal separados. Além disso, passando o dia todo ao redor de lutadores na academia, eu ouço o jeito como eles falam sobre as garotas.

Comecei a sair com "Norm" antes mesmo de começar com o UFC. No início, éramos apenas amigos. A principal razão para eu sequer andar com ele tinha mais a ver com proximidade do que com química; ele morava no meu bairro.

– Você quer fazer alguma coisa? – ele perguntou.

– Olhe só, a única hora que eu tenho para fazer alguma coisa é, se você puder passar na minha casa às seis da manhã e me levar para fazer *skimboard*, então nós podemos fazer alguma coisa.

Ele acordava antes do sol nascer, só para ter a chance de passar tempo comigo. Ele era exatamente o oposto do Cara Bonito do Parque de Cães nesse respeito e, considerando que o CBPC tinha roubado meu carro para ir a um traficante de drogas, a diferença entre os dois caras parecia um bom sinal.

Norm me fazia rir. Ele me chamava de "Mulher-Maravilha". Então, um dia, estávamos fazendo *skimboard* na praia, e ele começou a fazer umas piadas muito bobas. Ele fingiu fazer uns movimentos furtivos não tão furtivos assim, e eu caí na gargalhada e foi assim que começou.

Esse momento na minha vida marcou o início de muitas coisas. Eu comecei no UFC. Eu me mudei para minha nova casa. Eu rodei meu primeiro filme. Ficar com Norm era uma coisa fácil e casual em minha vida muito caótica.

Norm não tinha família em Los Angeles, então eu o trouxe para casa na Páscoa.

– O que vocês acharam? – eu perguntei a minha família depois.

– Ele parece um babaca – disse Jennifer.

– Eu não sei – disse minha mãe. – Ele parece bom. Um pouco impressionado demais consigo mesmo.

– Bom? – perguntei. Era difícil entender minha mãe. – Bom babaca ou bom legal?

Minha mãe apertou os lábios e pensou.

– Bem, o problema é que você estabeleceu um padrão com seu primeiro namorado – minha mãe disse. – Honestamente, depois de Dick, você pode trazer para casa um gorila e nós diríamos tipo: Ah, olá, muito bem, senhor. Prazer em conhecê-lo. Posso lhe oferecer uma banana?

Não foi uma grande aprovação para Norm.

Quando voltei da Bulgária e estava treinando para minha luta contra Tate, Norm me disse que eu tinha muita sorte, que era "muito mais fácil ter sucesso na divisão feminina" do que era na masculina. Então, logo antes da minha luta com Tate, ele me disse que não estava dando certo.

– Eu não quero ter de responder a ninguém – disse ele.

Mas depois que eu ganhei, ele disse que tinha cometido um erro enorme e me pediu para voltarmos.

Poucas semanas antes da minha luta com McMann, ele disse:

– Eu não estou pronto para ter um compromisso.

Três semanas depois, apenas alguns dias antes da minha luta, ele apareceu na minha porta no Dia dos Namorados, pedindo desculpas e se oferecendo para me levar para umas férias exóticas. Eu fiquei relutante em entrar em mais um round. Mas fomos para a floresta tropical na semana depois da minha vitória.

Nós tínhamos acabado de voltar da nossa viagem, e eu estava de pé na sua cozinha quando ele mostrou a pequena caixa. Dentro havia um colar de ouro branco com um pingente de diamante. "Mulher-Maravilha" estava inscrito na parte de trás. Eu fiquei eufórica ao vê-lo fazer tal esforço.

– Eu quero namorar com você de verdade desta vez – disse ele.

Eu também queria isso.

– Não perca isso – disse ele, referindo-se ao colar. – Gastei muito dinheiro nisso.

Ele disse que queria ficar comigo. Mas ele também queria que eu fosse coisas que eu não era. Ele queria que eu lavasse a louça. Ele queria que eu lavasse sua roupa. Ele queria que eu limpasse as coisas de manhã. Ele queria que eu me arrumasse melhor e me vestisse melhor, e fizesse as unhas melhor e minha maquiagem melhor e coisas assim. Ele queria que eu fosse uma garota que eu não era. Ele sempre fazia eu me sentir como se eu fosse muito bagunçada, como se eu não fosse doméstica o suficiente, como se eu não fosse feminina o suficiente.

A verdade é que, às vezes, eu sou transformada em uma modelo de capa de tapete vermelho. Uma equipe de maquiagem, cabelo e estilistas trabalham em mim como uma equipe do NASCAR. Quando eles terminam, eu me olho no espelho e penso:

– Caralho, eu estou linda.

Mas na maioria das vezes, eu pego meu carro depois de um dia de dois treinos depois de meus treinadores e parceiros de treino socarem, repetirem e lutarem comigo até meu corpo doer. Eu saio machucada e dolorida e com roupas largas. Eu ainda estou suando, mesmo depois de tomar um banho, porque eu malhei muito. Depois disso, eu me sento no carro e penso:

– Caralho, eu pareço um *ieti*.

Eu sou mais assim.

Com dois papéis no cinema sendo finalizados e duas lutas do campeonato do UFC no meu cinturão, eu pensei:

– Talvez muita gente me diga como eu sou incrível o tempo todo.

Talvez Norm servisse como uma espécie de sistema de freios e contrapesos do ego. Mas ele nunca me chamava de linda. Ele nunca fazia elogios.

– Foi um ótimo investimento – ele disse uma noite sobre uma garota na minha divisão que supostamente colocou implantes de seios.

Eu tentei esconder a minha decepção. Ele nunca me elogiava pelo meu corpo. Vê-lo admirando os peitos de outra garota me acertou no coração e no orgulho. Foi uma sensação familiar demais.

– Que coisa bem Dick de se dizer – eu pensei comigo mesma, pensando em IttyBitty.

Mas eu estava tentando justificar ficar com alguém que fazia eu me sentir mal sobre mim mesma. Ele se tornou frio. Ele nunca me beijava do nada. Ele nunca arrumava meu cabelo atrás da minha orelha. Ele nunca queria sair com meus amigos.

Então, um dia, eu acidentalmente deixei o meu colar no banheiro em uma academia. Voltei depois do treino e alguém tinha tirado ele de lá. Eu não queria falar nada sobre isso. Meu coração doía por perdê-lo. A ideia de ter de contar a ele que seu presente se foi fazia meu estômago doer.

Um dia, ele mencionou que não me via usando ele. Comecei a chorar.

– Escute, eu o perdi – eu disse. – Eu não sei como, mas eu ando procurando por ele.

– Bem, eu nunca mais vou cometer o erro de comprar algo caro para você – disse ele.

Pensei em meu pai. Quando meus pais ficaram noivos, meu pai deu a mamãe um anel. Ela o perdeu. Chateada, ela deu a notícia a meu pai. E ele ficou feliz.

– Tudo bem – disse ele. – Você merece um anel melhor de qualquer maneira.

Ele lhe comprou um anel melhor.

Eu sabia que Norm nunca seria nada parecido com meu pai.

Eu já tinha passado por um relacionamento inteiro em que alguém tentou me domar e me mudar, e lá estava eu deixando alguém me tratar da mesma forma. Eu queria terminar com ele naquele momento, mas nós dois tínhamos lutas se aproximando. Nunca se mexe com um lutador antes de uma luta. Bem, eu nunca mexo.

Ele retornou da sua luta, que ele perdeu, e duas semanas antes da minha luta contra Alexis Davis, Norm terminou comigo pela última vez. Foi bem no meio da síndrome das duas semanas, quando estou no momento mais emotivo.

Meu pai não era lutador, mas ele tinha aprendido isso quando ele propôs a minha mãe quando ela estava treinando para o campeonato mundial. Ele voou para Nova Iorque e lhe pediu para casar com ele.

– Eu respondo depois – disse minha mãe. – Agora estou ocupada.

E, naquele momento, enquanto eu me preparava para Alexis Davis, eu estava ocupada. Algo dentro de mim estalou. Norm não me respeitava, mas eu precisava de autorrespeito.

– Quer saber? Esta é a terceira luta em sequência em que você fodeu comigo logo antes da luta – eu disse. – Engane-me uma vez, a culpa é sua. Engane-me duas vezes, a culpa é minha. Engane-me três vezes, eu sou uma porra de uma idiota. Pareço uma porra de uma idiota para você? Eu nunca mais vou voltar.

Eu nem fiquei triste com o rompimento. Eu tinha chegado à conclusão de que "Norm" era meramente mediano no que se tratava de tudo: aparência mediana, inteligência mediana, lutador mediano. Não há nada realmente excepcional nele além do fato de que ele foi um namorado excepcionalmente de merda.

Eu não chorei. Todas as outras vezes em que tivemos problemas e todas as outras vezes em que ele fodeu comigo antes das outras lutas, todas as outras vezes que terminamos, eu chorei. Desta vez, sequer uma única lágrima saiu dos meus olhos.

Eu fiquei furiosa que eu me permiti cometer muitos dos mesmos erros que eu já tinha cometido anos antes. Mas eu nunca ia deixar alguém me fazer sentir dessa forma novamente.

Como um relógio, ele logo começou a enviar mensagens me dizendo: *Eu cometi um erro*. Refletindo sobre nossa relação, tudo o que eu conseguia pensar era: – Sim, eu também. – Nós nunca nos falamos de novo.

Eu não ia me sentar e me sentir mal por causa desse idiota. Eu tinha uma luta chegando. Toda vez que ele fodeu comigo antes de uma luta, a outra garota pagou.

Eu pensei comigo mesma enquanto eu caminhava para o carro:

– Se isso é o prenúncio de como esta luta vai ser, essa guria vai ser assassinada.

Meu confronto com Alexis Davis era em duas semanas, e eu estava muito ansiosa por essa luta.

A RESPOSTA É: NÃO HÁ RESPOSTA CERTA

As pessoas sempre perguntam:

– E se alguém tiver a resposta para a sua chave de braço?

Eu sempre digo a eles que não importa o que a minha adversária tente fazer, vou ter uma resposta. Depois, há uma resposta a minha resposta, e há uma resposta a essa resposta. Eu decoro todas as possíveis respostas, então eu me recupero muito mais rápido do que a outra consegue se recuperar.

Alguns dos meus críticos dizem que eu só faço o mesmo movimento de novo e de novo. Eles não percebem que cada pessoa com que eu lutei estudou todas as minhas chaves de braço, e elas tentaram um tipo diferente de reação correta todas as vezes, mas não há resposta certa.

Dependendo do que minha adversária faz, há uma reação diferente para tudo. Cada chave de braço que eu fiz é totalmente diferente para mim. Só porque ela acaba parecendo a mesma não significa que eu cheguei lá da mesma maneira.

Existem mais de 100.000 maneiras de obter o mesmo resultado.

Após a luta contra McMann, fui selecionada para o filme *Entourage: Fama e Amizade*. As filmagens foram fantásticas, mas me fizeram sentir saudades de lutar. Eu sabia que meu joelho precisava de intervenção cirúrgica, mas queria lutar mais uma vez antes de passar meses me recuperando.

Eu lutei contra Alexis Davis no UFC 175 no fim de semana do feriado de 4 de julho de 2014, em Las Vegas. Foi minha décima luta profissional. Falou-se sobre ela ser uma das minhas lutas mais difíceis porque, semelhante ao meu treinamento de judô e boxe, ela tinha uma faixa preta em jiu-jítsu brasileiro e era famosa por seus golpes de muay thai. Ela nunca tinha sido finalizada por submissão. O que as pessoas tentando traçar paralelos entre as nossas semelhanças não entendiam era que nenhuma mulher no planeta é capaz de alcançar meu estilo.

O tempo todo que eu estava subindo no MMA, Edmond costumava me dizer que os estilos fazem as lutas. Os estilos de duas pessoas em uma luta podem trazer à tona o melhor de cada lutador, e a luta em si poderia ser melhor. Ou os estilos poderiam ser tão incompatíveis, o meu estilo ser tão bom contra o seu, que mesmo que estejamos em um nível de habilidade igual, vai parecer uma luta extremamente desequilibrada.

Não importa quem lutasse comigo, não importa seu nível de habilidade ou seu estilo, eu queria que cada luta parecesse uma luta extremamente desequilibrada.

Quando me propus a fazer MMA, eu queria criar um estilo que nunca poderia ser derrotado. Não se tratava de ser boa no judô ou boxe, tratava-se de criar o estilo perfeito para o MMA; seria um que não tivesse fraquezas. Eu passei anos construindo esse estilo. É algo em que vou continuar a trabalhar por toda minha carreira, mas quando enfrentei Davis, eu sabia que ninguém poderia igualar-se a mim no octógono.

Durante os preparativos para a luta, perguntaram a Davis várias vezes sobre minha chave de braço.

– Eu definitivamente acho que eu vou conseguir parar a chave de braço – disse Davis. – É algo que eu treino constantemente todos os dias... Não é um problema para mim. Outros faixas-preta me dão chaves de braço todos os dias. Eu não tenho medo de dizer isso, mas quer saber? Eu me defendo de chaves de braço mais frequentemente do que as recebo.

O que ninguém parece perceber é que eu tento entrar diferente para cada luta, então qualquer vídeo que minha adversária estava estudando antes fica obsoleto quando ela entra para lutar comigo.

Apesar do fato de que eu tinha mantido a luta em pé contra McMann, eu acho que Davis também esperava que eu fosse logo tentar derrubá-la porque ela luta com golpes e socos. Mas desta vez, em vez de atacar de imediato, pela primeira vez em uma luta, eu simulei ou fingi que ia dar um soco e então não o fiz. O objetivo era desorientá-la.

Eu fingi no início, e ela reagiu. Eu soquei duas vezes. Ela tentou vir e me acertar de direita, mas ela estava totalmente desequilibrada. Se ela tivesse jogado um travesseiro em mim, teria tido mais impacto do que seu soco.

Eu dei um 1-2 e pulei para fora do caminho. Soquei novamente, então saí do caminho. Eu estava medindo a distância entre mim e ela. Eu sabia exatamente onde ela ia estar do outro lado dos meus socos.

Desta vez, eu mostrei um soco direto e aí entrei com um direito de cima.

Quando você acerta alguém com um golpe de nocaute, é como se pudesse sentir a conexão de seus dedos até o chão. Com aquele soco no rosto de Davis, eu tive certeza de que meu punho tinha acertado a terra. Eu a soquei com tanta força que quebrei minha mão.

Bum. Acabou. Ou, pelo menos, poderia ter acabado.

Depois que eu a acertei com o direito de cima, eu já sabia que ela estava apagada. Ela estava dormindo. Eu poderia ter ido embora ali mesmo.

Mas as vaias da luta contra McMann ainda ecoavam nos ouvidos. Quando eu venci McMann, os fãs de luta tinham criticado a decisão de nocaute técnico, debatendo se o árbitro tinha decidido rápido demais. Desta vez, o árbitro não disse nada. A luta ainda estava acontecendo.

Eu segurei Davis e dei uma joelhada, aí a joguei no chão. Caímos no chão, e eu continuei dando socos em uma rápida sucessão.

Um, dois, três, quatro, cinco, seis, sete, oito, nove.

O árbitro pulou no meio. Davis nem sabia onde estava.

A luta inteira durou dezesseis segundos. Foi a segunda vitória de luta pelo título mais rápida da história do UFC.

Eu nunca vou saber se Alexis Davis tinha uma resposta para minha chave de braço, mas ela com certeza não tinha nenhuma resposta quando se tratava de me parar.

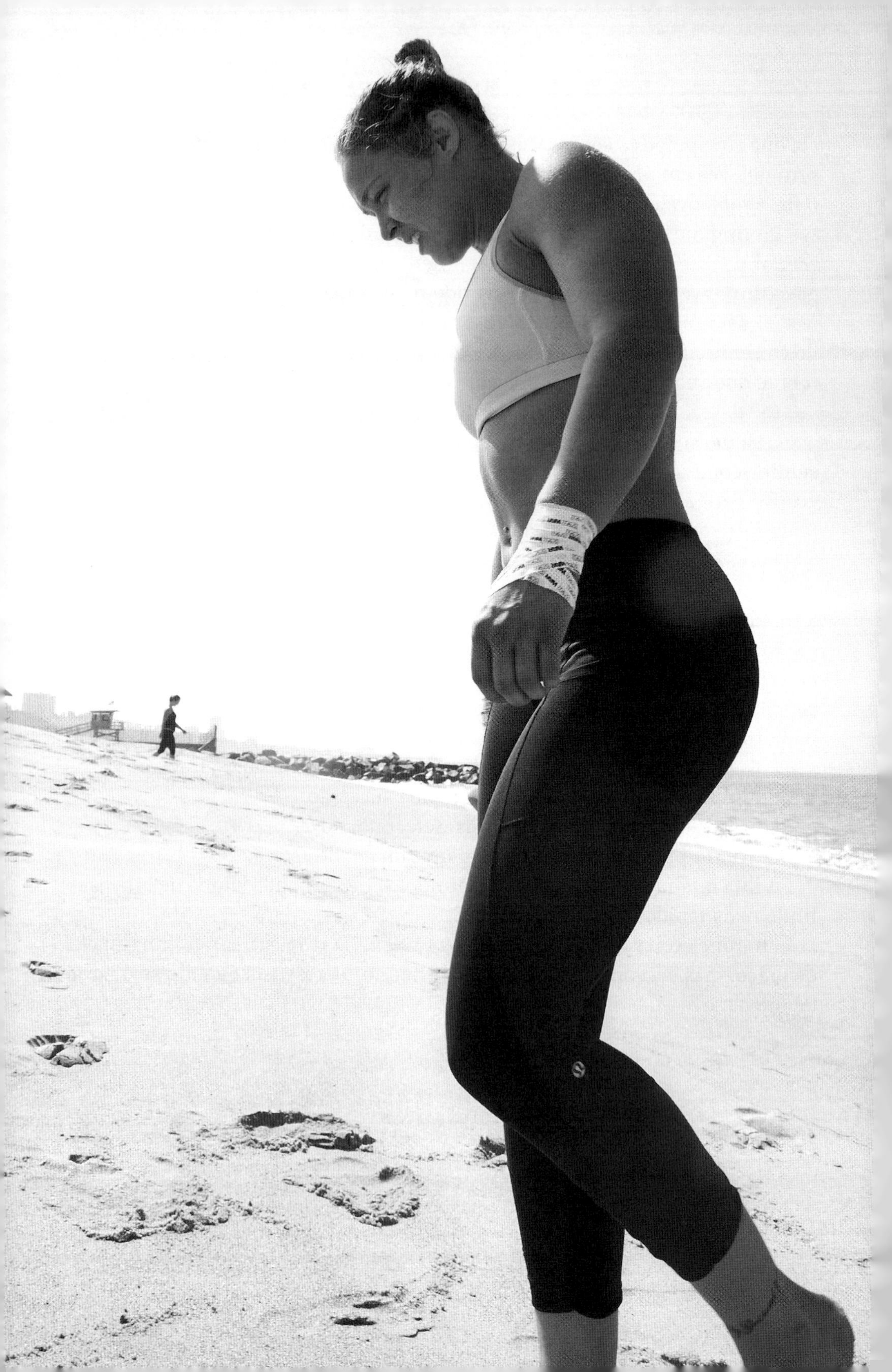

JÁ PASSEI POR ISSO

> Algumas lições têm de ser vivenciadas para serem compreendidas.

Após a luta contra Davis, eu tive uma cirurgia dois-em-um, na qual os médicos limparam meu joelho e inseriram um pino na minha mão direita quebrada. Sete meses depois, meu joelho parecia melhor do nunca e eu tinha desenvolvido um gancho de esquerda dos bons. Eu estava pronta para outra luta.

Eu vinha me preparando há quase dois anos para enfrentar Cat Zingano.

Nossa luta no *Ultimate Fighter* tinha sido cancelada quando ela machucou o joelho, mas eu sabia que nos enfrentaríamos um dia.

Durante sua recuperação, seu marido cometeu suicídio, deixando Cat e seu jovem filho. Eu sabia que ela estava passando pela luta mais difícil de sua vida. Mas Dana nunca vacilou em sua crença de que ela merecia uma disputa pelo título. Ela ainda era a candidata número 1 a desafiar meu cinturão. Depois de um ano e meio, Cat retornou ao octógono no fim de setembro de 2014. Após sua vitória de retorno, nossa luta foi escalada como uma de duas do evento principal do UFC 182. Nós nos enfrentaríamos logo após o Ano Novo. Mas Cat estava lidando com uma lesão nas costas e, uma semana após o anúncio da luta, seu treinador pediu para a luta ser postergada. O UFC concordou, remarcando nossa disputa para 27 de fevereiro de 2015, quando eu lutaria na frente do público da minha cidade no Staples Center de Los Angeles.

Depois que Cat solicitou o adiamento, Dana me informou que eles tinham outra lutadora se preparando para me enfrentar caso Zingano desistisse. Eu sempre me preparava para a luta e não para a adversária, mas essa abordagem assumiu um significado inteiramente novo desta vez. Zingano é uma lutadora canhota como eu. A outra garota luta com a mão direita.

Mas Cat compareceu.

Naquela noite, no vestiário, Edmond me aqueceu.

– Esta é uma luta histórica – disse ele. Ele nunca tinha dito isso antes, nem quando eu enfrentei Miesha pelo título do Strikeforce, nem quando eu enfrentei Carmouche na estreia das mulheres no UFC. Mas ele estava certo, algo sobre esta noite era diferente.

Minutos depois, eu estava marchando pelo corredor, com os coturnos, o capuz, com a cara de luta, nasci pronta. Eu olhei para o outro lado da gaiola para Zingano, acompanhando seus passos para a frente e para trás. O árbitro nos chamou no centro.

Nós tocamos as luvas.

A luta começou.

Cat veio com uma joelhada voadora. Eu me esquivei para a esquerda. Ela errou, agarrando-me e tentando me arremessar. Eu me virei para trás de carrinho e girei para fora. Quando aterrissamos, eu virei Cat, ficando em cima dela. Ela esticou as pernas para longe de mim e ficou de quatro, tentando escapar. Eu continuei segurando seu cotovelo esquerdo, tentando puxá-la de costas para que eu pudesse montar. Eu joguei uma perna sobre suas costas e sabia que a pegada em seu cotovelo estava escorregando. Eu programei o momento certo para largá-la e prendi sua outra mão atrás do meu braço. Alguma coisa parecia certa. Virei para o meu lado esquerdo e joguei minha outra perna por cima do seu pescoço. Eu puxei o braço em linha reta e aí arqueei meus quadris. Ela bateu com a mão.

Quando estou na gaiola, minha percepção do tempo muda. Eu estou processando tantas informações que é como se o mundo ao meu redor ficasse mais lento. Mas minhas sinapses estão disparando tão rapidamente e meus músculos estão se movendo tão rapidamente que é como se o mundo estivesse em alta velocidade. Cada segundo é individual em si.

Em termos de segundos em um relógio, a minha luta contra Cat Zingano durou quatorze.

Foi a submissão mais rápida da história do UFC e a vitória mais rápida em uma luta pelo título do UFC.

Eu pulei, vitoriosamente. Cat ficou encolhida no chão.

Pela primeira vez na minha vida, eu vi uma pessoa no chão. Eu reconheci a decepção no rosto. Era o mesmo que sentir a dor de ter seu coração arrancado de seu peito e esmagado na sua frente que senti quando perdi os Jogos Olímpicos.

Pela primeira vez na minha carreira, eu me ajoelhei e abracei minha adversária.

Senti empatia. A lesão no joelho. A morte de alguém que você ama por suicídio. Construir algo, acreditando que vá resolver todos os seus problemas e tirar toda a sua dor. Perder.

Eu já tinha passado por isso, enfrentando o mesmo tipo de devastação. A dormência esmagadora. A descrença.

Era estranho para mim me importar. Em cada luta, eu olho para aquela pessoa que perdeu, vejo a devastação e penso: – Ela estava tentando fazer a mesma coisa comigo – e eu realmente não me sinto tão mal assim.

Eu senti como se eu soubesse desde o momento em que nasci que isso não ia dar certo para Cat. Esse cinturão não era para ser dela, assim como uma medalha de ouro olímpica não era para ser minha. Mas eu também sabia que os piores momentos da minha vida me trouxeram até os melhores momentos. Perda. Mágoa. Lesão. Eu tinha vindo a compreender que cada evento foi necessário para me guiar até onde estou hoje. Eu esperava que o mesmo fosse verdade para Cat.

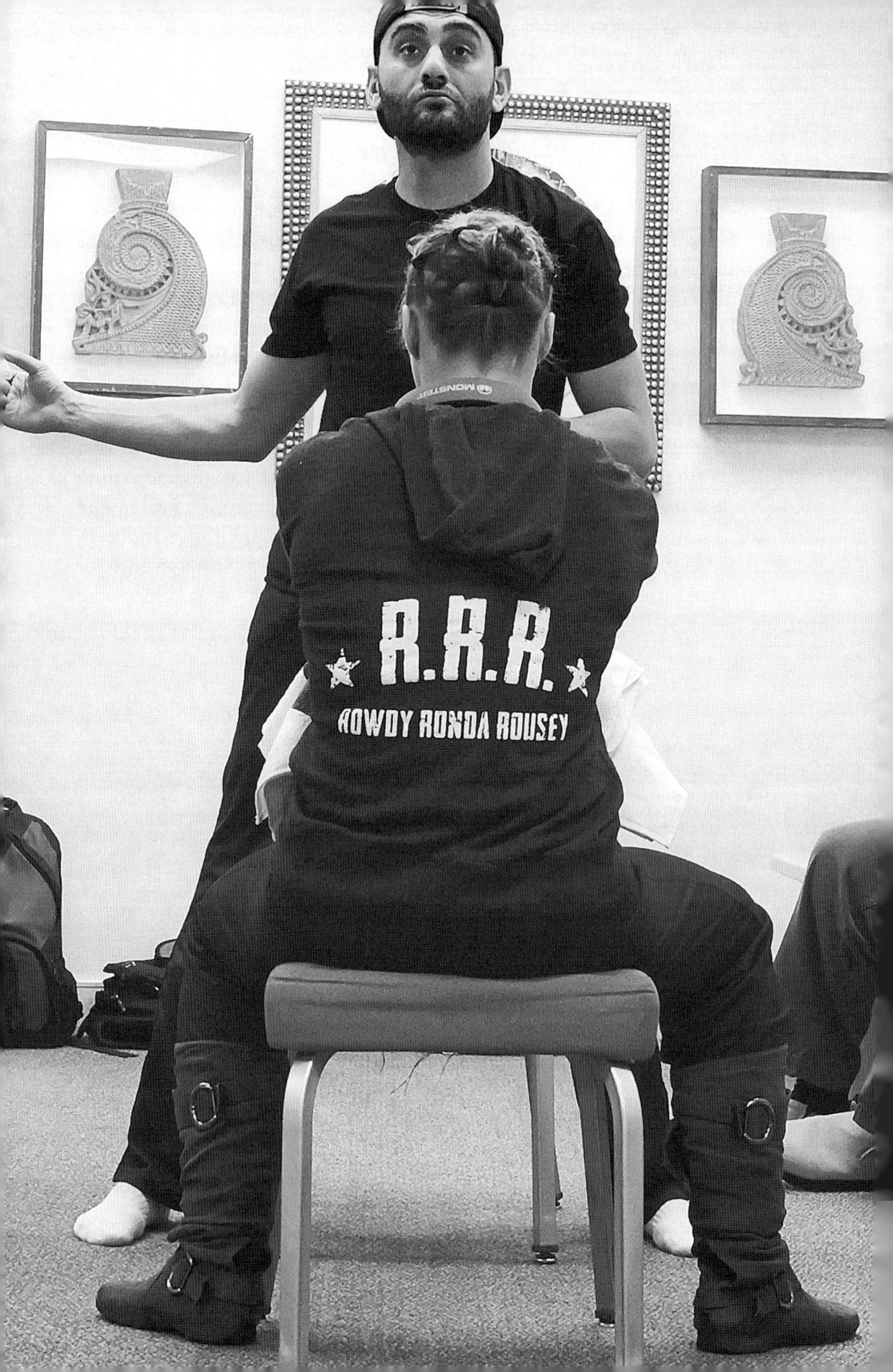
R.R.R.
ROWDY RONDA ROUSEY

A PARTE MAIS DIFÍCIL É SABER QUANDO PARAR

Sempre haverá mais uma luta em que as pessoas vão dizer:

– Você não pode ir embora. Você não lutou com essa pessoa.

Sempre haverá outra pessoa. Não há nenhuma situação que exista em que, quando chegar o dia em que eu quiser me aposentar, as pessoas não vão pensar que eu fui covarde por não aceitar aquela última luta.

Eu só vou ter de encontrar uma maneira de aceitar esse fato e reconhecer quando for realmente a hora de eu ir embora.

Após minha vitória sobre Cat, sentei-me na coletiva de imprensa nos bastidores e todo mundo queria saber o que eu ia fazer a seguir. Venho dominando há tanto tempo e sei que ninguém nunca vai me vencer na gaiola. Nenhuma garota nunca vai olhar nos meus olhos e ver o medo que eu vejo quando eu olho para o outro lado do octógono no início de uma luta. Eu nunca vou ter medo de ninguém.

Mas uma coisa de que tenho medo é a aposentadoria.

Vencer é viciante. O barato é muito alto. É muito arriscado. Há mais em jogo cada vez que eu luto. Eu recebo uma nova dose cada vez que eu defendo meu cinturão. Mas vencer só dura um certo tempo.

Quando eu finalmente parar de lutar, quando eu me afastar do MMA e não conseguir mais o barato, como é que eu vou lidar com isso?

Minha mãe sempre diz que, quando você é mais jovem, você ama a montanha-russa e, quando você é mais velho, o carrossel começa a parecer um pouco mais agradável. Um dia, em breve, eu não me importaria com umas vitórias de menor risco, que queimem mais lentamente ao invés das flamejantes e quentes. Em algum momento, vou ficar velha demais para os brinquedos de emoção.

Eu estou pensando no que vem a seguir. Eu me preocupo muito sobre isso. Estou com medo de acabar na mesma confusão que fiquei após os Jogos Olímpicos de 2008. Estou tentando identificar todos os erros que cometi naquela época para não cometê-los novamente. Naquela época, eu sequer tinha um plano B. É por isso que estou me certificando de que eu tenha outras opções em mente, como atuar. Agora, estou pensando nos planos B, C e D.

Também me preocupo que não conseguirei ficar afastada. Sempre serei uma lutadora, mas não quero ser aquela pessoa que se aposenta, depois volta porque não consegue lidar com a aposentadoria. Eu quero que minha aposentadoria seja definitiva.

Minha vida se transformou em algo muito maior do que eu pensava. Enquanto eu perseguia esse sonho, eu não tinha dinheiro. Eu me preocupava se minha próxima multa de estacionamento me deixaria sem dinheiro para o aluguel. Eu me preocupava em encher meu tanque de gasolina para que eu pudesse chegar ao meu terceiro trabalho. Quando finalmente cheguei no Strikeforce e então no UFC, pela primeira vez, eu comecei a pensar em mais do que apenas eu mesma. Eu tinha criado o emprego que eu queria e eu, inadvertidamente, criei algo não apenas para mim, mas para todas as outras mulheres também.

Quando eu comecei no MMA, eu não estava tentando mudar o mundo. Eu estava tentando mudar a minha vida. Mas, uma vez que a minha vida mudou, eu percebi que não era suficiente. Então passou a tratar-se de mudar o mundo.

Depois que me tornei a campeã, percebi que isso não é tudo o que existe. Tenho de pensar sobre o que vai me satisfazer por toda a minha vida, o que vai me sustentar. Ainda mais significativo do que ter o título é ter um legado.

Eu penso sobre Royce Gracie, que foi o primeiro campeão do UFC. A primeira vez que fui ao Staples Center foi para ver uma luta do UFC na Fox. Ele entrou na arena e sentou-se na primeira fila, e havia algo sobre o olhar de satisfação que ele tinha em seu rosto quando olhou ao redor para algo que ele havia criado.

Isso é o que eu quero.

Lutar tem um preço. Fisicamente, você só consegue aguentar até certo ponto. Mentalmente, você só consegue aguentar até certo ponto. Mal posso esperar pelo dia em que eu possa abdicar do meu cinturão e deixar outras duas garotas lutarem por ele. Mesmo que saiba que eu poderia vencer aquelas garotas e tomar o cinturão de volta, vou aceitar que é a sua vez de carregar o cinturão, o título e tudo o que ele representa. Quando esse dia chegar, não será mais apenas minha responsabilidade. Quando isso acontecer, o MMA feminino será autossustentável. Quando isso acontecer, quero ser como Royce Gracie, observando a próxima geração de lutadores com uma sensação de satisfação. Quero ser aquele cara, na primeira fila, apresentando os meus filhos a todos.

Esse dia está em algum lugar no horizonte, mas ainda não está aqui. Eu não acho que o MMA feminino está pronto para eu ir embora. Eu também não estou pronta.

Neste momento, eu ainda estou vivendo de golpe em golpe.

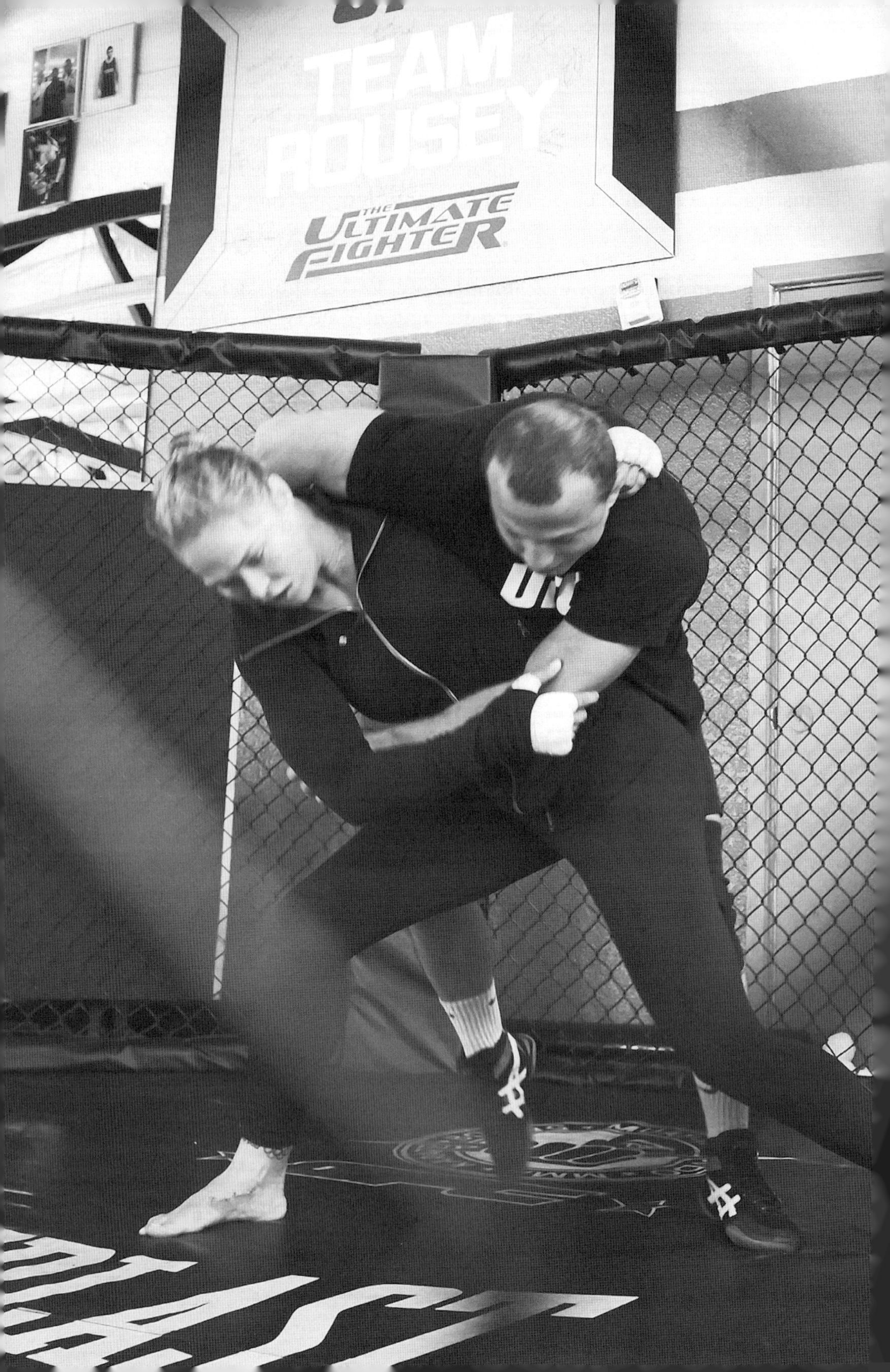
TEAM
ROUSEY
THE ULTIMATE FIGHTER

VENCER

A luta terminou.

Eu continuo até o árbitro literalmente me tocar, me sacudir e me agarrar para me informar que eu venci.

Eu consigo sentir minha adversária amolecer, consciente ou não. Cada músculo em seu corpo admite a derrota. Não acho que ela sequer acreditava que poderia me vencer, mas tinha esperança. Agora, lhe resta nada além de dor latejante e suas tentativas de compreender como tudo deu tão errado para ela tão rápido.

Eu pisco. Eu sempre pisco.

A experiência não é bem como emergir de debaixo d'água, embora o som da multidão pareça assim. Não é como emergir de uma sala escura, mas as luzes da arena parecem assim.

Você tinha superantolhos, sem visão periférica, e tampões de ouvido e agora passa a ver e ouvir tudo de uma vez. É tão superestimulante quanto uma experiência pode ser.

Sou inundada de alívio. Então de alegria. É difícil digerir tudo de uma vez.

Aliviada e feliz, a multidão está no volume máximo, e as luzes estão em pleno brilho com o holofote reluzindo no meu rosto. Todos os músculos no meu corpo, que segundos atrás estavam contraídos, prontos para agir a qualquer momento em combate corpo a corpo, estão relaxados. Todas essas emoções que eu estava bloqueando me invadem, e muitas coisas estão acontecendo na minha cabeça de uma só vez.

É difícil retornar, voltar à realidade.

Deveria ser o meu momento. É o meu momento. Mas eu não sei o quanto estou presente naquele momento. Acho que esses momentos são os meus mais ininteligíveis.

Um microfone é empurrado na minha frente, e eu abro minha boca para falar. É difícil de se comunicar neste ambiente. Eu ouço a pergunta. Eu deixo meus lábios formarem uma resposta, esperando que meu cérebro acompanhe depois. Eu reconheço minha adversária, agradeço a multidão, dou-lhes um pouco de espetáculo e tento ser um pouco teatral. Eu não faço ideia de como as palavras saem, já que parecem sair da minha boca em um amontoado incoerente.

Conforme me afasto, através da multidão e com os braços ao redor da minha família, de volta dentro do túnel, depois de todas essas lutas, o sentimento é sempre o mesmo. Há um sentimento de realização. Há um sentimento de satisfação. Eu me sinto segura.

Acima de tudo, há o conhecimento indiscutível de que sou a maior no meu papel na história do mundo.

OBRIGADA...

A minha mãe, por tudo o que você fez, por tudo o que nos ensinou e por nos deixar utilizar alguns de seus brilhantes mamãe-ismos para este livro; a Jennifer, por sempre me dizer a verdade; a Julia, por ser Julia; a Dennis, por nos aceitar e achar que ele é que fez o melhor negócio; a Eric, por ser um marido incrivelmente solidário e nos apoiar neste caos; a Eva, Emilia e Calum, vocês são o futuro; a Edmond, meu kyank[20], mentor, companheiro, mestre e amigo; a Dana White, Lorenzo Fertitta e Frank Fertitta, por assumirem o risco; a meu agente, Brad Slater da William Morris Endeavor, por sempre acreditar em mim; a Marina, meu pé no chão; a Jessamyn, meu abraço favorito; a Shayna, Vegeta do meu Goku; para Jessica Lee Colgan, você é uma dádiva de Deus; a meu time: Justin Flores, Martin Berberyan, Manny Gamburyan, Gene LeBell, Rener Gracie e Ryron, por (literalmente e figurativamente) ficarem no meu *corner*; a Mike Dolce; a Eric Williams.

A meus treinadores de judô Tony Mojica, Blinky Elizalde, Trace Nishiyama, Big Jim Pedro e Israel Hernández; a meus primeiros treinadores de MMA Leo Frincu e Gokor Chivichyan.

A meus parceiros de treinamento de luta; a todos no GFC, Hayastan, SK Golden Boys, Lonsdale Boxing e Gracie Academy; a Lillie McNulty e sua família; a Wetzel Parker, um amigo de verdade; a Dianna Linden, minha curandeira; ao Dr. Thomas Knapp; ao Dr. Jake Flores; a Erin Malone no WME; a nosso incrível editor Alexis Gargagliano; a nossa editora Judith Regan e toda a equipe da Regan Arts; a todos que merecem, mas não estão aqui.

A meus fãs, vocês todos arrasam.

E a todos os babacas que me motivam a ter sucesso por despeito.

---

[20] Nota do tradutor: "vida" em armênio.

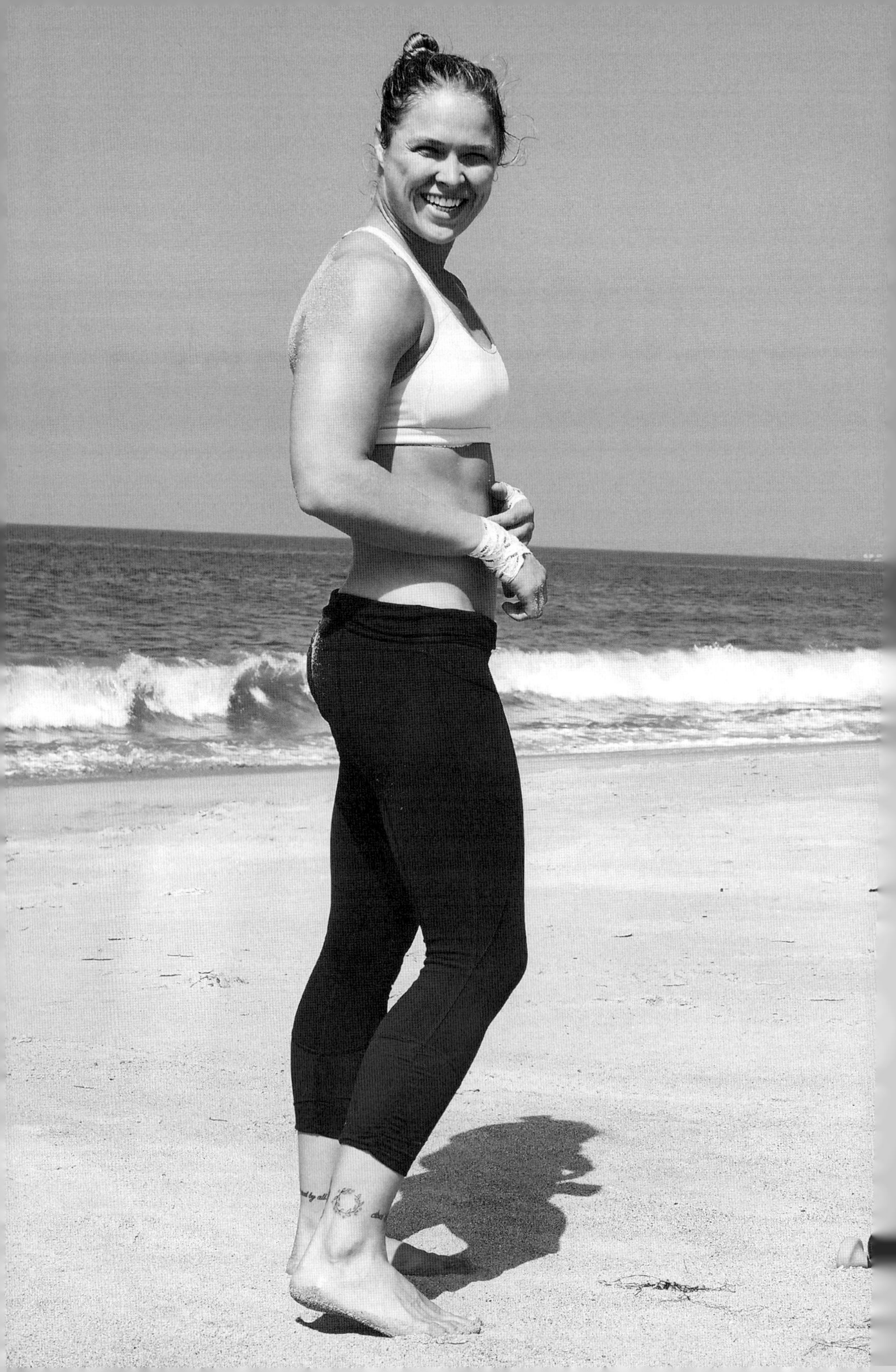

SOBRE AS AUTORAS

RONDA ROUSEY é a campeã invicta do peso-galo do UFC feminino e medalhista olímpica no judô. Indiscutivelmente a atleta mais dominante da história do UFC, Rousey é responsável pela inclusão das mulheres no octógono. Ela tomou Hollywood com sua típica força, conseguindo papéis em grandes filmes e explodindo em cena com motivação, comprometimento e controle que fizeram dela uma campeã.

MARIA BURNS ORTIZ é jornalista, que já escreveu para diversas publicações, incluindo ESPN.com, Fox News Latino e Associated Press, e recebeu o título de Jornalista Emergente do Ano da National Association of Hispanic Journalists. Ela também é irmã de Ronda Rousey. Ela mora com seu marido e seus três filhos incríveis.

www.abajourbooks.com.br

GRÁFICA PAYM
Tel. [11] 4392-3344
paym@graficapaym.com.br